就業機会と
報酬格差の
社会学

非正規雇用・社会階層の日韓比較

有田 伸 ──［著］

東京大学出版会

THE SOCIOLOGY OF REWARD INEQUALITY AMONG
EMPLOYMENT POSITIONS
A Comparison of Non-standard Employment and
Social Stratification in Japan and Korea
Shin ARITA
University of Tokyo Press, 2016
ISBN 978-4-13-050187-3

就業機会と報酬格差の社会学——目　次

序章　日本の格差問題を理解するために，いまいかなる視角が必要か？ ―― 1

はじめに　1
1　日本の格差研究の課題　3
2　本書のアプローチと構成　7

1章　ポジションに基づく報酬格差への視座 ―― 13
議論の整理と課題の導出

はじめに　13
1　報酬格差に対する社会学的アプローチの可能性　14
　1-1　グラノヴェター論文に基づく報酬決定理論の整理　14
　1-2　社会学は何を課題とすべきか？：
　　　　グラノヴェターの試みとさらなる課題　18
2　社会階層・階級の分類枠組みとポジション要因論　26
3　日本における階層分類：職業機会の分類はいかなる基準に
　　基づくべきか？　35
小　結　43

2章　所得と主観的地位評価の格差 ―― 45
企業規模と雇用形態の影響は本当に大きいのか？

はじめに　45
1　分析視角・データと方法　46
2　回帰分析結果　51
3　各条件の総合的な効果の比較　56
小　結　66

3章　雇用形態・企業規模間の賃金格差 ── 69
パネルデータの分析を通じて

はじめに　69
1　パネルデータとその分析方法　71
2　通常のモデルによる分析結果：日本　75
3　固定効果モデルと一階差分モデルの仮定の再検討　80
4　変化の向きを区別した雇用形態・企業規模効果の分析：日本　84
　　4-1　雇用形態の変化の効果　84
　　4-2　企業規模の効果　87
5　韓国における雇用形態・企業規模効果の分析　90
小　結　94

4章　日本と韓国における「非正規雇用」とは何か？ ── 99
政府雇用統計における被雇用者の下位分類方式とその変化

はじめに　99
1　労働力調査における従業上の地位項目とその変化：日本　101
2　経済活動人口調査における従業上の地位項目：韓国　108
3　非正規雇用の多次元的・直接的捕捉の試み：韓国　118
4　「呼称」に基づく非正規雇用の捕捉：日本　124
小　結　129

5章　正規雇用／非正規雇用の区分と報酬格差 ── 133
雇用形態の違いはどのような意味で格差の「独立変数」であるのか？

はじめに　133
1　韓国における非正規雇用の性格：企業規模との関係を中心に　135
　　1-1　経済活動人口調査の臨時・日雇　135
　　1-2　労使政委員会の定義に基づく非正規雇用　138

2　韓国における「正社員とは区別される従業員」　143
　　3　調査データを通じてみる韓国の非正規雇用と報酬格差　153
　　　　3-1　非正規雇用の分布とその性格　153
　　　　3-2　正規／非正規雇用間報酬格差の分析　157
　　4　韓国との比較を通じてみる日本の正規／非正規雇用間格差　169
　　小　結　181

6章　ポジションに基づく報酬格差の説明枠組み ── 185
付与された意味・想定による格差の「正当化」に着目して

　はじめに　185
　　1　ポジションに基づく報酬格差への社会学的アプローチ　186
　　　　1-1　「埋め込み」(embeddedness)の概念　186
　　　　1-2　分配の公平性と共有された理解　189
　　2　正規／非正規雇用間の区分と報酬格差を成り立たせて
　　　　いるもの　192
　　3　正規／非正規雇用間報酬格差の正当化ロジック：
　　　　日本型雇用システムと生活保障　197
　　4　正規／非正規雇用間の報酬格差を支えるもうひとつの論理　207
　　5　ポジションに基づく報酬格差と雇用上の身分論　215
　　小　結　219

終章　日本社会の格差問題の理解と解決に向けて ── 223

　　1　日本の報酬格差とその特徴：本書の考察結果の整理　223
　　2　社会問題としての日本の非正規雇用　229
　　3　韓国における非正規雇用問題への取り組み　233
　　4　日本の非正規雇用問題の解決の方向：可能性と留意点　236

参考文献　243

あとがき　259

索　引　263

序章
日本の格差問題を理解するために，いまいかなる視角が必要か?

はじめに

　世の中の格差の問題は，しばしば「イス取りゲーム」のイメージを用いて理解される．「社会には高い報酬が与えられるイスと，そうではないイスがあり，ひとびとは報酬の高いイスをめぐって競争を繰り広げる．そして，運よく報酬の高いイスに座れたひとびとと，そうではないイスにしか座れなかったひとびととの間に報酬の格差が生まれる」といった説明がその一例である．ここで「イス」として想定されるのは，具体的には「就業機会」であることが多く，このような説明は，正規雇用と非正規雇用の間や，企業規模間にみられる格差について論じる際，特によく用いられる．

　しかし少々意外に感じられるかもしれないが，こんにちの学問の世界では，このように「いかなる就業機会に就くかによって与えられる報酬が決まる」という視角に基づいてひとびとの間の報酬格差の説明が行われることはあまりない．後に詳しくみるように，報酬格差の説明においては，格差の要因をイス，すなわち就業機会という「ポジション[1]」の側にではなく，個人の側——たとえば個人間の能力の違いなど——に帰す視角が主流となっているためである．

---

1) 本書では「ポジション」という語を，個人によって満たされるべき，社会や組織の中の位置 (slot) という意味で用いている．これは，イス取りゲームの「イス」のイメージに非常に近い．

しかし,「就業機会というポジションの側に報酬が結び付けられている」という視角の弱さは, もしかすると日本社会における格差の性格を適切に理解し, また格差問題に対する有効な処方箋を導き出すことを難しくしているのかもしれない. この点に関して重要であるのは, 日本では, 就業者間の報酬格差についての問題提起のなされ方が欧米などとはやや異なっている, という事実である[2]. 欧米では就業の場における報酬格差のうち, ホワイトカラーとブルーカラーの間の格差など, 職種の違いによる格差にまず焦点が当てられる傾向が強い. これに対して, 近年の日本ではそれ以上に「正規雇用か非正規雇用か」という雇用形態[3]の違いによる格差や企業規模の違いによる格差が, 重要な「格差」とされることが多い. 仮に, 日本では本当にこれらの格差がきわだって大きいのだとすれば, このような少々異なるタイプの就業機会間の報酬格差は, こんにち支配的である「個人の側の要因が報酬水準を決める」という視角ではなく,「個人の占めるポジションによって報酬は決まる」という視角に基づいてこそ, その特徴やメカニズムを適切に検討し得るのかもしれない. 日本社会の格差の理解とその必要な対処策を考える上で, このような視角からのアプローチを一度試してみる価値は十分にあるといえるだろう.

　本書では, このような問題関心に基づき, こんにちの日本における報酬格差の実態とそのメカニズムを,「ポジションに報酬が結び付けられている」という視角からあきらかにしていくことを試みる. このために, まずは社会における格差の問題が, 日本の学術研究においてどのように扱われてきたのか, 学問領域間の「すみわけ」の影響も考慮に入れつつ確認しておこう.

---

  2) この問題は本書第1章において詳しく論じられる.
  3) 本書を通じて示されるように, 正規雇用か非正規雇用かの違いは, 純粋な「雇用の形態」の違いのみに帰せられるものではないが, ひとまずこのようにとらえる. また正規雇用と非正規雇用の違いは「従業上の地位」の違いとされることもあるが, 本書では「従業上の地位」とは, 主に雇用主・自営業者／家族従事者／被雇用者の間の区分を指すものとして扱う.

1 ─── 日本の格差研究の課題

格差研究の「すみわけ」と社会学的格差研究の特徴

　日本では近年，格差に対する関心が大きく高まっており，マスメディアにおいてもこの問題が大きく扱われることが増えている．ただし格差や不平等に対する一般的な関心が高まる以前より，学界においてはこの問題に関して多くの研究が積み重ねられており[4]，1990年代末以降，格差問題に対する社会的な関心が高まったのも，橘木（1998）や佐藤（2000）など，それらの成果を一般の読者向けにまとめた書籍の刊行をきっかけとしているといえる．

　格差・不平等に関するこれらの学術研究が主に扱ってきた対象は，広く用いられている分類枠組みに従えば，「結果の格差」の問題，すなわちひとびとがさまざまな社会経済活動を行い，すでに手にした社会的資源──所得や資産のみならず，権力や威信なども含まれる──の量や種類の格差の問題と，「機会の格差」，すなわち後の時点において獲得され得る社会的資源の量や種類の格差の問題とに大別できよう（橋本 2009 など）．別の見方をすれば，「結果の格差」とはある一時点における社会的資源の分布の問題（分布の形状の問題）であり，「機会の格差」とはある一時点における分布が，それよりも後の時点の──同じ変数の，あるいは別の変数の──分布に及ぼす影響の問題（分布と分布の間の連関の問題）であるともいえるだろう．

　ここで誤解をおそれずにいえば，日本ではこれらの格差に関して「結果の格差の研究は経済学者が担い，機会の格差の研究は社会学者が担う」という学問上の役割分担が特に強かったように感じられる．そして経済学と社会学の間でのこのような研究対象のすみわけが，それぞれの格差の研究の方向性にも少なからぬ影響を与えてきたのではないかと考えられる．

　まずは社会学の格差研究についてみてみよう．先にも述べたように，社会学

---

[4] たとえば社会階層研究の分野では，1955年より10年おきに社会階層と社会移動（SSM）調査プロジェクトが実施されており，2005年調査の成果は佐藤・尾嶋（2011），石田・近藤・中尾（2011），斎藤・三隅（2011）にまとめられている．また現在は2015年SSM調査プロジェクトが進行中である．

の格差・不平等研究は，経済学に比べて「機会の格差」の問題を扱うことが圧倒的に多かったといえる．社会学の格差研究は，それぞれに異なる報酬が結び付けられ，たがいに序列化された社会的地位——あるいはそれらが集まって構成される社会階層・階級——の存在を想定した上で，それぞれの地位・階層にどのような属性や前歴を持った個人がつくことになるのか，そのなかでも特に，親世代の社会的地位・階層が，その子どもが到達する社会的地位・階層をどのように規定するのか，という世代間移動の問題に特に強い関心を置いてきた[5]．このような世代間移動研究のパースペクティブは，まさに「イス取りゲーム」のイメージに近いといえよう．これらの研究は，それぞれに異なる報酬の結び付けられたイスをめぐる競争において，誰が，特に親世代でどのようなイスに座っていたひとびとが子どもの世代でも良いイスに座れるのか，という問題を検討していることになるためである．

　このような視角に基づく研究を行う際には，まず「それぞれの社会には，どのような報酬が結び付けられた，どのような『イス』の構造が存在しているのか」をあきらかにしてはじめて，「誰がどのようなイスに座るのか」について有意味な分析を行うことが可能となる．大まかにいえば，前者は社会的地位や社会階層構造自体の研究にあたり，後者は階層移動や地位達成の研究にあたる．しかし後に詳しく見るように，日本の社会学においては，後者の階層移動・地位達成の問題に関しては精緻な実証研究が数多く生み出されているものの，それに比べて前者の問題，すなわち日本社会において，どのような地位にどのような報酬が，なぜ結び付いているのかという問題を検討した研究はきわめて少ない．橋本（1999）や太郎丸（2009）などの一部の例外を除けば，近年では日本社会の階層構造自体をあきらかにしようとする目立った試みはなされておらず，階層移動研究の多くも，欧米において——基本的には欧米社会の現実を前提として——生み出された階層・階級理論とそれに基づく分類枠組みをそのまま用いる傾向が強い[6]．

---

[5]　実際，そのために開発された精緻な技法に基づく世代間移動機会の実証研究が，社会学の格差研究の「王道」となってきた．現実的な価値判断の面でも，「出身家庭の違いによって，子どもが得られる機会に格差が生じるのは好ましくない」という点には社会的な合意が得られやすいことも，この問題に多くの関心を集めさせてきた要因といえるかもしれない．

階層移動・地位達成研究と比較した場合の社会階層構造研究の不足は，日本のみならず，海外でも同様に指摘されている問題ではあるが（Weeden 2002），日本では「所得格差をはじめとする報酬格差の問題は経済学者が担い，社会学者は世代間での階層移動機会や階層意識の問題を担うべきである」というすみわけ意識が強かったために，このような傾向が特に顕著になっているのではないかと考えられる[7]．もちろん社会学者による報酬格差研究としては白波瀬（2002; 2009）などの貴重な成果もあるが，その数は他の社会に比べて圧倒的に少なく，社会学独自の視角を生かして報酬格差の「説明」にまで踏み込んだ研究はさらに限られているのが現状である[8]．

経済学における格差研究の特徴

　では一方の経済学では，格差の問題はどのように扱われてきたのであろうか．経済学においては対照的に，ひとびとの賃金や所得などの報酬面での「結果の格差」の問題に関して，きわめて多くの実証研究が積み重ねられてきた．これらの研究が焦点を当ててきた格差の問題は，大きく「個人・世帯間に存在する報酬格差」と，「集団間に存在する報酬格差」とに分けられよう．後者の格差はさらに，性別や人種など，人的属性によって分類された集団間の格差と，雇用形態や企業規模など，就業機会の属性によって分類された集団間の格差に大別できる[9]．

---

6)　もちろんこれは，他国との比較研究を行う上で，諸外国で広く用いられている階層分類を利用することが必要なためでもあるだろう．このほかには，SSM 総合職業分類など日本に独自の分類が用いられる例もあるが，これらの分類枠組みの現実的な妥当性が，継続的に問い直されているわけではないといえる．

7)　たとえば樋口・財務省財務総合政策研究所（2003）は，日本社会における格差と不平等の問題に，第一線の経済学者と社会学者が共同で取り組んだ貴重な研究プロジェクトの成果であるが，社会階層間の所得比較が一部でなされていることを除けば，所得格差の問題は経済学者のみによって担われており，社会学者は階層移動機会・教育機会の格差や階層意識の問題に焦点を絞っている．

　また日本における「格差社会論」の展開を整理した論考も，「所得分析」，「世代間の地位再生産」，「世代間の学歴再生産」という格差社会論における３つの系譜の主題が，それぞれ経済学，社会学，教育社会学によって担われてきたものと位置づける（中央公論編集部 2001）．

8)　佐藤嘉倫は，社会学の階層研究にとって「格差の記述」から「格差の説明」へと歩みを進めることが重要な課題であると指摘するが（佐藤 2008），これは報酬格差研究に関してもやはり同様にあてはまるといえよう．

そして，こちらも誤解をおそれずにいえば，経済学におけるこれらの格差研究の特徴としては，「結果の格差が生じる要因を，個人の資質や能力の違いに帰す傾向がきわめて強い」という点を指摘できよう．こんにちのオーソドックスな経済学では，ひとびとの賃金は基本的に，個々人の限界生産性と一致する水準で定まるものと想定されており，個々人の生産性の違いは結局，人的資本の相違など，個人の資質や能力の違いによって生じるものと考えられているためである（Becker 1964; Mincer 1974 など）．もちろん，制度派経済学のようにこれとは異なる立場も存在するが，特に 1970 年代以降の所得・賃金格差研究は，新古典派経済学を母体とする人的資本論的アプローチが席巻したこともあり，個人の資質や能力の違いによって報酬格差を説明する立場が圧倒的に強くなっているといえよう．

　こうして，報酬格差の分析を行うこんにちの経済学的研究では，格差を説明する際，通常その要因はまず個人の側に帰されることになる．そしてこのような個人還元論的なアプローチは，雇用形態や企業規模間の報酬格差に対しても同様に適用される．こんにちのオーソドックスな経済学では，市場の不完全性などの特別な状況を想定しない限り，個人が就いている就業機会そのものが報酬を決めるとは想定されづらく，雇用形態間，あるいは企業規模間格差のように，一見，就業機会の違いに応じて生じているようにみえる報酬格差も，あくまでそれらのポジションに就いている個人の側の条件の違いによって説明される傾向が強いのである．

日本の格差研究の「死角」

　こうして，経済学と社会学の間に存在する以上のような研究対象のすみわけ，ならびに両者間に存在する視角の相違は，日本の格差研究に一種の「死角」を生み出してしまうことになる．「イス取りゲーム」のイメージと比較的近い発想を持つ社会学では，イス（就業機会）と報酬との結び付き自体に関しては十

---

9) ジャクソンは，このうち個人の属性に基づく格差を status inequality, 就業機会の属性に基づく格差を，個人が就いている「ポジション」による格差という意味で positional inequality と称する（Jackson 1998: 12-13）．

分な研究が行われず，逆に報酬格差の研究が主に担われてきた経済学では，近年ではイス（就業機会）の側に報酬が結び付けられているとは考えられづらい．このため，世の中の格差の問題を理解する上で，一般的にはイス取りゲームのイメージが広く用いられ，「ポジションに報酬が結び付いている」と想定されることも多いにもかかわらず，そのような視角からの報酬格差の研究，すなわち就業機会というポジションにどのような報酬の格差がどの程度，そしてなぜ結び付いているのかという問題の学術的な考察は，近年では十分に行われなくなってしまっているのである．

　もちろん，社会に関してひとびとが持っている「知」と，研究者による社会についての学術的な「知」の内容がたがいに異なることはあり得よう．しかし個々の社会のあり方は，それぞれの社会を構成しているひとびとの「社会に対する想定」に多少なりとも影響を受けつつ形づくられているとも考えられる．そしてこのように考えれば，日本の報酬格差の問題を考える際にも，一般に広く流通している「ポジションに報酬が結び付いている」という見方を完全に排してしまうと，現実の格差の発生と再生産のメカニズムの重要な側面を見逃してしまうおそれもある．横紙破りのそしりを甘受しつつ，本書があえてこの課題に取り組もうとするのも，このような視角に基づく報酬格差問題の検討が，こんにちの日本社会における格差の性格を理解し，また必要な解決策を検討していく上で必要不可欠ではないか，と考えてのことである．

2───本書のアプローチと構成

社会的文脈・背景条件の重視

　以上で述べてきたように，本書では「就業機会というポジションそのものに報酬が結び付いている」という視角から日本の報酬格差の実態とメカニズムを検討していくのであるが，このために本書がとるのはまず，報酬格差が生じる社会的文脈・背景条件の影響を最大限重視するという姿勢である[10]．

---

[10] 制度的条件に着目しながら日本社会の階層構造を読み解こうとする試みは，最近ではSato and Imai (2011) においてもなされている．

たとえ「ポジションに報酬が結び付いている」と考えるとしても，そもそも個人が占めるべき「ポジション」とは，「個人」に比べて実在性がはるかに乏しい，いわば「想像の産物」ともみなすべき存在である．その存在がひとびとに広く認められ，またそこに具体的な報酬が結び付けられるとしても，そのプロセスは社会間で共通するものではけっしてなく，それぞれの時代におけるそれぞれの社会の文脈や背景条件と複雑に絡み合いながら独自の形で進行するものと考えられる．またこのように考えるならば，ポジションに基づく報酬格差の性格を考える上では，そもそも「それぞれの社会において，それぞれの『ポジション』はたがいにどのように区別されているのか」という，格差が生じる単位の自明性まで適宜問い直しながら分析を進めていくことが有益であろうし，そのようなポジションの区分を支えるひとびとの「想定」や「期待」にまで踏み込んだ考察も必要となるかもしれない．このような観点から本書では，ひとびとの想定や期待を含め，社会の文脈や背景条件を十分に理解し，考慮に入れた上で，ポジションに基づく報酬の格差がどのようにして生みだされ，再生産されているのかを注意深く検討していくこととする．

東アジア比較という方法

さらに本書では，日本社会を主に韓国社会と（さらに一部では台湾社会と）比較するという方法をとる．ポジション自体の区分の問題や，ポジションと具体的な報酬の結び付きの問題を，それらを成り立たせている文脈やひとびとの期待・想定まで視野にいれつつ検討していく過程においては，ときとして，それぞれの社会において「常識」となってしまっていることがらを鋭くえぐり出し，その特徴をあきらかにしていくことが必要となる．社会・経済構造が似通う一方，具体的な背景条件には多くの微妙な，しかし重要な相違が存在する東アジア社会間の比較は，このためにきわめて有効な切り口となる．

たとえば本書で取り扱う正規雇用と非正規雇用の間の報酬格差に関していえば，韓国には日本と同じ，「非正規雇用[11]」（ピジョンギュコヨン）という概念が存在し，その具体的な名称も「アルバイト」「契約職」のように日本と酷似

---

[11] 一般には「非正規職」（ピジョンギュジク）という単語が使われることも多い．

している．しかしこんにちの韓国における「非正規雇用」の定義と具体的な捕捉方法は，日本のそれとはまったく異なる．このような東アジアの社会間での違いに着目することにより，われわれが自明のものとしてしまっているかもしれない日本の「非正規雇用」の特徴を浮き彫りにし，さらには日本の，あるいは他の東アジア社会の非正規雇用とそれが伴う格差の性格をより深く理解することが可能になると期待されるのである．

　このような東アジア社会間の比較研究は，他のテーマに関してはすでにある程度積み重ねられてきているが（瀬地山 1996; 中村ほか 2002; 李 2000; Hamilton and Biggart 1988; Brinton 2001 など），格差の問題に関する東アジア比較はいくつかの例外（春木・薛 2011; 横田・塚田 2012; 太郎丸 2014 など）を除けば多くはない．さらに，既存の東アジア比較研究は，各社会の分析をそれぞれ別の——多くの場合当該社会の——研究者が行うことが多く，焦点の定まった厳密な意味での比較分析が必ずしも十分に行われていない場合も存在する．また 1 人の研究者が複数の社会の比較を行う場合も，量的データの分析に基づくことが多く，分析結果が生み出される文脈や背景条件の特徴まで視野に含めた比較分析はごく少ない．

　これに対して本書は，量的分析と同時に質的分析も併用し，量的データの分析では見落とされがちな背景条件の相違——たとえば格差の生じる単位となるポジション自体の区分のされ方の違いなど——も考慮に入れた分析を行っていく．さらに本書では，筆者自身が複数の社会の考察を直接手掛けることで，焦点のより定まった比較分析を行い，「大枠では似通いながら細部は異なる社会を比べることで，ときに自明視されてしまっているそれぞれの社会の特徴をえぐりだす」という東アジア社会比較の真価を最大限に発揮していくことをねらう．

本書の構成

　以上で示した本書の課題と方法をここで再度まとめておこう．本書は，「ポジションに報酬が結び付いている」という，こんにちの主流とは異なる視角から，日本における就業機会間の報酬格差の実態とメカニズムをあきらかにし，これにより，日本社会における格差の性格をより良く理解していくことを目指

すものである．そのために本書は，韓国や台湾など東アジア社会との比較の観点を生かし，単に量的データの分析を行うのみならず，文脈や背景条件，さらにはひとびとの期待や想定などまで考慮に入れた，包括的で徹底した比較分析を行っていく．

　本書の構成は以下のとおりである．まず第1章「ポジションに基づく報酬格差への視座――議論の整理と課題の導出」では，本章でも触れた「報酬水準を決めるのは個人かポジションか」という問題に焦点を当て，経済学と社会学の領域においてはこの問題についてそれぞれどのような議論がなされてきたのかを簡単に整理する．さらに欧米や日本において用いられてきた社会階級・階層分類の検討を通じて，社会学では就業機会というポジションと報酬格差の問題が具体的にどのようにとらえられてきたのかを考察する．またこれらの作業を通じて，以降の章における実証分析を進めていくための分析枠組みの精緻化をはかる．

　第2章「所得と主観的地位評価の格差――企業規模と雇用形態の影響は本当に大きいのか？」では，2005年SSM調査データを用いつつ，ひとびとの所得と主観的地位評価が，就業機会というポジションによってどのように異なっているのかを，日本・韓国・台湾間の比較分析を通じて検討する．さらに第3章「雇用形態・企業規模間の賃金格差――パネルデータの分析を通じて」では，日本と韓国のパネル調査データを用いて，企業規模や雇用形態といった就業機会属性が賃金に及ぼす効果について，個人間の格差と個人内の変化の違いにも着目しつつ詳細に検討していく．

　次の第4章と第5章では，正規雇用と非正規雇用の間の報酬格差の問題に焦点を絞り，就業機会というポジションに基づく格差の考察を進めていく．まず第4章「日本と韓国における『非正規雇用』とは何か？――政府雇用統計における被雇用者の下位分類方式とその変化」では，主に質的分析に依拠しながら，政府の雇用統計における「非正規雇用」の操作的定義とその変化に関する日韓比較を行う．これにより，同じ「非正規雇用」という概念が用いられながらも，日本と韓国ではその内容がたがいにどのように異なっているのかをあきらかにしていく．

　続く第5章「正規雇用／非正規雇用の区分と報酬格差――雇用形態の違いは

どのような意味で格差の『独立変数』であるのか？」では，韓国における「正社員とは区別される従業員」としての非正規雇用の利用実態を，直接雇用と間接雇用の違いにも着目しながら詳細に検討し，正規雇用と非正規雇用の区分にどのような報酬格差が結び付けられているのか，あるいは結び付けられていないのかを考察する．さらに日本についても同様の分析を行い，これによって日本における正規／非正規雇用間の報酬格差の性格をあきらかにしていく．

　第6章「ポジションに基づく報酬格差の説明枠組み——付与された意味・想定による格差の『正当化』に着目して」では，これまでの分析結果をふまえ，関連する社会学・経済学研究の知見を援用し，またそれぞれのポジションに付与された意味や想定による「正当化」の側面に着目しながら，日本社会における就業機会というポジションに基づいた報酬格差を説明するための試論的な枠組みを構築していく．最後に終章「日本社会の格差問題の理解と解決に向けて」では，本書全体の知見をまとめた上で，本書で示した枠組みに基づいた場合，日本社会の現実の格差がどのような姿を現してくるのかを考察し，同時にこの問題の解決への糸口を探っていく．

　結論を先取りしていえば，本書全体を通じ，韓国や台湾といった他の東アジア社会との比較によって浮き彫りにされるのは，日本社会では人為的な「従業員カテゴリーの区分」が，それぞれのカテゴリーに属している従業員への想定や期待をはらみつつ，社会全体にきわめて強く，かつ「標準化」された形で浸透しているということ，そしてそれらのカテゴリー区分に対してなされた想定や期待が，従業員カテゴリー間の報酬格差を理由付け，その再生産に深く寄与しているということである．このようにして生みだされた格差が，こんにちの日本社会では重要な「格差問題」として浮上しているのであり，その適切な把握のためには「ポジションに報酬が結び付いている」という視角からの問題へのアプローチも必要不可欠であると考えられる．

　さらに以上のような事実は，こんにちの日本の格差問題は，単純な市場の論理のみによって生み出されているのではなく，社会的な要因，特に社会構成員1人ひとりの認識や想定によっても支えられている部分が大きいことを意味する．しかしこのことは逆に，ひとびとの認識や想定，あるいはそれらに基づく

諸行為に一定の変化が生じれば，格差問題の解決の可能性が開けることをも示唆する．本書が，その可能性にもつながるような，現実社会の理解の一助となれば幸いである．

1章
ポジションに基づく報酬格差への視座
議論の整理と課題の導出

はじめに

　ひとびとの間に報酬の格差が生じるのはいったいなぜか．この問いは格差の問題を扱う社会学者にとってきわめて重要な問いであるが，近年では，社会学独自の視点を生かし，この問題を踏み込んで検討した研究はそれほど多くないように感じられる．これは序章でもふれた通り，報酬格差の問題は主に経済学者によって検討されるべき対象と考えられがちであったためであり，実際こんにちでは，現実の報酬格差の説明は新古典派経済学的な枠組みに基づいてなされるのが一般的になっている．自省を込めていえば，われわれ社会学者も，経済学的なものの見方を知らず知らずのうちに内面化してしまっているのかもしれない．

　しかし一方で，社会学の報酬格差研究には，独自の分析視角の構築が期待されてもいる．たとえば，*American Behavioral Scientist* 誌は2007年1月号に特集「所得不平等の社会学的分析」を組み，気鋭の社会学者による所得の不平等とその拡大趨勢に関する分析と考察の成果を掲載したのであるが，経済学の立場から論評を行ったグリーンは「経済学者の目からみて，近年の所得不平等拡大に対する社会学的アプローチの問題点は，経済学者のオーソドックスな議論に対して，疑問を抱いたり代替的な説明を試みたりするのではなく，むしろそれを額面通りに受け入れてしまっているように思われる点である」(Green

2007: 741）と，社会学者による報酬格差研究の独自の視角の弱さを指摘する．経済学側からのこのような指摘もふまえれば，社会学には，報酬格差に対する経済学のアプローチを十分に理解しながらも，それを無条件に受け入れるのではなく，独自の視点から新たな説明枠組みを組み立てていくことが求められているといえるだろう．

ではそのような立場に立つ場合，すなわち個人の資質や能力以外の要因が格差を生み出す可能性や，非経済学的な報酬決定メカニズムも積極的に考慮に入れる場合，ひとびとの間の報酬格差を説明するためにいかなる枠組みを築いていけるのであろうか．またその場合，報酬格差のいかなる側面への着目が必要となるのであろうか．

本章ではこれらの問題を，学説や先行研究の整理を通じて検討していく．第1節では，社会学の立場から所得格差の説明枠組みの構築を目指したグラノヴェターの先駆的論文を手掛かりとして，この問題に対する社会学的視点の意義を問い直す．第2節では，欧米におけるこれまでの階層研究とそこから導かれた社会階層・階級（social class）の分類枠組みに焦点を当て，就業機会という「ポジション」と報酬の結び付きに関してどのような議論がなされ，またそれらのポジションがどのようにたがいに区分されてきたのかを整理する．続く第3節では，日本の階層分類の特徴を主に欧米との比較を通じて検討する．以上の作業を通じて本章では，社会学的な報酬格差の説明枠組み構築の可能性を探るとともに，以降の章において取り組んでいくべき課題の導出を目指す．

1────報酬格差に対する社会学的アプローチの可能性

1-1　グラノヴェター論文に基づく報酬決定理論の整理

報酬決定理論を整理する枠組み

グラノヴェターが1981年に発表した論文（Granovetter 1981）は，所得格差に対する経済学的アプローチを十分にふまえた上で，それに対する代替的な社会学的説明枠組みの構築を試みた先駆的な研究成果である．ここではこの論文を手掛かりとしながら，社会学的な報酬格差の説明枠組みの構築がどのような

方向において，またどのようなやり方で可能となるのかを考えていこう[1]．

グラノヴェターはこの論文において，ひとびとの所得水準を決定づける要因を「仕事や雇用主の特性」，「その仕事に就いている個人の特性」，そして「これら両者の結び付けられ方」（マッチングプロセス）の3つに分類する．おおまかにいえば「仕事や雇用主の特性」とは労働力の需要側，すなわち就業機会（ポジション）の側の要因であり，「その仕事に就いている個人の特性」とは労働力の供給側，すなわち個人の側の要因と位置づけられよう．前章の比喩を援用すれば，ひとびとの所得水準は，個人が座る「イス」がどのようなものであるのか，イスに座る「個人」がどのような人物であるのか，さらにどのようにしてそれぞれの「個人」が座るべき「イス」を得るのか，によって左右されるという発想である．

グラノヴェターは以上3つの条件を挙げた上で，「こんにちの理論はこれらの3条件に均しい関心を払ってはおらず，実際には，単に1つの条件のみに焦点を当てるのが通例である」（Granovetter 1981: 14）と指摘する．これまでの諸理論を念頭に置いて考えれば，3つの条件のうち，個人側の条件かポジション側の条件のどちらかのみに焦点が当てられる場合が多かったといえるだろう．

社会学における個人要因論とポジション要因論

さらにグラノヴェターは，経済学と社会学の領域においてそれぞれ展開されてきた個人要因論とポジション要因論の系譜を整理する．ここでは彼の整理に基づきつつ，また必要に応じて原典にまでさかのぼりながら，それぞれの特徴を確認しておこう．

まず社会学の領域においては，ポジション側の要因に着目する議論はこれまでかなり一般的なものであったといえる．この代表例としてグラノヴェターは，官僚制に関するウェーバーの議論（Weber 1921=1968）を挙げる．官僚制のもとで，それぞれの「ポジション」は技術的に合理的な分業体制における位置として定められ，独立した存在としての性格を持つようになる．そしてそれぞれ

---

[1] 本項における諸理論の整理は，さらに原典にまでさかのぼった叙述や，あるいは彼の論述に独自のコメントを加えた部分などもあるものの，基本的にはGranovetter（1981）に基づく．

の報酬も，個人の特性によってではなく，この分業体制におけるポジションに基づいて支払われる，というのがそのエッセンスである．

　さらに，このような発想はその後の社会階層研究にも強く引き継がれていく．それぞれの仕事にはその重要性や必要な訓練の程度に応じて異なる報酬が支払われるものと考える機能主義理論（Davis and Moore 1945 など）や，「搾取」の源泉となる資本の所有・コントロールの程度に応じて，それぞれのポジションに異なる報酬が支払われると考えるマルクス主義理論（Wright 1979 など）等，ひとびとが占めるポジションに応じて報酬水準も決まるという発想は，こんにちの社会階層論においてまったく自然なものとして根付いている．グラノヴェターも述べるように，以上のようなポジションそのものの純粋な報酬規定効果は，社会経済的な「役割」群が詳細に定義され，たがいに構造化されており，誰がその役割を演じるかによって結果がそれほど異ならない場合に，特に大きくなるものと考えられる（Granovetter 1981: 12-13）．社会における役割の構造に強い関心を持つ社会学が，ポジション側の要因に着目した報酬格差の説明枠組みを発展させてきたのも，ある意味では自然なことといえよう．

　一方，ブラウとダンカンの研究（Blau and Duncan 1967）に代表される，いわゆる地位達成モデルは，「地位や所得の達成水準は家族背景や個人の特性・学歴によって定められると論じる」（Granovetter 1981: 14-15）点で，個人要因論に属すとされる．彼らの研究は，対象者の職業的地位の高低を連続変数としてとらえた上で，現在の職業の，あるいははじめて就いた職業の地位に対して，本人の教育水準や父親の職業的地位が及ぼす影響をあきらかにしようとしたものである．確かにグラノヴェターが述べるように，彼らの研究は個人の教育達成水準によってその後の職業的地位を説明しようとしている点で，経済学における代表的な個人要因論である「人的資本論」と類似している部分がある．ただし，彼らの分析は職業（職種）に着目して地位達成の水準を計測しているという点で，就業機会というポジションに報酬が結び付けられているという発想と親和的な側面もあるといえるだろう．

経済学における個人要因論とポジション要因論

　一方，前章でも指摘したように，こんにちの経済学では，個人の側の要因に

着目するアプローチが報酬格差の説明の主流となっている．しかし経済学の領域においても，特に1970年代までは，ポジション側の要因に着目する視角も強かった．このようなアプローチは主に制度派経済学者によって追究されてきたものであり，グラノヴェターはその例として，ダンロップの賃金構造論[2] (Dunlop 1957) や，ドーリンジャーとピオレの内部労働市場論 (Doeringer and Piore 1971)，さらにサローの仕事競争モデルなどをあげる．

ここでサローの仕事競争モデルを例にとると，彼の議論では「個人の賃金は彼／彼女が発揮する生産性に応じて決まる」というオーソドックスな経済学と同様の想定がなされつつも，個々人の生産性は，その個人がどのような仕事に就くかによって定まるものと考えられる．このため「個人の収入は彼が就いた仕事によって決まり，彼自身の背景となる特性に直接には依存しない」(Thurow 1975=1984: 98) ことになるのである．このように，それぞれに異なった水準の報酬（＝生産性）が結び付けられた「仕事」(job) の構造が存在し，ひとびとはより報酬の高い仕事を得るための競争を繰り広げることになる，というのがサローの議論の骨子である．

このように，以前は経済学の領域においても「報酬水準を定める要因は個人ではなく就業機会（ポジション）の側に備わっている」と考える議論が大きなプレゼンスを持っていた．しかし1970年代以降，その要因を個人の側に求める視角が，報酬格差の説明枠組みとして次第に標準的な位置を占めるようになった．このような転換をもたらした要因は，何といってもこの間の人的資本論の隆盛であろう (Granovetter 1981: 18)．

人的資本論は，新古典派経済学の個人還元論的なアプローチに基づく理論であり，この人的資本論では，人は一種の「資本」ととらえられ，人に対して投資を行うことで所得の上昇という収益が得られるものと想定される．具体的には学校教育や技術訓練などがこれらの投資にあたり，費用を投じて教育や訓練を受けることで個人の生産性は上昇し，またそれに応じて賃金も上昇することで，投じた費用に対する「収益」が得られると考えられる (Becker 1964;

---

[2] ダンロップの議論は，「ある仕事に対する賃金は他の仕事との関係性において定められる」という視点に基づく．

Mincer 1974).このように人的資本論では，個人間での報酬の違いは結局のところ，各個人に対する投資量の違いによって生じるものと理解される．そして，このような人的資本論の登場以降，個人間には労働の質自体の差異が存在していることを想定し，ひとびとの間の報酬の相違をそのような労働の質の差異に帰すというアプローチが，報酬格差の支配的な説明枠組みとなっていったのである（Granovetter 1981: 17）．

グラノヴェターが以上のような整理を行ったのは今から 30 年以上も前のことである．しかし彼が示した構図は，こんにちの報酬決定理論の布置状況にもそのままあてはまるといえよう．むしろ新古典派経済学の前提に立脚した個人要因論のプレセンスがさらに圧倒的なものとなり，社会学の領域にまで強い影響を及ぼすようになっている，というのがこんにちの状況ではないかと感じられる．

1-2　社会学は何を課題とすべきか？：グラノヴェターの試みとさらなる課題

個人とポジションのマッチング研究

グラノヴェターは以上のように社会学と経済学における報酬決定理論の整理を行ったのち，前に挙げた 3 条件のうちの 3 番目，すなわち個人とポジションのマッチングプロセスとそれがもたらす影響の解明に社会学的な格差研究の独自の意義を見出す．彼はこの問題の考察の重要性を示すため，次のように述べる．

> 社会学においても経済学においても，特定の個々人と特定の役割とのマッチングの分析はほとんど行われていない．たとえば，機能主義社会学者もマルクス主義経済学者も，現存する不平等は，相互に異なるさまざまな役割に付与された報酬の違いに帰されるべきものと信じており，個々人がそれらの役割にどのようにして結び付けられるのかには多くの関心をはらっていない．しかし，「ある人が高い所得を得ているのは，その人が高い賃金の仕事を得た結果である」と言明したとしても，それはあまり有益とはいえない．必要なのは，誰が高い賃金の仕事を得て，誰が低い賃金の仕事を得るようになるのかを規定する要因の説明である（Granovetter 1981:

14).

　実際「弱い紐帯の強さ」を指摘して多くの注目を集めたグラノヴェターの研究（Granovetter 1974=1998）は，このような問題意識に基づき，ボストン近郊に居住する専門技術・管理職従事者たちがどのような経緯によって仕事を得たか，また仕事を得た経路によってどの程度現在の報酬が異なっているのかを考察したものである．
　グラノヴェター自身も認めているように，「個人とポジションのマッチング」に焦点を当てた研究は，「それぞれに異なる報酬が結び付けられた就業機会の構造」をまず前提とする点で，必然的にポジション要因論の性格を持つ．そしてそれぞれに報酬の異なるポジションに個々人が振り分けられる過程において，人的なネットワークや，学校と企業との制度的リンケージ（Kariya and Rosenbaum 1995）など，経済学では与件とみなされがちな「非経済的な変数」が及ぼす影響に着目する．このような視角から，個人と就業機会の結び付きに対する非経済的な変数の影響とそのメカニズムをあきらかにするという作業は，間違いなく，報酬格差の問題に関して社会学が独自の貢献をなし得る方向の1つといえるだろう．

ポジションの構造自体の検討の必要性
　ただし現在の研究状況は，上の引用部分でグラノヴェターが指摘した当時の状況とはまったく異なるものとなっている．グラノヴェターの研究以降，ポジションと個人のマッチングの問題を扱った研究は，アメリカでも，また日本を含むそれ以外の国でもおおいに増加した．逆に近年では，マッチングの問題には大きな関心が持たれている一方，マッチング論の前提となる「それぞれに異なる報酬の結び付いたポジションの構造」自体にはさほどの関心が向けられず，その性格を解明する作業も十分には行われなくなってしまっている（Weeden 2002）．しかしながら，ポジションの構造自体の検討の必要性がこの間減じたわけではけっしてないだろう．
　日本社会における「報酬の結び付けられたポジション」の構造自体の検討の必要性は，日本のマッチング研究を海外のそれと比べてみたとき，さらに明白

なものとなる．たとえば前述のグラノヴェターの研究と，日本における一般的なジョブマッチング研究を比べてみると，両者の間には，個人と就業機会とのリンケージの分析視角，より具体的にいえば，ネットワークを用いることで得られる「良い仕事」とそうではない仕事とを区別する基準に，大きな違いがあることがわかる．グラノヴェターの分析において「良い仕事」を他と区別する基準として用いられているのは，主に所得である．彼の研究では，入職のルートによって，就いた仕事の所得がどのように異なるのかが分析され，これにより個人的なネットワークを用いたひとびとほど平均的に，所得の高い「より良い仕事」に就いていることが示される[3] (Granovetter 1974=1998).

　一方日本におけるジョブマッチング，特に新規学卒者の入職プロセスの研究などでは，仕事の良し悪しを分ける基準として，しばしば企業規模や雇用形態の違いが用いられる（平沢 2005）．正規雇用の仕事や大企業の仕事が「良い仕事」ととらえられた上で，これらの「良い仕事」に，どのような特性を持った個人が，どのようなルートを通じて就くのかに実証分析の焦点が当てられることが多いのである．

　このように日本では，企業規模や雇用形態といった変数によって，それぞれに異なる報酬の結び付けられた就業機会の良し悪しがある程度「きれいに」分類される，と一般に想定されていることがわかる．この事実は，日本社会では，就業機会が他の社会とは異なる形で構造化されている可能性を示唆するものである．しかしながらこのようなポジションの構造自体の特徴を社会学的視点から検討し，その説明を試みた研究は近年ではあまり存在しない．このような状況を考慮するならば，個人とポジションのマッチング過程のより良き検討のためにも，まずは日本社会における就業機会というポジションの構造それ自体の性格と特徴をあきらかにしていくこと，より具体的にいえば，日本では就業機会が企業規模や雇用形態といった条件によってどのように「差異化」されており，またそれらの就業機会間にどのような報酬の格差が，なぜ結び付けられているのかを考察していくことが必要であるといえるだろう．逆に，そのような作業をしっかりと行わない限り，企業規模や雇用形態によって「仕事の良し悪

---

[3] 所得のほかに用いられているのは，仕事満足度という主観的な基準のみである．

し」を分類するようなジョブマッチングの研究の意図は，海外のオーディエンスには十分に理解してもらえないおそれさえあるのである．

就業機会間の報酬格差に対する個人要因論的アプローチ

しかし，企業規模や雇用形態といった基準によって区別された就業機会の間に報酬の格差が存在しているようにみえたとしても，その格差は，就業機会自体に結び付けられた報酬の格差ではなく，あくまでそれらの就業機会に就いているひとびとの個人的な条件の差異——たとえば能力や人的資本の差異など——によって生じたものと考えることも可能であろう．前章でも述べたように，個人還元論的な格差の説明図式が支配的なこんにちでは，このような見方は特に根強いものとなっている．

詳細にみれば，このような視角にはいくつかの下位類型が存在している（玄田 1996）．このうちもっともシンプルな個人還元論は，入職前から「もともと」能力や資質が高かった求職者ほど報酬の高い就業機会を得られるため，結果として就業機会というポジション間で報酬の格差が生じているようにみえる，ととらえる立場であろう．これは，ひとびとの賃金の違いを個人の生産性の違いによって説明するオーソドックスな経済学理論を，もっとも単純な形で適用したものといえる．しかしこのような立場に立つ場合，現存するポジション間の報酬格差はあくまで経済合理的判断に基づいた結果であり，そもそも何らかの是正が必要な「問題」ではない，という結論が導き出されてしまいかねない．

このようなナイーブな現状肯定にはおちいることなく，同時に報酬格差をあくまで個人間の生産性の違いによって説明するロジックの1つが，「仕事を通じて個人の技能や能力を向上させるチャンスは就業機会間で異なる」というものである．たとえば中小企業や非正規雇用の就業者は，大企業や正規雇用の就業者に比べて OJT や Off-JT を通じた技術や技能の習得機会が限定されているため，入職時の能力・資質が同じであったとしても，このようなチャンスの相違によって生産性の相違が生じ，それが報酬の相違を生み出していく，という説明である（小池 1982; 中村 1991 など）．このような説明は，「賃金は限界生産性と一致する」というオーソドックスな経済学の基本的命題から乖離することなく，かつ現実の就業機会間格差を批判的にとらえられるものであり，前に挙

げたナイーブな個人還元論より受け入れられやすいといえよう．

　実際こんにちの日本社会には，このような見方が広く根付いており，「非正規雇用には，それに就いているひとびとの技術や技能を向上させる機会が少ない」という言説が支配的なものとなっている．さらにはそのあまり，非正規雇用就業者の職務遂行能力に対してネガティブな先入見を持つことが何らためらわれなくなってしまっているようにも感じられる．もちろん就業機会の違いによる技術・技能の習得機会の相違がまったく存在しないわけではないだろうが，はたしてそれが本当に，正規／非正規雇用間，あるいは企業規模間に存在する報酬格差のすべてを説明する程度に大きいものであるのかどうか，またこのような説明が，オーソドックスな経済学理論から乖離せず，しかも安易な現状肯定にもおちいらないという「都合の良さ」ゆえに過度に頼られてしまってはいないかどうか，検討の余地はあるように感じられる．

経済学におけるポジション要因論の試みとその特徴

　こんにちの経済学においてはもちろん，個人の側の要因のみならず，ポジション側の要因が報酬に影響をもたらす可能性を認め，それを経済合理的に説明しようとする試みも積み重ねられてきている[4]．その代表例として，効率賃金仮説を挙げることができよう．この仮説は，労働市場における情報の非対称性などの理由により，一定の状況においては，生産の効率を上げるために限界生産性以上の賃金を支払うことが合理的になると考えるものである（Shapiro and Stiglitz 1984）．たとえば大企業では中小企業に比べて従業員のコントロールが難しいため，雇用主は市場価格よりも高い水準の賃金を支払うことで従業員にとっての「サボタージュによる解雇リスク」を大きくし，まじめに働くインセンティブを高めることが経済合理性を持つ．この仮説に従えば，大企業と中小企業の間の賃金格差も，このような雇用主の経済合理的な判断の結果として説明され得る（石川 1989）．職場における従業員コントロールの難しさという条件は，多くの場合ポジション側の要因に起因するものであるため，効率賃金仮

---

[4] 以下，経済学の領域におけるポジション要因論の整理は，太郎丸（2009）を大きく参考にしている．この点に限らず，本書における考察は，正規雇用と非正規雇用間の報酬格差について包括的に検討した同書から多くの示唆を得ている．

説もポジション要因論の性格を持つことになるのである．

このほか補償賃金仮説も，同様にポジション側の要因に着目する議論である．この仮説は，求職者の仕事選択に影響を及ぼすような賃金以外の就業機会の「魅力」の差異を補償し，十分な求職者を集めるために，「魅力」の乏しい仕事に対して追加的な賃金を支払うことが経済合理性を持つと考えるものである（Rosen 1974 など）．この仮説を正規／非正規雇用間の報酬格差にあてはめると，非正規雇用には正規雇用とくらべ，就業時間を就業者の希望に合わせてフレキシブルに調整できたり，残業なども拒否できるというメリットがあるため，このような条件の相違を補償するために，非正規雇用の賃金よりも正規雇用の賃金の方が高くなる，と理解されることになる．

経済学の領域ではこのほかにも，ポジション側の要因に着目した報酬格差の説明が試みられているが[5]，誤解をおそれずにいえば，こんにちの経済学的なポジション要因論では，報酬に対して影響を及ぼすと想定されるポジション側の条件や特性がややアドホックな形で議論に組み込まれがちであり，それらの条件や特性についての踏み込んだ考察は必ずしも十分にはなされていないように感じられる．たとえば，正規雇用と非正規雇用の間の報酬格差を就業機会としての「魅力」の違いによって説明するとして，ではいったいそのような就業機会間の「魅力」の違いはなぜ，またどのように生じているものなのか，という問題は，本来ならばさらなる検討が加えられるべきものであろう．しかし，これらの問いにまで踏み込んで考察がなされることは必ずしも多くないように思われる．

さらにいえば，ポジション側の要因に着目した報酬格差の経済学的説明の試みはやはり「なぜ現実はオーソドックスな経済学理論の想定（＝個人還元論）

---

[5] リンドベックらによるインサイダー・アウトサイダー理論（Lindbeck and Snower 1986; 2002）もその1つといえるだろう．彼らは閉鎖理論のアイディアに基づきつつ，新たな従業員の採用コストを避けるためあらかじめ高い賃金が払われている「インサイダー」と，失業中，あるいはそれに近い状態で就労する「アウトサイダー」の間の報酬格差を説明する．この理論は日本の現実を説明する上でも一定の有効性を持つものといえようが，仮にアウトサイダーが安い賃金で雇われたとしても，勤続期間が長期化し，インサイダーと同等の「離職コスト」が生じるようになれば，交渉を通じてインサイダーへと転じ得る（Lindbeck and Snower 2002: 2）と想定する点などで，個人還元論的な性格も強いといえる．

から乖離するのか」という問題意識から出発しているためか，理論からの乖離を経済合理的に説明するためのロジックの構築自体に主眼が置かれる傾向があるように感じられる．そのために，その説明において前提として想定されるポジション側の条件や特性がなぜ，どのように生じたのかという問題は必ずしも十分には検討されてこなかった，と考えることも可能かもしれない[6]．

残された課題と社会学が担うべき役割

　以上でみてきたように，社会学は「ポジションに報酬が結び付いている」という発想が比較的強いにもかかわらず，近年ではポジションと個人とのリンケージの問題の方に関心が集中しており，「そもそもそれぞれのポジションにはどのような報酬がなぜ結び付いているのか」という問題の検討は十分に行われていないといえる．一方経済学では，ひとびとの間の報酬格差の要因をポジションの側にではなく個人の側に帰す傾向が強く，またポジション側の条件や特性に着目する場合も，それらの条件や特性がなぜ，どのように生じたものであるのかにまで踏み込んで考察した研究はきわめて少ない[7]．

　しかし，もし経済学的なポジション要因論に基づく場合でも，なぜそれらのポジションに報酬格差を生み出すような条件や特性が結び付けられることになるのか——たとえばなぜ正規雇用の従業員は残業を拒否できないのに，非正規雇用の従業員は拒否できるのか，あるいは（これらの違いがその間に生じる）

---

[6]　このような傾向は，労働市場の分断や二重性を強調する議論にもあてはまるかもしれない．そもそも市場の分断それ自体は賃金格差の存在を理論付けるための必要条件に過ぎず，一方の市場ではもう一方の市場に比べて労働条件が「なぜ」良好であるのか，さらには「なぜ」労働市場が分断されるに至っているのか，という問いこそが，本来きちんと答えられねばならないように感じられる（c.f. Hodson and Kaufman 1982）．

[7]　以上では，ポジション要因論と個人要因論を対立的に論じてきたが，仮に報酬がポジションに基づいて決まっているとしても，「各個人の属性にぴったり合った就業機会が即座に与えられる」というような場合には，両者は対立せず，完全に融合する．しかしこの場合，「報酬の結び付いたポジション」というアイディアをわざわざ持ち出す必要性はまったく存在しない．現実の報酬格差は，（それが各ポジションの報酬の高低と寸分違わず対応している）個人の属性によって完全に説明されつくされるためである．逆にいえば「ポジションに報酬が結び付けられている」と考えるということは，ポジションの構造自体に何らかの自立性や硬直性が存在しており，必ずしも個人の属性とポジションの報酬水準とがぴったりと一致しない可能性を認めていることになる．

正規雇用と非正規雇用とはそもそもどのように区別された「ポジション」であるのか——といった問題自体が，まず十分に検討される必要があるように思われる．これらがあきらかになってはじめて，「ポジションに報酬が結び付いている」という視角からの説明が十分な説得力を持つと考えられるためである．このように考えるならば，ポジションに基づく報酬格差の説明のためには，まずポジション自体の区分の性格や，それぞれのポジションに結び付けられた条件や特性を，そのリアリティを十分にふまえた形で理解し，その上でそれらのポジション間に報酬格差が生じるメカニズムを検討していくことが重要であるといえよう[8]．

このような課題の検討は，社会学が比較的得意としてきたものである．これまで社会学の中心概念となってきた「地位」とは，そもそも何らかの権利や義務が結び付けられた社会システム上のポジションを意味する（Merton 1957: 110）．労働市場や企業組織上の「ポジション」に連結されている何らかの役割や期待を考察するという作業は，広い意味では，これまでの社会学の中心的な検討対象となってきた社会的地位の考察にほかならない．これらの課題の検討に，社会的地位の研究視角を援用することはおおいに有益であると考えられる．

また方法論的には，ハーシュらが対比的に指摘するように，「きれいなモデル」（clean models）への志向が強い経済学に対して，社会学は「泥臭い実証」（dirty hands）を厭わない点が特徴であるともいえる（Hirsch *et al.* 1987）．さまざまな資料やデータを用いながら，現実社会におけるポジションの区分とそれらのポジションに連結された条件や特性を泥臭く，丁寧に実証分析していくことも，上記の課題を検討する上では大変有効であると判断される．

さらに序章でも少し触れたように，「個人」に比べれば，「ポジション」は実在性のより乏しい存在であるといえる．しかし報酬の配分が純粋に個人の属性のみに応じてなされるのではなく，ポジションの属性もそこに何らかの作用を果たしているとするならば，それらの「ポジション」がどのようにして社会的なリアリティを持ち，実際に報酬配分に対して作用をもたらすに至っているの

---

8) もちろん，そこで検討される「メカニズム」は経済学的なものに限られる必要はなく，非経済学的なものもふくめて広く考えるべきだろう．

かを，それぞれのポジションに対するひとびとの想定や期待をも考慮に入れつつ検討していくことが必要となるだろう．このような問いも，社会的なリアリティの構築に関する社会学の研究蓄積に依拠することで，より適切な検討が可能になるものと期待される．

2───社会階層・階級の分類枠組みとポジション要因論

社会階層・階級理論と分類枠組み

以降，社会学の視点を生かしつつ，就業機会というポジションに結び付いた報酬格差の説明枠組みの構築を試みていくのであるが，そのために本節ではまず，これまでに築かれた社会階層・階級[9]（social class）に関する理論と分類枠組みの整理と検討を行う．これらの成果はまさに，報酬や機会の格差という観点から，社会においてひとびとが占めている「ポジション」はどのような基準に基づきどのように分類されるべきか，という問いを考察したものであるためである．

こんにち一般的に用いられている社会階層・階級の理論と分類枠組みは，この分野に大きな貢献を残したマルクスとウェーバーの影響を受けたものが多い[10]．周知のとおり，マルクスは階級関係（class relation）の根源を，生産関係における位置の違いによって生じる搾取─被搾取の関係に求めた．このためマルクスの議論では「生産手段を所有し他者を雇用しているか，あるいは生産手段を所有せず他者に雇用されているか」の違いによって資本主義社会における階級が分類されることになり，大きくは資本家階級と労働者階級という2つの階級の存在が想定される（Marx 1894=1967; Giddens 1973=1977 など）．

これに対してウェーバーは，社会階層・階級の分化は生産手段の所有／非所有のみならず，他の経済的資源の所有／非所有によっても生じると考える．ウェーバーは社会階層・階級を共通の「階級状況」（class situation）にあるひと

---

[9] 日本におけるそれらの用語のニュアンスを考慮し，本書では"social class"の概念を基本的に「社会階層・階級」と訳す．マルクス主義理論における場合は「社会階級」とする．

[10] 以下の階層・階級理論とその分類枠組みの整理（ゴールドソープの議論まで）は，Giddens（1973=1977），Edgell（1993=2002）などを参考にしている．

生産手段の所有

	生産手段の所有者	生産手段の非所有者（賃労働者）		
労働者を雇用し，自分は働かないですむに十分な資本を所有	1 ブルジョアジー	4 専門的経営者	7 中高学歴一般経営者	10 一般経営者
労働者を雇用するには十分だが，自分も働かなければならない量の資本を所有	2 小規模雇用主	5 専門的管理職	8 中高学歴管理職	11 一般管理職
自分で働くことはできるが，労働者を雇うことはできない量の資本を所有	3 プチ・ブルジョアジー	6 一般専門職	9 中高学歴労働者	12 プロレタリア

技能／資格資産　＋　＞0　－

組織資産　＞0　＋／－

図1-1　ライトの階級モデル

出所：Wright（1985: 88），和訳は橋本健二による（Edgell 1993=2002: 39）．

びとの集合としてとらえ（Edgell 1993=2002: 27），その階級状況とは「財貨の調達，外的な生活条件，個人的な生活経験の典型的なチャンスのことであり，これらのチャンスは財貨を処分するための権力の量と種類（または権力の欠如），または既存の経済秩序の中で収入を得るための技能によって決定される[11]」（Weber 1961: 181）ものと考える．このようにウェーバーにとっての階層・階級とは，「個人的な財と能力に関して一定の市場的地位を共有する個人個人のあらゆる集合体」（Giddens 1973=1977: 73）を意味し，マルクスは単一の労働者階級として位置付けた「生産手段を所有しない被雇用者」の内にも，所有している技能や技術の程度が異なることによって，複数の階層・階級の存在が認められることになる[12]．

こんにち一般に用いられている階層・階級モデルも，これら2つの理論の伝統を受け継ぐものが多い（Edgell 1993=2002）．たとえば新マルクス主義として位置付けられるライトの階級モデル（図1-1）では，ローマーの搾取理論にも基づきながら，搾取は生産手段のみならず，組織資産（官僚的組織のコントロール権限）や技能・資格資産（より高い生産物を生み出すことのできるスキル）

---

[11] 和訳は橋本健二による（Edgell 1993=2002: 27-28）．
[12] マルクスの階級論に比べれば，個人の能力や資質も重視しているという点で，ウェーバーの議論は個人要因的な性格もあわせもつといえるだろう．

1章　ポジションに基づく報酬格差への視座──27

の占有によっても生じるものと想定される．このため実際の階級は，生産手段の所有者（ブルジョアジー）と非所有者（賃金労働者）の間で区分されるだけではなく，賃金労働者の間でも，組織資産の有無，ならびに技能・資格資産の有無によって階級区分がなされることになる．操作的には職種（または学歴）がその基準として用いられ，図 1-1 に示されるように，経営者・管理職従事者は組織資産を，また専門職従事者は技能・資格資産を所有するものとみなされる（Wright 1985）．

ゴールドソープらによる階層・階級分類と雇用契約の形態

一方，ゴールドソープらの階層・階級分類は，ウェーバーの階層・階級論の系譜上に位置付けられるものである．彼らは，ひとびとの階級的位置（class position）の主要な構成要素は市場状況（market situation）と就業状況（work situation）であると考え，階層・階級分類の目的も「それぞれの従事者が一般に，類似した市場状況ならびに就業状況に置かれているような職業群をまとめること」（Erikson *et al.* 1979: 416）に置かれる．このような目的のために，彼らは所得の源泉や水準，経済的な安定性，さらには職務を遂行する上での自律性の程度などが似通った職種[13]（occupation）をまとめ，表 1-1 のような階層・階級分類を提示するのである．

さらにゴールドソープは，自身が提示した階層・階級分類が，現代社会における格差をとらえる上でいかなる有効性を持つかについても考察を行っている．たとえば，こんにちひとびとの経済的な安定性を左右する条件として「雇用の規制のモード，すなわち雇用契約の形態」（Goldthorpe and McKnight 2006: 111）が非常に重要であることを指摘した上で，被雇用者の間の「雇用契約の形態」の差異は，彼らの階層・階級分類によってきわめて良く説明されると主張する．その内容を具体的にみていこう．

ゴールドソープらは，前述の効率賃金仮説なども援用しつつ，雇用契約の形

---

[13] 英語の"occupation"は日本語では「職業」と訳されることが多いが，日本語の「職業」は職種（狭義の職業）のみならず，企業規模や雇用形態などまで含むより広い概念（広義の職業）として用いられることも多い（たとえば，安田 1969）．この点をふまえ，本稿では"occupation"に相当する概念を指すため，主に「職種」，あるいは「狭義の職業」の語を用いる．

表 1-1　ゴールドソープらの階層・階級モデル

I	高位専門職・行政官・職員，大規模企業管理職，大規模事業主
II	低位専門職・行政官・職員，上級技術者，中小企業管理職，ノンマニュアル従業員の監督者
III	公的機関・民間企業の単純ノンマニュアル従業員，店員，その他一般サービス職労働者
IVa	従業員を雇用する小規模事業主・自営職人など
IVb	従業員を雇用しない小規模事業主・自営職人など
IVc	自作農，小自作農，自営漁業・林業従事者
V/VI	下級技術者，マニュアル労働者の監督者，熟練マニュアル労働者
VIIa	半熟練・非熟練マニュアル労働者（農林漁業除く）
VIIb	農業労働者

出所：Erikson *et al.* (1979: 420).

態はそれぞれの仕事のモニタリングの困難さと必要な人的資本の特殊性によって決まるものと考える．たとえば，モニタリングが楽で成果の可視性が高い場合，報酬はその成果に応じて直接支払われる（給与形態は成果給など）のに対し，モニタリングが難しく成果の可視性が低い場合，賃金にプレミアムを付けることで不正やサボタージュの防止がはかられる（給与形態は月給制など）．また従業員の人的資本がありふれたものの場合，他の従業員との代替が容易なため雇用は長期化しない一方（有期雇用が一般的），人的資本が特殊な場合には技能形成のインセンティブとして雇用は長期化していく（無期雇用が一般的）．そしてこのようなモニタリングの困難さと人的資本の特殊性は職種によって大きく異なることから，職種と従業上の地位を組み合わせた彼らの階層・階級分類は，ひとびとの間の経済的安定性の格差の把握のためにおおいに有効であると結論付けられるのである（Goldthorpe 2000; Goldthorpe and McKnight 2006）．

グラスキーによる批判と新たな階層・階級モデル

一方グラスキーらは，以上のような階層・階級分類に批判を提起し，新たな分類モデルの構築を試みる．彼らは，生産の場において生じる多次元的な不平等の「パッケージ」として，階層・階級カテゴリーは有用であると考えるものの，ゴールドソープらによる伝統的な分類はあまりに階層・階級の数が少なく，それぞれ別個に取り扱われるべき「本質的な意味を持つ階層・階級の単位」が名義的なカテゴリーとして無造作に合併されたり，一次元上に位置づけられたりしていると批判する（Grusky and Weeden 2001; 2006）．階層・階級分類とは，

何らかの単一の次元における不平等を把握するためのものではなく，あくまで多次元的な不平等を把握するためのものであることを主張する上で，前述のゴールドソープらの議論をグラスキーらは次のように批判する．

> もし社会学者が本当に，「雇用の規制の形態」のような単一の変数がひとびとの利害と生活機会の根本的な源泉になっていると信じるのならば，伝統的な階層・階級カテゴリーを用いてその変数を間接的に操作化するよりも，その変数自体を直接測定すべきである．（中略）代理指標がとらえようとしているオリジナルな変数よりも，測定が難しくコストもかかる代理指標の方に依拠する理由はまったく存在しないのである（Grusky and Weeden 2006: 90）．

彼らはこのように階層・階級分類の意義を位置付け直した上で，研究者のみならず，普通のひとびと（lay public）にとっても有意味な，新たな階層・階級モデルの構築を試みる．具体的には，労働市場において生じているさまざまな制度化の単位，すなわち社会的閉鎖や集合行動が実際に生じ，また階級的なアイデンティティが持たれる基礎単位としての「細分化された職種（occupation）」こそが，従来のカテゴリーにとって代わられるべき階層・階級の単位であると彼らは主張する（Grusky and Weeden 2001）．その上で彼らは実際に，従来の階層・階級分類では十分に説明しきれなかったひとびとの間の生活機会，生活様式，社会意識，人口学的構成の散らばりのかなりの部分が，この「細分化された職種」を単位とする新たな階層・階級モデル——ただし階層・階級の数は3桁に達する——によって説明されることを示すのである（Weeden and Grusky 2005）．

ウィーデンによるポジション要因論

階層・階級の単位として「細分化された職種」こそが重要である，という彼らの主張の根拠となっているのが，ウィーデンによる職種（occupation）と報酬水準との結び付きに関する研究（Weeden 2002）である．この論文はまさに「ポジションに基づく報酬格差」の社会学的視角からの解明を目指したもので

あり，彼女の研究視座は本書の課題に対してもきわめて重要な示唆を与えてくれる．その内容を詳しく検討しておこう．

彼女は，産業社会においてポジションに基づく報酬の格差が生じるのは，論理的にはたがいに区別される次の3つのプロセスを通じてであると考える．すなわち，(1)分業の過程においてポジションがたがいに分化していくこと，(2)それらのポジションに対して，たがいに価値の異なる報酬パッケージが連結されること，(3)それぞれ報酬の異なるポジションへと個々人が振り分けられること，である．このうち(1)「ポジションの分化」は職業社会学において，また(3)「ポジションへの個々人の振り分け」は社会階層論においてそれぞれ研究がなされているものの，(2)「ポジションと報酬との連結」の問題には，理論的にも経験的にも十分な関心が向けられていないと彼女は指摘する（Weeden 2002: 55-56）．そして社会学内部における役割分業のために，「(それぞれのポジションへの：引用者注) 振り分けの社会的ルールを研究する研究者は，ポジションの構造と各ポジションの報酬は歴史的，または経済的条件によってすでに決定済みのものと考えるか，単純に彼らのモデルにとって外生的なものとしてしまう」一方，「分業上のポジションの新たな出現と制度化を研究する研究者は，それらの社会階層システムへの影響を考慮しないか，与件としてしまう」傾向が生じているとするのである（Weeden 2002: 56）．

このようにポジションと報酬の結び付き自体を検討対象とすることの重要性を指摘した上で，ウィーデンは「社会的閉鎖」（Parkin 1979）の概念を用いてこの問題の考察を行っていく．彼女の議論の基本的な前提は，「分業体制上のポジションの区分に沿って形成される社会集団が，資源と機会へのアクセスを内部者のみに制限する社会的・法的障壁を築きあげることでそれぞれの職業（職種）の報酬水準が上昇していく」というものである．そしてそれぞれの職業集団が閉鎖のために用いる戦略——たとえば職業資格の創設など——と，それが各職業の報酬水準に影響を与えるメカニズム——たとえば当該職業への労働供給の制限など——を具体的に想定した上で，これらがアメリカの職業間報酬格差に及ぼしている影響を，細分化された488の職種に関して実証分析し，確かに職業集団による社会的閉鎖，その中でも特に当該職業への労働供給の制限の程度が，各職業の報酬水準を大きく規定していることを示すのである．

ウィーデン論文の批判的検討（その1）：需給関係による説明

　以上のようなウィーデンの研究は，ポジションに結び付けられた報酬格差の問題を検討する上で，きわめて重要なものと考えられる．特に彼女の議論は，同じ職種に就くひとびとの集団行動の結果として，個人の資質には還元できない職種固有の報酬プレミアムが発生するメカニズムを詳細に示しており，本書の課題の考察のためにも大変貴重な視座であるといえる．ただし，彼女の枠組みをそのまま日本や他の東アジア社会へと適用しようとする前に，いくつか注意しておかねばならない点がある．

　第1に，ウィーデンが想定する所得決定メカニズムは，根本的には経済学的な性格を強く帯びているという点である．彼女の議論における「社会的閉鎖が報酬水準に影響を与えるメカニズム」とは結局，当該職業集団が生み出す財・サービスに対する需要の増大や，生産の独占等を通じた供給の制限によって，財・サービスの価格が上昇し，それが生産者の所得にも反映される，というものである．すなわち——完全競争市場ではないにせよ——市場における需給関係が，ひとびとの所得水準を定める唯一の要因として想定されていることになる[14]．彼女の議論は「ひとびとの報酬は個人の技能や技術の水準によって決定される」という個人還元論的アプローチは排しながらも，全体としてみれば，市場の需給関係によって所得が決定されるものと想定しており，その需給関係に作用する「社会的閉鎖」の影響を検討しているという限りにおいて社会学的な性格を持つものとまとめられよう．

ウィーデン論文の批判的検討（その2）：「職種」という単位の特権的扱い

　第2に，彼女はポジションに基づく格差が生じる単位として，職種（狭義の職業）のみを想定しており，他の条件はまったく考慮していない．実はウィーデン自身は「（閉鎖による利益からの：引用者注）排除は，民族，社会的背景，

---

14) 極論すれば，これはウィーデンの研究のみに限られたことではなく，米国の社会学における階層・階級研究一般にあてはまる特徴といえるかもしれない．たとえば，ライトが技能・資格資産の占有に基づく搾取について論じる際にも，似通ったロジックが援用されている（Wright 1985）．

言語，宗教，ジェンダーなどいかなる使い勝手のよい，あるいは見えやすい特性に基づいても生じ得る」と述べており，他の単位に基づいて社会的閉鎖が生じる可能性も認めている．しかし同時に「閉鎖理論に基づけば，生得的な基準に基づく閉鎖は，学歴や知識，資産所有といった『個人主義的』な基準に基づく閉鎖によって否応なくとって代わられる」として，このような可能性は考慮しない（Weeden 2002: 58）．

しかし，たとえ彼女が述べる通り「産業社会においては生得的な基準に基づく閉鎖の傾向が弱まる」としても，それに代わる閉鎖の単位は，職種のみに限られないだろう．たとえば勤めている企業の規模や雇用形態など，新構造主義者たちが着目するような就業機会に関する他の条件が社会的閉鎖の単位となってもおかしくはない（たとえば，Kalleberg and Berg 1987）．しかしウィーデンは，カラバーグらの新構造主義的アプローチを，自身の議論を補強する理論ととらえるのではなく，自身の議論への対抗的な理論と位置づける．彼女は，企業規模や産業，あるいは「セクター」の違いなどに着目する新構造主義的アプローチを，地位の価値低下（devaluation）理論と共に「ポジションの特性と報酬水準がいかに結び付くのかに関する明快な特定が行われていない」（Weeden 2002: 72）と否定的に評価し，積極的にその議論を取り入れようとはしないのである．

彼女が共著者となっている別の論文においては，この問題に関してもう少し詳しい言及がなされている．グラスキーとウィーデンは，「セクター」間，すなわち1次市場セクターと2次市場セクター間の賃金格差を想定するような新構造主義的アプローチによる研究の問題点について次のように述べる．

> （それらの研究の：引用者注）もっとも大きな問題は，その根本的なモデルが真に構造的であるというよりも，記述的である点である．（中略）彼らの議論において仮定されている「セクター」とは，労働組合や訓練コスト，あるいは市場の中心化のような，より根本的な要因の単なる代理指標にすぎず，さらに悪いことに，これら変数間の相関の弱さゆえに，現実的に可能なセクターの区分は，説明力の乏しい代理指標にしか成り得ないのである（Grusky and Weeden 2001: 211）．

このように，彼らはゴールドソープらの階層・階級分析を批判する際のそれとまったく同じロジックを用いて新構造主義的アプローチを批判する．すなわち「セクター」のような説明力の乏しい代理指標よりも格差を生み出す真の要因こそに着目すべきであり，そして職種（狭義の職業）こそがまさにその「真に構造的な要因」であると主張するのである．
　しかし，職種以外の就業機会に関する条件が，本当に「真に構造的な要因」たり得ないのかについては慎重な判断が必要であろうし，そもそもその答えは，それぞれの社会の背景条件に応じて異なるものでもあるだろう．企業規模や雇用形態といった職種以外の就業機会に関する条件が，報酬の格差を生み出す根源的な要因となる可能性を先験的に閉ざしてしまう必要性はまったく存在せず，そのような可能性の有無を，それぞれの社会のあり方に即して，実証的に，かつそのメカニズムをきちんと示しながら検討していくことこそが重要な課題であるといえよう．

ウィーデン論文の批判的検討（その３）：ポジション分化と報酬連結プロセスの独立性
　第３に，第２の点とも関連するが，彼女の論文の分析視座には，就業機会というポジションに基づく格差を広く扱うための枠組みとしてはやや仮定の強い部分がある．前にも述べたように，ウィーデンはポジションに基づく格差の発生プロセスとして，まず「分業によってポジションがたがいに差異化されること」，そして「それぞれのポジションにたがいに異なる報酬が結び付けられること」の２つを論理的に分離され得るものと考える．このような視角の特徴は，彼女が，産業化の過程に伴って必然的に生じる（と想定される）「技術的な分業の結果としての職種の分化」に焦点を当てたために生まれたものと考えられる．しかし前述のように，就業の場におけるポジションに基づく格差が生じる単位は，必ずしも「職種」に限られるわけではないだろう．
　そしてポジションに基づく格差が，職種を単位としてのみ生じるのではないとすれば，上記２つのプロセスが論理的に分離され得ないようなケースの存在も考慮に入れるべきと考えられる．たとえば日本の企業の雇用管理においては，後に詳述するように「たがいに報酬が差異化されることを前提とした従業員カ

テゴリーの区分」の事例がしばしばみられるのであるが，このように「ポジションの分化」と「差異化された報酬の連結」が不可分の関係にある事例については，両者を本質的に独立したプロセスであると想定することによって，格差の発生メカニズムの重要な側面を見逃してしまうかもしれないのである．ただしこのような形で生じるポジションの分化は，技術的な分業の結果として生じる職種の分化に比べればはるかに偶有性（contingency）の高いものであるため，逆にそれらのポジションがどのようにして区分され，またどのようにして社会に定着し得ているのか自体をあきらかにすることも重要な分析課題となるだろう．

　以上をまとめれば，日本や他の東アジア社会におけるポジションに基づく報酬格差を検討する際には，ウィーデンの分析枠組みを参照しつつも，(1)需給関係以外のメカニズムによる報酬決定の可能性も考慮する，(2)報酬格差の結び付くポジションの単位として職種（狭義の職業）以外の条件も認める，(3)場合によっては，ポジションの分化とそれへの報酬連結のプロセスが融合してしまっている可能性も視野に入れる，ことがいずれも有益であるといえよう．

3───日本における階層分類：就業機会の分類はいかなる基準に基づくべきか?

「総合職業分類」の試み

　以上，欧米の社会階層・階級理論とその分類枠組みを整理してきたのであるが，ここで日本における議論に目を転じてみよう．日本の社会階層研究では，どのような枠組みに基づき，どのような基準によって就業機会の分類がなされてきたのであろうか．

　日本の社会階層研究においてもこれまで，自らの社会における格差をより適切に把握するために，既存の階層分類を改編しようとする試みがなされてきた．ただし日本におけるそれらの試みは，グラスキーとウィーデンの研究のように，従来の分類基準である職種という変数に関してさらに細かい区分を行うのではなく，逆に職種の区分を少し粗くしてでも，従来の分類には用いられていなかった新たな変数を基準として組み入れる，という方向で行われてきた．

　その１つが，企業規模を基準として追加した総合職業[15] 分類の試みである．

そのもっとも初期の例として，安田（1969）に示された「昭和40年作製版 SSM 総合職業分類」がある．この分類ではひとびとの（広義の）職業を捕捉するために，一般的な分類基準である職種と従業上の地位に加えて，従業先の企業規模と産業も基準として用いられている[16]．

安田三郎の手によるこの分類は，大分類レベルで10カテゴリー，もっとも細かなレベルでは学生，無職を含めて50ものカテゴリーからなるものであった．その後，原（1981）において「職業間の地位・役割の格差をより明瞭に表章するという観点から」（安田・原 1982: 88）12カテゴリーからなる改編版が示され，さらにその後，盛山ほか（1988）において現在でも広く用いられている8カテゴリー版の SSM 新総合職業分類が提示された．盛山らの分類においてもやはり，職種と従業上の地位に加えて企業規模が分類基準として用いられているのであるが，彼らは企業規模という基準の重要性を，純粋に職種のみを基準とした「SSM（職業）8分類」との対比において次のように述べる．

> SSM8分類はかなり純粋な意味で「どのような仕事をしているか」に基づいた分類方法であるが，このことはかえって日本社会の階層の現実をうまく表現しきれない危険性も持っている．日本ではむしろ「どこで働いているか」「どのような従業上の地位についているか」などが人々の職業選択や相互行為において重要であることが多い（盛山ほか 1988: 38．傍点は引用者）．

そして，日本社会ではマニュアル労働者を「熟練」「半熟練」「非熟練」へと区分する社会的伝統が存在しないこと，さらに年功序列的な人事慣行ゆえに事

---

15) ここでの「職業」は，職種に加え，従業上の地位や企業規模なども含めたより広い概念として用いられている．ここで「職業分類」を階層分類に近い性格のものとして扱っているのもこのような理由による．

16) 従業先の企業規模を考慮すべき理由として，「大企業従業員か小企業のそれかによって，収入・雇用の安定性・プレスティージが異なるから」（安田 1969: 65）と述べられている．ただし産業に関しては，農林漁業とその他の産業とが区分されるのみであり，この変数が主要な役割を果たしているとはいい難い．実際，同書の次版である安田・原（1982）では，「産業」を基準としている点への言及がなくなっている．

		職　種			
		専　門	管理・事務・販売	熟練・半熟練・非熟練	農　業
従業上の地位・企業規模	自営	専門	自営ホワイト	自営ブルー	農業
	被雇用中小企業		中小ホワイト	中小ブルー	
	被雇用大企業		大ホワイト	大ブルー	

図 1-2　SSM 新総合職業分類（8 分類）
出所：盛山ほか（1988），原・盛山（1999）より筆者作成．

務職と管理職の違いは年齢の違いを反映しているにすぎないこと，などを根拠として，職種による区分をさらに粗くし，従業上の地位（自営／被雇用），職種（専門／管理・事務・販売／熟練・半熟練・非熟練／農業），企業規模（大企業／中小企業）の3つの基準を組み合わせた8カテゴリーの新分類が提起されるのである（図 1-2）．

　この分類は名称こそ「職業」分類ではあるものの，「階層の現実をうまく表現すること」をその目的としており，事実上，階層分類として位置付けるべきものであろう．また以上で検討した安田，原，そして盛山らによる分類改編の試みは「社会を構成するひとびと自身にとってより有意味な階層分類はいかなるものであるか」を探究している点で，グラスキーらの階層・階級モデル改編の試みと方向性を同じくするものといえる．ただし日本における分類改編の試みは，従業上の地位と職種のほか，企業規模という独自の変数を追加する形でなされており，その反面，職種の区分はより粗いものとなったという点には十分に留意しておくべきであろう．

「非正規雇用」という階層

　日本における階層分類改編のもう1つの試みは，雇用形態の別，すなわち正規雇用か非正規雇用かの違いを階層分類の基準として採用するというものである．その代表例でもある太郎丸博の研究では，「社会階層論が『社会的資源の不平等な配分状態』の研究であるならば，若年非正規雇用・無職の問題は社会階層論にとっても重要な問題」（太郎丸 2009: 41）であるとまず述べられる．そ

して具体的な階層の分類に際して考慮すべき点として,「階層間での（主に報酬の）不平等」,「当事者の意識」,「階層間での移動障壁」の3つを挙げた上で,実証分析を通じ,これらいずれに関しても正規雇用と非正規雇用の間には大きな懸隔があることが示される.さらにこれらの事実を根拠として,非正規雇用の就業者を独自の社会階層として扱うことが提起されるのである.

実際,非正規雇用問題が特に深刻になった2000年代以降の日本における実証的な階層研究では,太郎丸が提起したように,非正規雇用の就業者を別個の独立した階層として扱う傾向がみられるようになった.具体的にはこれは,盛山らによるSSM新総合職業分類に「非正規雇用」という新たなカテゴリーを追加する形で――すなわち職種を問わずすべての非正規雇用就業者が1つのカテゴリーを構成するという形で――なされる場合が多い.

一方,橋本（2009）の階級分類においては,一部の職種に関しては,職種と雇用形態とを組み合わせる形で階級の境界が設定されている.たとえば男性の被雇用事務職の場合,正規雇用者ならば新中間階級に属すが,非正規雇用者ならば労働者階級に属すものと定められている.ただし女性の場合は,正規雇用であってもすべての被雇用事務職が労働者階級に属す.このような違いは,「従来の日本の事務職の実態では,管理職につながるキャリアをもっていて労働者階級と区別できるのは,ほぼ男性に限られていた」（橋本 2006: 38）という判断に基づくものであろう.そして男性事務職の場合でも,非正規雇用であれば管理職へとつながるキャリアを持たないことが,このような職種と雇用形態の違いを組み合わせた階級分類を行う根拠となっているものと考えられる.

日本の階層分類における企業規模・雇用形態の重要性

日本社会における格差をより適切にとらえようとする以上の試みの成果は,こんにちの日本の研究者に広く利用されており,企業規模や雇用形態などの条件を,職種や従業上の地位に追加して階層分類基準として利用するという措置は,少なくとも日本の社会学者にはかなり自然なものとして受け止められているといえる.しかし日本以外の社会における階層研究をみると,このように企業規模や雇用形態を,職種や従業上の地位と同等,かつ独立の基準として階層の分類に用いるという例は管見の限り存在しない.

他の東アジア社会においても，自らの社会に適した独自の階層・階級分類を築こうとする試みはなされているが，たとえば韓国におけるホンドゥスン（洪斗承）とクヘグン（具海根）の試みでは，階層の分類基準として用いられているのはあくまで従業上の地位と職種のみであり，具体的な分類の仕方が——たとえば「ミドルクラス」から「アッパーミドルクラス」を分離するなど——従来のものと異なるにすぎない（ホンドゥスン・クヘグン 1993）．また台湾における黄毅志の試みでは，従業上の地位と職種に加えて，新たに「従業先が民間部門か公共部門か」の別が分類基準として採用されている点が目新しいものの，企業規模や雇用形態は考慮されていない（黄毅志 2001）．さらに中国における陸学芸（2002）においてもこの点は同じである．
　このほか欧米の議論でも，前述の新構造主義的アプローチにおいては，仕事の構造（work structure）が多次元的にひとびとの報酬に影響を及ぼすことが強調されており，その中で企業規模が与える影響にも注目がなされている．しかしそれでも，企業規模は就業機会に関するきわめて多くの条件のうちの1つとしての位置を占めるにすぎず，職種や従業上の地位と同程度の重要性が与えられているわけではない（たとえば，Kalleberg and Berg 1987; 1988）．
　もちろん雇用形態の違いは，前述したゴールドソープの階層・階級理論においても重要な論点となっており，この条件への着目は必ずしも日本の階層研究に限ったものではないといえるかもしれない．しかし両者の間には，雇用形態という変数を階層・階級の「従属変数」としてとらえるか，逆にそれを定める「独立変数」として扱うかという点で大きな違いが存在する．ゴールドソープの議論では，雇用契約の形態（雇用の規制のモード）は職種に応じて定まるものと考えられ，結局「有期雇用であるか否か」といった雇用契約の形態の違いは，職種を主な基準とする階層・階級によって左右されるものと考えられていた．これにならえば日本でも，雇用形態の違いが階層の違いに応じて，あるいは就業機会に関する他の条件の違いに応じて決定される，と考えられてもおかしくはない．しかし実際にはそのような想定がなされることはなく，逆に雇用形態を階層の分類基準そのものとして扱う研究がほとんどを占める[17]．同様に企業規模に関しても，グラスキーとウィーデンが「セクター」の違いを重視する研究に関して述べたように，この変数をさらに根源的な変数へと還元しよ

うとする試みはなされておらず，やはり企業規模そのものが，階層の直接的な分類基準として用いられている．

では日本ではなぜ，このように企業規模や雇用形態が，階層を分かつ独立の基準として，職種や従業上の地位と同等の，場合によってはそれ以上の重みをもって用いられるのであろうか．この問いは，日本社会における「就業機会というポジションに基づく報酬格差」の性格を理解していく上で，きわめて重要なものと考えられる．

なぜ企業規模や雇用形態を階層分類基準として用いるのか?：課題の導出

もちろんこの問いに対する答えは，日本の階層研究の性格そのものの中に見出すべきなのかもしれない．たとえば，日本の実証的な社会階層研究はその成り立ちゆえに，欧米の伝統的な階層・階級理論の影響から比較的自由であることができ，このために階層分類を自由に構築しやすかった，という説明も可能であろう．しかしながら，伝統的な階層・階級理論の影響が同様にそれほど強くないように思われる韓国や台湾においても，日本のように企業規模や雇用形態を階層の分類基準として用いる事例は見当たらず，なぜ日本においてのみこれらの変数が独自の基準として用いられるのかは依然疑問として残る．

であるとすればやはり，日本の研究者に，企業規模や雇用形態を，職種や従業上の地位と同等の，独立した階層分類基準として積極的に用いさせ，またそのような措置を自然なものと受け止めさせるような何らかの特徴が日本の社会階層構造には備わっている，とひとまず考えるべきなのだろう[18]．だとすれば，そのような日本の社会階層構造の特徴とは，いったいいかなるものであろうか．

まず考えられるのは，日本では実際に，企業規模や雇用形態の違いに応じて大きな格差が生じている，という可能性である．たとえば企業規模に関してみれば，日本では産業化の後発性ゆえに経済構造が二重性を帯び，資本の大きさ

---

17) この点の理解は，ある研究会における石田浩先生のコメントを契機として可能になった．ただし最近では竹ノ下（2013）のような貴重な例外も現れつつある．

18) 日本の階層分類においては職種に対するこだわりが比較的薄いという点も，日本では欧米とは異なり，職務内容の詳細な特定や区分が弱く，職種別の労働組合も一般的ではない，という事実に起因する部分が大きいといえよう．同様に，企業規模や雇用形態に対するこだわりの強さも，まずは実際の社会構造の側にその要因を求めてみるべきと考えられる．

や生産性の違いを反映する形で，近代的な大企業と伝統的な中小企業の間に報酬の大きな格差が存在しており，さらに労働移動に関しても両者の間には大きな障壁があることがこれまで指摘されてきた（氏原 1966; 尾高 1984 など）．実際にこのような格差が存在するために，「日本の研究者はおしなべて，企業規模が労働市場における階層化のもっとも重要な唯一の要因であることを強調する」（Cole 1979: 78）と評されるほどに，企業規模に基づく格差を重視する傾向が生じたものといったん考えることができよう．また，雇用形態の違いに関しても同様に，正規雇用と非正規雇用の間に大きな報酬格差と移動障壁が存在することが，両者を別階層として扱うべき理由として指摘されている（太郎丸 2009）．

しかしこれらを根拠として，日本の研究者が企業規模や雇用形態を特別に重視するという傾向について納得してしまう前に，もう少し詳しい検討を行う余地は残っているように思われる．これまでの研究状況と本章の考察結果をふまえれば，この問題に関しては以下の3つの課題がとりわけ重要であるといえるだろう．

第1に，企業規模や雇用形態が報酬水準にもたらす影響を，職種や従業上の地位など，就業機会に関する他の条件の影響と比べながら総合的に検討する，という課題である．確かに日本では，企業規模や雇用形態による報酬格差が大きいという事実がこれまでも指摘されてきた．しかしこれらの変数が，他の変数，たとえば従来階層分類基準として用いられてきた職種や従業上の地位と同程度に大きな影響を及ぼしているのかについては，必ずしも十分な検討がなされていない．石田浩の研究（Ishida 1993）は，このような観点から，日本における企業規模の影響を伝統的な社会階層・階級の影響との比較において検討した貴重な成果であるが，近年では報酬格差に関して同様の試みはなされておらず，その後重要性が大きく増した雇用形態の影響も視野に入れつつ，これらの条件がひとびとの報酬に及ぼしている影響を総合的に検討していくことの必要性は大きい．

第2に，企業規模や雇用形態が報酬に及ぼす影響を，東アジア比較の視点から検討するという課題である．「日本では企業規模や雇用形態が報酬に及ぼす影響が大きい」と指摘される際，そこで想定されていた比較の対象は欧米社会

であることが多かった．非正規雇用をめぐる格差に関しては，近年東アジアの比較研究（Tarohmaru 2011; 大沢・金 2009 など）もなされつつあるが，第1の課題として挙げた，職種など他の就業機会属性の影響との比較まで考慮に入れた研究は少ない．仮に企業規模や雇用形態が報酬に及ぼす影響が，職種や従業上の地位の影響と比べても大きいとして，そのような特徴は他の東アジアでも同様に認められるものなのか，あるいは日本に独自の特徴なのかを検討していくことは，日本社会の，あるいは他の東アジア社会の格差の構造を解明するための重要な作業となるだろう．

第3に，企業規模や雇用形態の違いによって実際の報酬水準も大きく異なっているとして，それは企業規模や雇用形態そのものを根源的要因として生じているものなのか，それとも，グラスキーらがその可能性を指摘したように，企業規模や雇用形態と相関している何か別の変数が根源的な要因であるために生じた疑似的な相関であるのかを検討する，という課題である．日本では，報酬水準の規定要因分析を行う際，企業規模や雇用形態を独立変数としてモデルに組み入れることはきわめて一般的な措置となっている．しかし自省を込めていえば，それらの変数が何か別の根源的要因の代理指標（proxy）として用いられているのか，あるいはそれら自体が根源的な要因として想定されているのかについてはあまり意識されてこなかったように思われる．とりもなおさずこれは，日本の階層研究において，企業規模や雇用形態による格差の「記述」には大きな関心が払われてきたものの，その「説明」，すなわち現実の報酬格差がどのようなメカニズムによって生じているのかについては必ずしも十分な議論がなされてこなかったことの裏返しでもあるだろう．しかし格差の「記述」から「説明」へと歩みを進めるべきこんにち，「それぞれの社会において企業規模や雇用形態の違いとは結局のところ何を意味するものなのか」という問題にまで踏み込みながら，これらの課題の検討に積極的にチャレンジしていく必要があるといえるだろう．

以上3つの課題を検討することによって，日本社会，あるいは他の東アジア社会の階層構造の特徴と，それぞれの社会における「就業機会というポジションに基づく格差」の特徴をより適切に理解することが可能になるものと期待される．本書では以降，量的分析のみならず，質的分析も援用しつつこれらの課

題に取り組んでいくこととしたい.

小　結

　本章の要点を簡単にまとめると以下の通りである．就業機会という「ポジション」に報酬水準が結び付けられているという発想は，現実社会の報酬格差を理解する上で広く用いられているものであるが，アカデミックな世界においてはこのような発想に基づいて報酬格差それ自体を説明することはそれほど一般的ではない．これは報酬水準を規定する要因を「ポジション」の側ではなく「個人」の側に帰す新古典派経済学的な視角が，こんにちの報酬格差の説明枠組みの主流となっているためであり，このような個人還元論的アプローチの隆盛を受け，それとは異なる視角から報酬格差を説明しようとする試みはなされづらくなってしまっているといえる．経済学者の側からも社会学独自の視点に基づく代替的な説明枠組みの構築の必要性が提起されさえするこんにち，欧米のそれとは少々異なる様相を示している日本，あるいは他の東アジア社会の報酬格差を，「ポジションに報酬が結び付けられている」という視点から検討し，説明していく試みには，大きな意義があるといえるだろう．

　本章ではさらに，このような視角から報酬格差を説明するための枠組み構築の手がかりを得るために，階層・階級理論と具体的な分類モデルの整理を行った．これまでの欧米の階層・階級モデルは，ひとびとの就業機会に関する諸条件のうち，主に従業上の地位と職種を基準としてひとびとの階層・階級の分類を行ってきた．従来の伝統的な階層・階級分類を見直そうとする近年の研究も，これらの変数を分類基準とする点では共通しており，具体的には職種による区分をより細かくする方向で分類枠組みの改編がなされてきた．

　一方日本においても，自らの社会により適合的な階層分類を築こうとする試みが重ねられてきたのであるが，これらの試みは，職種による区分をさらに細かくするのではなく，企業規模や雇用形態といった変数を，従業上の地位や職種と同等の，独立的な基準として新たに追加するという方向でなされてきた．なぜ日本の研究者には，このように企業規模や雇用形態という条件をとりわけ重視する傾向がみられるのであろうか．

以降の章では，この理由を日本の階層構造自体の特徴に求める立場に立ちながら，日本社会における報酬格差の性格を，韓国や台湾との比較を通じて検討していく．本章の考察結果をふまえるならば，その際，(1)日本社会において企業規模や雇用形態の違いが及ぼす影響は，従来階層・階級分類基準として用いられてきた従業上の地位や職種の影響に比べても大きいといえるのか，(2)さらにそれらの相対的な影響の大きさは，欧米社会ではなく，韓国や台湾など他の東アジア社会と比較した場合でも同様に認められるものなのか，(3)そして企業規模や雇用形態間の報酬格差は，企業規模や雇用形態そのものを根源的要因として生じているものなのか，あるいはそれらと関連する別の変数が根源的な要因であることによる疑似的な効果にすぎないのか，という3つの問いに答えていくことが必要となる．特に最後の問いに関しては，そもそも企業規模や雇用形態の違いとはそれぞれの社会において何を意味するものなのか，またどのようにそれらの変数が報酬を規定する根源的な要因として作用し得るのか，といった問題にまで踏み込んだ考察が要されるであろう．以降の章では，これらの問いを具体的な検討課題としながら，「就業機会というポジションに基づく報酬格差」の実証分析を進めていくこととしたい．

2章
所得と主観的地位評価の格差
企業規模と雇用形態の影響は本当に大きいのか?

はじめに

　ここ十数年来の「格差社会論」の活発な展開に示されているように，こんにちの日本では社会経済的な格差の拡大に関する関心が大きく高まっている．しかし，日本社会において問題とされる「格差」の具体的な中身は，諸外国におけるそれとはやや異なることも多い．たとえば2011年に米国で生じた反格差運動の1つ，ウォール街占拠運動では，ごく少数の富裕層がきわめて多くの富を保有していること，あるいはそれらの富裕層を顧客とする金融業界の経営者たちが巨額の報酬を得ていることなどが主な批判の対象とされていた．これに対して日本では，同様の問題にそれほど強い関心が持たれているとはいい難く，むしろ正規雇用と非正規雇用の間の報酬やキャリアの格差など，それとはやや異なる次元における格差に焦点が当てられる場合が多いように感じられる．
　前章でも指摘したように，このような格差をながめる視角の相違は，学術的な格差研究にも存在している．就業者間の報酬や機会の格差を把握するための分類枠組みを築く際，就業機会に関する諸条件のうち，欧米では，従業上の地位と職種を基準とするのが一般的である．これに対し日本では，企業規模や雇用形態が分類に際して考慮されることも多く，これらの変数が，ひとびとの間の社会経済的格差を説明する上で，従業上の地位や職種と同等に重要な条件であると想定される傾向がみられるのである．

このような日本社会における格差を眺める視角の特徴は，はたして，実際の社会の特徴を反映して生じたものなのであろうか．すなわち日本では，企業規模や雇用形態に基づく報酬等の格差が，従業上の地位や職種によるそれと比べても大きいために，これらの条件がもたらす格差に大きな関心が集まっているのであろうか．また，もしそうではないとすれば，日本社会にはこれらの変数に特に注目を集めさせるような何らかの要因が存在するのであろうか．本章ではこのような問題関心に基づき，韓国・台湾との比較の視点から，日本社会において報酬や地位の格差を生み出す要因の総合的な分析を行っていく．具体的には，2005年に行われたSSM日本調査のデータと，SSM韓国・台湾調査のデータの分析を通じて，ひとびとの所得水準，ならびに社会における自らの地位についての主観的な評価が，個人の就いている就業機会の属性，あるいは就業者個人の属性によってどのように規定されているのかを検討することで，各社会の階層構造の特徴，とりわけそれぞれの社会において就業機会という「ポジション」に基づいてどのような格差がどの程度生じているのかをあきらかにしていくことを試みる[1]．

1────分析視角・データと方法

格差をもたらす就業機会側の条件

　産業社会においては，「どのような仕事に就いているか」が個人の報酬や生活機会を決定するきわめて重要な要因となる．このため，前章で確認したように，ひとびとの社会経済的地位や社会階層を分類する際も，個人が就いている就業機会に関する条件，とりわけ従業上の地位と職種（狭義の職業）を基準として行うのが一般的になっている（Goldthorpe 1980; Wright 1985 など）．これに対して，日本の階層研究ではこの両者に加えて，企業規模や雇用形態を考慮した独自の分類も広く用いられている．日本社会では経済の二重構造や労働市

---

[1] アジア社会の比較階層研究としては園田（2005），服部ほか（2002），Hsiao（1999）などが存在するが，各国のデータセットを同一の分析者が同じ枠組みによって分析した比較研究は少ない．本章では，序章でも指摘した「大枠では似ていながらも細部は異なる」韓国・台湾との比較を通じて，日本の階層構造の特徴をより鮮明な形であきらかにしていくことを目指す．

場の分断などによって，賃金や福利厚生水準，さらに収入・雇用の安定性やプレステージの面で，企業規模や雇用形態による大きな格差が生じており，これらの変数に着目してこそ日本社会の階層構造のリアリティを適切に把握し得るものと考えられたためである（盛山ほか 1988; 鹿又 2001; Sakamoto and Powers 1995; 太郎丸 2009）．

このうち，雇用形態の違いがもたらす格差に関していえば，正規雇用と比べて雇用の安定性の劣る非正規雇用の増加は，ポスト産業化，さらには急速に進行するグローバル化によってもたらされたリスクの個人化（Beck 1986=1998）の一例として，多くの産業社会に共通にみられるものではある．しかしその増加自体は共通の現象であったとしても，それが具体的に，どのような格差をはらみつつ生じるのかは社会間で必ずしも一致せず，それぞれの社会における背景条件の影響を受けて，たがいに異なる様相を示す可能性がある（Sato and Arita 2008）．このような背景条件の作用は，企業規模や職種の影響に関しても同様に生じ得ると考えれば，就業機会に関するこれらの条件に応じた格差の程度も，社会間である程度異なるのかもしれない．以上をふまえれば，就業機会に関する条件のうち，一般的な階層分類が基準として用いていた職種と従業上の地位のみならず，企業規模と雇用形態の違いにも着目し，これらの条件が実際の報酬や地位の格差に与えている効果を総合的に検討することによって，それぞれの社会の階層構造の特徴をより適切に理解することが可能になるのではないかと考えられる．

個人側の条件が及ぼす影響

もちろん，ひとびとの報酬水準は，その個人が就いている就業機会によって完全に決まってしまうのではなく，個人の属性などの影響をも受けるものであろう．このように考えれば，ひとびとの間の報酬や地位の格差に対して，個人の側の条件に着目しつつアプローチしていくこともできる．実際，吉川徹はこのような観点から，「第一義的な社会的地位の指標を，職業階層から思い切って学歴に移すという発想の転換」（吉川 2006: 133）に基づき，学歴を切り口とした日本社会の階層分析を行っている．吉川に従えば，欧米社会とは異なる背景条件を持つ日本社会において，個人の学歴は単に職業的地位を決定する副次

的変数としてのみ作用するのではなく，ひとびとの社会意識や生活様式に直接影響力を及ぼす重要な階層指標としてはたらいている，と考えられるのである．

　日本社会において，報酬や地位に強い影響を及ぼしている個人側の条件はほかにも挙げられよう．その1つが年齢である．日本の企業においては，賃金の上昇や昇進などに年功的な性格が強くみられる．日本型雇用慣行の柱の1つでもあるこの年功制の本質は，しばしば勤続による熟練形成に求められるが，その一方で年齢を基準とした生活費保障を目的としたものと理解されることも多い．この立場に立つ小野（1989）の分析によれば，個人の賃金水準に対しては，熟練形成の代指標である勤続年数や職種経験年数よりも，純粋な年齢それ自体の方が大きな影響を及ぼしており，その効果は個人の教育水準の効果よりもはるかに強いことがあきらかになっている[2]．

　このほか性別も，報酬や地位を規定する重要な変数となる．ただし日本では，性別による労働市場の分断傾向が認められるため，先行研究の多くと同様，分析自体を性別に行うことでこの変数を考慮に入れることとする．

背景条件の比較

　分析に入る前に，ここで3つの社会の背景条件についてごく簡単に確認しておこう．日本において企業規模や雇用形態といった就業機会側の条件の影響を大きなものとしている（と考えられる）背景条件は，韓国や台湾においても同様に認められるのであろうか．

　まず，日本社会において企業規模の影響を顕著なものとしている背景条件の1つとして経済・労働市場の二重構造がしばしば挙げられる．このような二重構造は，日本が産業化の後発社会であるために一層強まったものと考えられよう．しかし韓国と台湾は，日本以上に産業化の開始が遅く，程度の差はあれ，いずれも経済構造の二重性が認められる．とするならば，これらの社会でもその二重性に対応する形で，社会経済的地位の亀裂が生じている可能性は存在しよう．

---

[2] ただし年齢はすべての個人に平等に変化する条件であるという点で，他の条件に基づく格差とはやや性格を異にする点には注意すべきであろう．

また日本の企業規模間報酬格差，さらには雇用形態や年齢に基づいた報酬格差は，日本型雇用慣行の存在ゆえに，いっそう大きなものとなっている可能性がある．年功的な報酬体系や定年までの雇用保障といった雇用慣行は主に大企業の正社員に対してのものであるため，その恩恵を享受しうるか否か，すなわち大企業に就業しているか，あるいは正社員であるかどうかが報酬等の大きな格差を生み出している，とも考えられるのである[3]（平田 2008）．このように考えれば，日本型雇用慣行の構成要素が，他の東アジア社会においてどの程度浸透しているのかも，この問題を検討する上で重要な背景条件の1つとなるだろう．

　チョンイファン・チョンビョンユ（2004）は雇用の安定性と賃金の年功制，ならびに労働市場の分節性を日本，韓国，台湾の間で比較した研究成果である．その結果に基づけば，雇用の安定性はやはり日本においてもっとも高く，それに台湾，韓国が続くとされる．その一方，雇用の安定性の企業規模間格差は日本と韓国においてもっとも大きく，台湾では小さい．また賃金の年功制やその規模間格差も台湾より，日本と韓国において一層大きい．このように——台湾ではそうではないものの——韓国においては大企業を中心に，長期雇用と年功型賃金制度のある程度の浸透がみられる．この点でも韓国では，日本と似通った企業規模間格差がみられる可能性があるといえよう．

　最後に学歴の作用に関しても，韓国は日本以上に個人の学歴をおおいに重視する社会であり（有田 2006），台湾も比較的その傾向が強い．年齢に関しては——やや異なる形ではあるが——韓国の労働市場においてもこの変数が重要な作用を果たしていることが指摘されている（パクキョンスク 2004）．以上をふまえれば，韓国や台湾でも，これらの条件がひとびとの報酬に対して及ぼす影響は基本的には似通っているものと考えられるが，ここで確認したような背景条件の違いを反映して，その相対的な重要性は社会間である程度異なっている可能性も高いだろう．

---

[3]　また東アジア社会は，生活リスクに対する普遍的な社会保障制度が概して脆弱である（Goodman and Peng 1996）という点も，企業によるこのような生活保障の余地を大きくさせる重要な要因と考えられる．

データと方法

 本章では，個人所得と主観的地位評価（階層帰属意識）の格差に着目し，これらを分析の従属変数とする．所得は，ひとびとの生活水準を決定的に左右する「階層的不平等のもっとも重要な指標の一つ」（原・盛山 1999: 19）といえる．また主観的な地位評価は，調査対象者が自らの階層的地位に対して下す主観的判断であり，この主観的地位評価の規定構造を探ることで，それぞれの社会における（金銭的な報酬に限定されない）総合的な階層秩序のリアリティをあきらかにし得るものと考えられる[4]．

 分析には2005年SSM日本・韓国・台湾の各調査データを用いる．分析の対象は20歳から69歳までの有職かつ有所得者に限定し，これらの対象者に関して，対数変換した個人所得，ならびに10段階の主観的地位評価を従属変数とする重回帰分析を男女別に行っていく[5]．ここでの独立変数は，調査対象者の就業機会に関する条件として，職種（ISCO大分類），従業上の地位・雇用形態（自営・雇用主，家族従業者，正規被雇用，非正規被雇用），企業規模（29人未満の小規模，30人から299人の中規模，300人以上の大規模・官公庁）をそれぞれダミー変数の形で組み入れ，このほか年齢（45歳で中心化），教育年数，さらに対数個人所得（主観的地位評価の分析のみ）も連続変数としてモデルに投入する[6]．また日本と韓国のデータについては，サンプル抽出確率を補正するため，年齢と居住地域に関してウェイト付けを行う．

---

[4] このような形での主観的地位評価の分析は，対象者は「人々の考える『階層』感や『階層』についての一次理論をくり込んだ形で階層帰属を答えている」（佐藤 2008: 107）という想定のもとに，各社会における「階層についての一次理論」を描き出そうとしているものと位置付けられる．このように，主観的地位評価を階層的地位捕捉のための基準として「手段的に」利用する本章は，従来の階層帰属意識研究とは方向性をやや異にする．
[5] 10段階の主観的地位評価を順序変数として順序ロジット分析を施しても結果は大きく異ならなかったため，ここでは簡便のため通常の重回帰分析の結果を示している．
[6] ここでは非正規被雇用を，時間制雇用（パート・アルバイト），有期雇用（契約社員・嘱託），間接雇用（派遣社員）からなるものとし，さらに内職もこれに含めている．また韓国データに関しては，現職が有期雇用か否かをたずねる項目への回答に若干の不安定さがみられたため，職歴項目中の最終職（＝現職）の従業上の地位情報を利用して正規被雇用と非正規被雇用の区別を行っている．また企業規模変数に関しては，分析対象ケースの減少を防ぐため，規模不明は「小規模」に含めた．いずれの社会においても中規模，大規模に含まれる自営・雇用主，家族従事者はきわめて少ないため，この変数は実質的に，被雇用者に関する企業規模間格差を推定するためのものとなる．

以降では，これらの方法を用いて，ひとびとの所得と主観的地位評価が，就業機会に関する条件（職種，従業上の地位，企業規模，雇用形態）と個人属性に関する条件（年齢，教育年数）とによってどのように定まっており，その規定構造は3つの社会間でどのように類似し，またどのように異なっているのかを具体的に検討していく．

2 ── 回帰分析結果

所得の規定要因分析

まず，対数個人所得の重回帰分析結果を示した**表2-1**を通じて，それぞれの変数が所得に及ぼす影響をみていこう[7]．この表のモデル1は教育年数を含めないモデルであり，年齢のみを統制した状態での，職種，従業上の地位・雇用形態，企業規模の効果が示されている．

まず男性に関してみると，就業機会に関する条件が所得に及ぼす効果は，3つの社会間である程度似通っているといえるだろう．職種の効果は，いずれの社会でも概して，管理・専門職がもっとも高く，それに技術準専門・事務職が続き，さらにその他の職種が続くという順になっている．また従業上の地位の効果をみても，台湾においてその効果がやや弱いものの，自営・雇用主であることによって被雇用者よりも平均的に高い所得を得られることがわかる．さらに雇用形態間，ならびに企業規模間での所得格差も，日本のみならず，韓国，台湾にも共通して認められ，推定された係数値に基づくと，正規雇用ではなく非正規雇用であることによって日本で34％，韓国で23％，台湾で43％それぞれ所得が減少し，小企業ではなく大企業に就業することによって日本で43％，韓国で58％，台湾で43％所得が増加することになる．

しかし前章で触れたように，これらの変数の効果は，就業機会という「ポジション」そのものに結び付けられた報酬の格差ではなく，個人側の条件，その中でも特に，個人の人的資本の相違によって生み出された擬似相関である可能

---

7) 本節の分析は基本的に有田（2009）におけるそれと同一のものであるが，その後韓国のデータに関する職業コードの修正等を加えたことにより，結果は完全には一致しない．

表 2-1 対数個人所得の重回帰分析

	日本		韓国		台湾	
	モデル1	モデル2	モデル1	モデル2	モデル1	モデル2
男性						
定数	12.639***	12.493***	14.215***	13.804***	9.799***	9.384***
年齢	0.099***	0.098***	0.116***	0.108***	0.127***	0.120***
年齢二乗	-0.001***	-0.001***	-0.001***	-0.001***	-0.001***	-0.001***
職種（ref: 単純労務）						
管理	0.635***	0.597***	0.449**	0.330*	1.284***	1.074***
専門	0.498***	0.446***	0.572***	0.332*	1.009***	0.681***
技術準専門	0.274***	0.246***	0.108	-0.048	0.646***	0.461***
事務	0.248***	0.221***	0.279*	0.157	0.452***	0.318**
サービス販売	-0.018	-0.029	0.102	0.061	0.294***	0.197*
農林漁業	0.195*	0.194*	-0.190	-0.108	-0.337***	-0.348***
技能	0.154**	0.158**	0.135	0.095	0.459***	0.407***
組立機械操作	0.115*	0.117*	0.174	0.163	0.357***	0.293***
従業上の地位・雇用形態（ref: 正規被雇用）						
自営・雇用主	0.151**	0.149**	0.223**	0.203**	0.079	0.082
家族従事者	-0.377***	-0.381***	-0.060	-0.133	-0.080	-0.105
非正規被雇用	-0.429***	-0.428***	-0.264**	-0.232**	-0.559***	-0.476***
企業規模（ref: 小規模）						
中規模	0.163***	0.158***	0.258***	0.204**	0.100	0.077
大規模	0.355***	0.347***	0.432***	0.386***	0.356***	0.279***
教育年数		0.014*		0.047***		0.048***
決定係数	0.408	0.409	0.279	0.301	0.376	0.393
ケース数	1,851		561		1,922	
女性						
定数	14.141***	14.054***	14.364***	14.049***	9.401***	8.903***
年齢	0.002	0.001	0.082**	0.052	0.135***	0.126***
年齢二乗	0.000	0.000	-0.001**	-0.001	-0.002***	-0.001***
職種（ref: 単純労務）						
管理	1.164***	1.154***	0.711	0.637	1.438***	1.197***
専門	0.618***	0.596***	0.710**	0.339	0.847***	0.553***
技術準専門	0.317***	0.308***	0.293	0.001	0.771***	0.527***
事務	0.413***	0.402***	0.481*	0.335	0.558***	0.368***
サービス販売	0.186**	0.182**	0.530***	0.424*	0.348***	0.283***
農林漁業	-0.052	-0.053	0.007	0.127	-0.283*	-0.176
技能	0.068	0.066	0.118	0.181	0.172	0.153
組立機械操作	0.168*	0.169*	-0.150	-0.144	0.142	0.143
従業上の地位・雇用形態（ref: 正規被雇用）						
自営・雇用主	-0.147	-0.153	-0.029	-0.084	0.032	0.020
家族従事者	-0.615***	-0.618***	-0.156	-0.168	-0.022	-0.036
非正規被雇用	-0.843***	-0.845***	-0.387**	-0.411**	-0.491***	-0.468***
企業規模（ref: 小規模）						
中規模	0.221***	0.221***	0.432***	0.335*	0.120	0.095
大規模	0.340***	0.336***	0.243	0.154	0.376***	0.314***
教育年数		0.009		0.072**		0.055***
決定係数	0.384	0.384	0.203	0.225	0.377	0.400
ケース数	1,619		435		1,397	

***p<.001, **p<.01, *p<.05.

性もあるだろう．たとえば専門職就業者が高い所得を得ているとしても，それは「彼ら／彼女らが所得の高い職種に就いているため」ではなく，そもそも「彼ら／彼女らが高い水準の教育を受けており，その教育の成果に対して報酬が支払われているため」と理解すべきかもしれないのである．また企業規模や雇用形態による格差についても，同様の説明を施すことが可能であろう．

このような説明がどの程度妥当なものであるのかは，分析モデルに「本人の教育年数」を追加することで，ある程度までは判断することができる．表のモデル2は，このような目的のため，さらに本人の教育年数を追加したものであり，このモデルを通じ，教育年数の違いによる技能や知識の違いを統制した上での，より純粋な就業機会効果を確かめることができる．

このモデルの推定結果をみると，職種，従業上の地位・雇用形態，企業規模の効果はモデル1よりやや小さくなっているものの，依然総じて強い効果を持っていることがわかる．この結果からは，個人の教育水準を統制した上でも，やはり企業規模や雇用形態といった就業機会側の条件が所得に対して大きな効果をもっているものと位置付けられよう[8]．

なお詳細な結果表の提示は省略するものの，モデル2にさらに年間労働時間（対数値）を独立変数として加え，雇用形態間の就業時間の違いを統制した場合，非正規被雇用ダミー変数の係数推定値は，日本で-0.350，韓国で-0.211，台湾で-0.463と，モデル2にくらべてやや減少した．しかしこれらの変数の効果は依然として大きく，やはり日本，韓国，台湾の3つの社会においては，正規雇用の賃金に比べて非正規雇用の賃金がかなり低い水準にあるといえる．

ただし，これらの変数が所得に及ぼす影響の相対的な重要性は，3つの社会間でそれなりに異なってもいる．たとえば，職種間での所得格差は台湾において特に大きく，単純労務職と比べた場合の専門職の所得は，日本で1.6倍，韓国で1.8倍であるのに対し，台湾では2.7倍に達している（モデル1）．また台湾ではブルーカラー職種（技能，組立機械操作，単純労務）の間でも，その熟練度等に応じて大きな所得の格差が生じていることがわかる．さらに個人属性

---

[8] もちろんこのモデルが教育年数の量的な違いのみを考慮したものである点には留意すべきであろう．この問題については次章においてもう少し詳しく検討する．

に関する条件の効果をみると，韓国，台湾に比べて日本では，男女とも，教育年数が所得に与える効果が非常に小さい点が特徴といえよう．

次に女性の分析結果をみると，職種については，男性の場合とほぼ同様の効果が認められ，また企業規模効果についても，韓国の大企業ダミー変数の効果が有意でないことを除いて，結果は似通っているといえる．また，非正規雇用に就くことによる所得の減少傾向は韓国，台湾においても認められるものの，やはり日本において際立って大きなものとなっている．もちろんそのうちのある程度の部分は，日本の女性非正規雇用の中にパートタイム就業者が多いことによって説明されるものの，それでも労働時間（対数値）をさらに統制したモデルの非正規被雇用ダミー変数の係数推定値に基づけば（結果表の提示は省略），日本の非正規雇用は正規雇用の58％の所得しか得られず，韓国の77％，台湾の63％と比べて格差が大きい．

主観的地位評価の規定要因分析

次に，主観的地位評価の分析結果をみていこう（表2-2）．モデル1は所得分析の場合とまったく同じものであり，モデル2はさらに教育年数と対数個人所得を加えたものである．

まず男性に関してモデル1の推定結果をみると，所得の場合とほぼ同様の結果がみてとれる．韓国では職種の効果がやや弱いものの，概してホワイトカラー，特に管理・専門職ほど，そして規模の大きな企業に勤めているほど主観的地位評価が高く，また非正規雇用であるほど評価が低いという傾向が認められるのである．しかしモデル2の推定結果が示すように，ひとびとの主観的地位評価はその個人の所得水準に非常に強く影響されていることをふまえれば，これはある意味当然の結果ともいえよう．モデル1の推定結果は，「高い所得が得られる就業機会に就いているほど主観的地位評価が高い」という傾向の現れとして理解することが可能なのである．

ただしモデル2の推定結果をみると，個人所得を統制した上でも，就業機会に関するいくつかの変数が有意な効果を持っていることがわかる．日本と台湾ではホワイトカラー職種に，さらに台湾ではこれに加えて技能職にも正の有意な効果が認められ，年齢，教育年数，所得が同一であったとしても，これらの

表 2-2　主観的地位評価（10 段階）の重回帰分析

	日　本		韓　国		台　湾	
	モデル 1	モデル 2	モデル 1	モデル 2	モデル 1	モデル 2
男　性						
定　数	3.988***	-7.371***	6.317***	-2.999*	3.939***	-1.997**
年　齢	0.007	-0.082***	-0.059	-0.146***	0.001	-0.077***
年齢二乗	0.000	0.001***	0.000	0.002***	0.000	0.001***
職種（ref: 単純労務）						
管　理	1.152***	0.407	0.846	0.322	2.136***	1.050***
専　門	1.316***	0.603**	1.179***	0.322	2.294***	1.131***
技術準専門	0.817***	0.433*	0.348	-0.053	1.371***	0.674***
事　務	0.850***	0.490**	0.433	0.003	1.086***	0.590**
サービス販売	0.251	0.211	0.288	0.138	0.801***	0.460**
農林漁業	0.560*	0.394	-0.327	-0.039	-0.014	0.146
技　能	0.411*	0.310	-0.109	-0.276	0.789***	0.449**
組立機械操作	0.268	0.168	-0.061	-0.187	0.617***	0.308
従業上の地位・雇用形態（ref: 正規被雇用）						
自営・雇用主	0.145	0.015	0.112	-0.062	0.092	0.055
家族従事者	0.213	0.534*	0.820	0.697	0.227	0.219
非正規被雇用	-0.658***	-0.290*	-0.499**	-0.273	-0.696***	-0.246
企業規模（ref: 小規模）						
中規模	0.274**	0.118	0.136	-0.133	0.002	-0.098
大規模	0.530***	0.201*	0.443*	0.088	0.218*	-0.119
教育年数		0.077***		0.102***		0.093***
対数個人所得		0.835***		0.593***		0.523***
決定係数	0.121	0.192	0.124	0.201	0.180	0.257
ケース数	1,816		561		1,913	
女　性						
定　数	3.694***	1.101	4.705***	-0.238	4.120***	0.869
年　齢	0.072**	0.057*	0.021	-0.019	0.019	-0.030
年齢二乗	-0.001**	-0.001*	-0.001	0.000	0.000	0.000
職種（ref: 単純労務）						
管　理	1.034*	0.771	-0.880	-1.149	1.980***	1.227***
専　門	0.724***	0.338	1.315**	0.924*	1.795***	1.116***
技術準専門	0.425*	0.255	0.494	0.276	1.346***	0.764***
事　務	0.377**	0.173	0.769	0.548	1.095***	0.654***
サービス販売	-0.012	-0.090	0.250	0.028	0.739***	0.545***
農林漁業	0.524	0.525	-0.194	-0.146	0.068	0.316
技　能	-0.140	-0.173	0.562	0.548	0.385*	0.311
組立機械操作	-0.046	-0.053	0.369	0.422	0.420*	0.387*
従業上の地位・雇用形態（ref: 正規被雇用）						
自営・雇用主	0.360*	0.273	0.630*	0.617*	-0.008	-0.033
家族従事者	0.092	0.100	0.534	0.581	0.349*	0.334*
非正規被雇用	-0.082	-0.030	-0.350	-0.230	-0.080	0.090
企業規模（ref: 小規模）						
中規模	0.002	-0.017	0.472	0.287	0.029	-0.041
大規模	0.114	0.032	0.190	0.072	0.279**	0.085
教育年数		0.135***		0.030		0.086***
対数個人所得		0.087		0.335***		0.263***
決定係数	0.050	0.069	0.180	0.214	0.203	0.245
ケース数	1,588		435		1,383	

***$p<.001$，**$p<.01$，*$p<.05$．

職種に就いていることによって主観的地位評価が有意に上昇する．さらに日本では，非正規被雇用ダミー変数と大規模ダミー変数にも有意な効果が認められ，本人の所得と教育年数を統制してもなお，ひとびとの主観的地位評価は非正規雇用に就いていることで有意に下落し，また大規模企業に勤務していることで有意に上昇する．日本ではひとびとが社会における自らの位置を評価する際，企業規模，および雇用形態の違いは，単に「大企業に勤めているほど，あるいは正規雇用に就いているほど所得が高い」という意味を持つにとどまらず，所得のほかに何らかの便益（あるいは不利益）を与える条件としての意味をも持つといえよう．

　一方女性に関しても概して男性の場合と似通った結果が現れており，諸変数の中でも特に個人所得が，本人の主観的地位評価に強く影響していることがみてとれる．ここで年齢，教育年数，個人所得をすべて統制した後のモデル2についてみると，日本に関しては，就業機会に関するいずれの条件も有意な影響を及ぼしておらず，男性の場合に有意であった企業規模，ならびに雇用形態にも有意な効果は認められない．企業規模，ならびに雇用形態の違いが個人の所得を媒介せず主観的地位評価に及ぼす直接的な効果は，日本においても男性のみに認められるものといえる[9]．

3──各条件の総合的な効果の比較

各条件の総合的な効果をどのように測るか？

　以上の分析においては，就業機会に関する条件（職種，従業上の地位，雇用形態，企業規模）と個人属性に関する条件（年齢，教育年数）が本人の所得と主観的地位評価に対して及ぼす効果を，重回帰分析における各変数の係数推定値とその統計的な有意性に基づいて検討してきた．これにより，就業機会に関する各条件の効果を詳細に検討することができたものの，その反面，複数のダミー変数によって表された各条件の総合的な効果——たとえば大規模，中規模，

---

[9]　同様の結果は，非正規雇用への就業が階層帰属意識に及ぼす影響を検討した小林（2008）においても示されている．

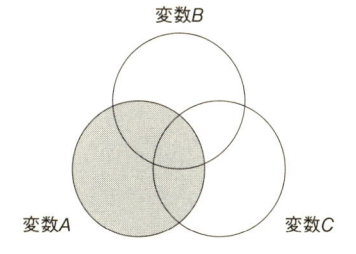

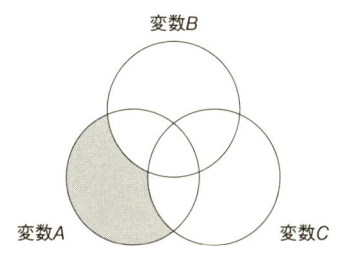

(a) 最初に変数Aを追加する場合　　　　(b) 最後に変数Aを追加する場合

図 2-1　変数追加による決定係数増分のイメージ（独立変数間に相関のある場合）
注：それぞれの円の重なり合う部分は，変数間の相関している（共変動）部分を示す．

小規模という3つのカテゴリーからなる「企業規模」という条件のトータルの効果——をシンプルな形で表し，「企業規模の効果は，職種の効果にくらべてどれほど大きいか」といった問いの検討を行うことはできなかった．

　本節では，就業機会，あるいは個人属性に関する各条件の総合的な効果の相対的な重要性を判断するために，各条件に関するダミー変数群を回帰モデルに加えることによって生じる決定係数の上昇程度に着目した分析を行う．決定係数とは，従属変数のもともとの散らばりのうち，モデルに含まれた独立変数によってどの程度が説明されるかを表す指標である．これを利用し，各条件を考慮することによる説明力の上昇程度，すなわちその条件に関する複数のダミー変数——たとえば「企業規模」という条件については大規模企業ダミー変数と中規模企業ダミー変数——をモデルに追加することによって生じる決定係数の増分を，それぞれの条件の総合的な効果ととらえ，所得と主観的地位評価に対する効果の相対的な重要性を検討していく．

　ただし，複数の独立変数間に相関関係が存在する場合，独立変数の追加による決定係数の増分は，変数を追加していく順序によって異なってくる．このイメージを示した図 2-1 に基づいて述べれば，たとえばたがいに相関する独立変数 A, B, C が存在するとき，変数 A の追加による決定係数の増分は，変数 A を，変数 B と C に先んじて最初にモデルに追加するときにもっとも大きくなる（図 2-1(a)の網掛け部分に相当）．これは変数 A と他の変数との共変動部分（円の重なり合う部分）の説明力もすべて，はじめに変数 A を追加した際の決定係数の増分に含まれてしまうからである．反対に変数 B と変数 C をすべて

モデルに含めてしまった状態で最後に変数 A を追加すると，限界的な増加分はもっとも小さくなる（図2-1(b)の網掛け部分に相当）．変数 B，C との共変動部分の説明力は，変数 A に先んじて変数 B，変数 C を追加した際の決定係数の増分にすでに含まれてしまっているからである[10]．この「最初に追加する場合」の増分と，「最後に追加する場合」の増分を両極とし，考えられるすべての追加順序における決定係数増分を平均することで，各条件の総合的な効果を1つの指標によって表すという方法も提唱されているが（Israeli 2007），本節では複雑に絡み合う各条件の効果をより丁寧にみていくために，最初に追加した場合の増分と最後に追加した場合の増分の両者に着目しながら，それぞれの条件の効果を検討していくこととする．

2つの決定係数の増分が持つ意味，ならびに分析方法

ここで，これら2つの決定係数の増分（ΔR^2）がそれぞれ意味するところを，もう少し明確にしておこう．吉川（2006）においては「個人の階層的地位を測定するために何か1つだけ情報が得られる場合，いかなる情報を得るのがもっとも有益か」という問いが提起されているが，最初に変数を追加した場合の決定係数の増分はまさにこの「何か1つの情報のみ得られた場合，それによってひとびとの所得・主観的地位評価をどれだけ説明できるか」を表す．したがってこれには，追加した変数が所得や地位評価に直接及ぼす効果のみならず，他の変数を媒介して及ぼす間接効果や，さらにはその変数を原因とはしない相関関係——たとえば他の変数を共通の要因とする疑似相関——も含まれることになる．以上をふまえ，当該変数を最初に追加する場合の決定係数の増分をさしあたり「指標性効果」と呼んでおこう．

これに対し，最後に当該変数を追加する場合の決定係数の増分は，モデルに含まれた他の変数には帰すことができないその変数独自の効果を示す．すなわちこれは，モデル内の他の変数を媒介とした間接効果や，他の変数を共通の要

---

[10] ただし「年齢が低いほど学歴が高い」というように，従属変数に対するそれぞれの変数の効果を打ち消しあうように独立変数同士が相関している場合は，最後に追加したときの決定係数増分の方が大きくなることもある．

因とする疑似相関がすべて取り除かれた後の「純粋な直接効果」を示すものととらえられる．こちらの効果は「独自性効果」としよう．

以降この2つの効果を手掛かりとして，就業機会と個人属性に関する各条件が所得と主観的地位評価に及ぼす効果の相対的な重要性を検討していくのであるが，そのための分析は，基本的には前節で用いた変数とモデルに基づいて行う．ただし教育水準に関しては，その効果をより詳細に把握するため，対象者の学歴を中学以下，高校，短大・高専，大学以上の4つのカテゴリーに分類し，対応するダミー変数をそれぞれモデルに組み入れることとする．また労働時間の違いに基づく所得の違いをコントロールするため，所得を従属変数とするすべてのモデルで労働時間（対数値）を統制する[11]．また従業上の地位と雇用形態に関しては，「従業上の地位・雇用形態」の4つのカテゴリーを，それぞれの基準に基づいて別様に分類し，対応するダミー変数を組み入れることでその総合的な効果を測定する[12]．

就業機会に関する条件が所得に及ぼす効果：男性

では対数個人所得に対する各条件の総合的な効果を，決定係数の増分を通じてみていこう．表2-3は職種，従業上の地位，雇用形態，企業規模という就業機会に関する4つの条件と，年齢，学歴という個人属性に関する2つの条件に対応するダミー変数群を，最初に追加した場合と，最後に追加した場合それぞれの決定係数の増分を男女別に示したものである．この表にはこれら6条件をすべて含めたモデル2に加えて，就業機会に関する4条件のみからなるモデル1の決定係数の増分（独自性効果のみ）も示している[13]．

まずは男性について就業機会に関する4つの条件の効果をみると，最初に追

---

11) 最初に変数を追加した場合の「指標性効果」も，労働時間のみを含むベースモデルとの間の決定係数の差分として測定する．
12) 具体的に述べれば，従業上の地位は「自営・雇用主／家族従事者／被雇用者（正規被雇用および非正規被雇用）」の3カテゴリー，雇用形態は「非正規就業者（非正規被雇用）／正規就業者（自営・雇用主，家族従事者，正規被雇用）」の2カテゴリーによってそれぞれ構成し，対応するダミー変数を組み入れる．
13) 最初に変数を追加する場合の「指標性効果」はこれら2つのモデルの間でまったく同じものとなる．なお以下の数字はすべて決定係数の増分を100倍した値である．

表 2-3　対数個人所得に対する各条件の総合効果（決定係数増分）

		男　性			女　性		
		最初に追加時 （指標性） $\Delta R^2 \times 100$	最後に追加時 （独自性）		最初に追加時 （指標性） $\Delta R^2 \times 100$	最後に追加時 （独自性）	
			モデル1 $\Delta R^2 \times 100$	モデル2 $\Delta R^2 \times 100$		モデル1 $\Delta R^2 \times 100$	モデル2 $\Delta R^2 \times 100$
日本	職　種	18.49	8.73	5.41	12.03	4.69	4.32
	従業上の地位	4.06	3.43	1.20	1.59	0.84	1.01
	雇用形態	7.37	3.72	2.32	9.51	5.58	5.71
	企業規模	8.24	5.12	4.01	3.95	1.68	1.65
	年　齢	19.32	－	10.68	0.25	－	1.20
	学　歴	6.04	－	0.33	3.03	－	0.08
	全体 R^2（×100）	42.79	32.03	42.79	48.94	47.73	48.94
韓国	職　種	14.86	9.50	2.87	13.21	9.33	2.16
	従業上の地位	1.36	1.27	0.69	2.54	0.10	0.03
	雇用形態	4.46	1.10	0.63	1.14	0.96	0.51
	企業規模	8.91	4.72	2.61	4.60	1.67	0.75
	年　齢	14.44	－	5.04	10.42	－	2.07
	学　歴	15.01	－	2.70	16.98	－	4.30
	全体 R^2（×100）	31.25	22.69	31.25	28.19	20.88	28.19
台湾	職　種	26.32	15.47	8.20	25.79	14.07	4.14
	従業上の地位	3.39	0.71	0.21	3.11	0.21	0.04
	雇用形態	4.06	0.91	1.13	6.25	1.00	1.07
	企業規模	12.46	2.59	1.10	12.37	2.46	1.44
	年　齢	10.52	－	6.21	14.30	－	8.38
	学　歴	15.36	－	1.50	17.73	－	2.20
	全体 R^2（×100）	38.58	31.37	38.58	39.80	30.52	39.80

加した場合の増分（指標性効果）の相対的な大小関係は，3つの社会間でそれほど大きく異ならないようにみえる．もちろん「日本では雇用形態の指標性効果（7.37）が企業規模（8.24）と同程度に大きいが，韓国や台湾ではそうではない」といった違いは存在するものの，いずれの社会においても，職種の効果がもっとも大きく，企業規模の効果はその半分程度であり，さらに雇用形態や従業上の地位がそれに続く，という共通のパターンが認められる．

　しかし，最後に当該変数を追加した場合の決定係数の増分（独自性効果）に

ついてみると，就業機会に関する条件の効果は，社会間で大きく異なっていることがわかる．就業機会条件のみからなるモデル1の結果をみると，まず台湾では，職種の追加による増分が15.47と圧倒的に大きいのに対し，企業規模や雇用形態のそれはそれぞれ2.59, 0.91と非常に小さい．またモデル1における職種の独自性効果は，指標性効果の6割近くに達するのに対し，企業規模や雇用形態の独自性効果は指標性効果の2割程度にまで小さくなっている．台湾の男性についての以上の結果は「企業規模や雇用形態が所得に対して持っていた大きな指標性効果のうちのかなりの部分は，職種など他の就業機会条件によっても説明され得るものであること」，そして「企業規模や雇用形態の持つ『他の就業機会条件には帰せられない独自の効果』は，職種のそれに比べればきわめて小さいこと」を示すものである．所得の規定構造がこのような特徴を持つ場合，所得の散らばりを説明するためには，職種さえ考慮すれば，それでかなりの部分が説明できることになり，独自の説明力が乏しい企業規模や雇用形態をさらに考慮する必要性は小さいといえる．このような社会に対しては，職種と従業上の地位を基準とする従来の階層分類が非常によくフィットするといえるだろう．

　これと対照的なのが日本である．日本の男性の場合，モデル1において企業規模と雇用形態が持つ独自性効果（5.12と3.72）は，それぞれ指標性効果の半分以上の水準にあり，職種の独自性効果（8.73）と比べても小さくはない．すなわち，他の変数を統制しない状態での，企業規模と雇用形態の効果のうちのかなりの部分は，他の就業機会条件には帰すことのできない独自の効果であり，それらの独自の効果は職種に比べてもそれなりに大きいといえる．台湾とは対照的に，このような規定構造を持つ日本社会では，所得の散らばりを説明する際，職種や従業上の地位に加えてさらに企業規模や雇用形態の違いを考慮に入れることは，説明力を高める非常に有効な措置となるのである．

　韓国のケースは日本と台湾の中間にあるといえるかもしれない．韓国では，企業規模の独自性効果がそれなりに大きく，職種のそれの半分程度を占めている．一方，雇用形態の独自性効果は指標性効果の4分の1程度に縮小しており，職種のそれと比べてかなり小さい．韓国ではたとえ雇用形態間の所得格差が大きいようにみえたとしても，そのうち他の就業機会条件に帰せられない独自の

効果はそれほど大きくなく，雇用形態の違いは，職種や企業規模など他の変数と大きく相関している事実がうかがえる（第5章参照）．これに比べれば日本社会では，職種と企業規模のみならず，雇用形態も所得に対して独立した効果を持つという点が大きな特徴であると結論付けられる．

個人属性に関する条件が所得に及ぼす効果：男性

次に，モデル2の結果を通じ，新たに加わった個人属性に関する条件がどのような効果を持つのか，またそれらの条件を加えることで就業機会に関する条件の効果がどのように変化するのか，の2点を確認していこう．

まず男性の結果をみると，年齢と学歴はいずれの社会においても大きな効果をもっているが，その相対的な重要性には社会間で相違もあることがわかる．たとえば，韓国と台湾では学歴の効果が非常に強く，その指標性効果は台湾では企業規模や年齢よりも大きく，また韓国ではわずかではあるが職種の効果をも上回っている．ただし学歴は就業機会の決定にも強く作用する変数であるため，就業機会を媒介とする間接効果を含み込む形でその指標性効果は自然と大きくなる．しかし韓国では，学歴の独自性効果も職種や企業規模と同程度に強く，就業機会に関する条件などがすべて等しいとしても，学歴の違いによって所得が大きく左右されることになる．「学歴社会」と称されることも多い3社会ではあるが，前節でも指摘した通り，学歴が所得に及ぼす効果はこれらの社会の中でも韓国において特に大きいものといえる．

これに対して日本社会では独自性，指標性ともに学歴の効果が小さいという点が特徴的である．特に独自性効果の小ささは際立っており，これも前節で指摘したように，就業機会に関する条件と年齢が等しければ，学歴の違いによって生じる所得の違いは非常に小さい．

その一方，日本では年齢の効果が非常に大きい．もちろん年齢という変数はそもそも，就業機会に関する条件や学歴との間の相関がそれほど強くないため，他の変数に比べて独自性効果が大きく現れやすいという性質を持つが，それを差し引いたとしても，日本では年齢という変数がひとびとの所得を特に大きく左右しているといえる[14]．このような結果は，日本には年功的な報酬決定メカニズムが依然として強く存在していることの証左ととらえられる．

次に，これらの個人属性変数を追加した後の就業機会に関する条件の効果についてみると，学歴と年齢を追加したモデル2においても，日本ではやはり，企業規模と雇用形態がそれなりに大きな独自性効果を持っていることがわかる．このことから，日本において企業規模と雇用形態が所得に対して持つ効果は，他の就業機会条件のみならず，年齢や学歴といった個人属性にも完全には帰せられないものといえよう．このほか，韓国における企業規模の独自性効果も依然として大きく，この変数が個人の所得を左右する大きな独自の規定力を持っていることがわかる．それに比べれば台湾では，企業規模や雇用形態の効果は相対的に小さく，就業機会に関する条件の中では，やはり職種の規定力が圧倒的である．

就業機会・個人属性に関する条件が所得に及ぼす効果：女性
　次に女性の結果についてみていこう．男性の場合と比較すると，まず台湾では女性の所得規定構造が男性のそれときわめて類似していることがわかる．台湾に関しては，「職種の効果が圧倒的である」など，これまで指摘してきた特徴が，女性の場合にも概してそのまま認められるのである．
　また韓国でも，女性の所得規定構造は男性のそれと比較的似通っている．雇用形態の独自性効果がそれほど大きくないのは女性についても同様であるが，ただし男性の場合に比較的大きかった企業規模の効果は，女性の場合はかなり小さなものとなっている．
　一方日本の女性については，男性の場合とは相当異なる結果がみられる．日本女性の場合，所得に大きな影響を及ぼすのは職種と雇用形態であり，男性の場合強い効果が認められた年齢と企業規模の効果は非常に弱い．この結果から，日本における年功制のベネフィットや，大企業における報酬プレミアムは，実質的には主に男性に対してのみ与えられているものといえよう．

---

14) ちなみに所得のピーク年齢は，韓国で43.0歳，台湾で45.0歳と推定されるのに対し，日本では50.5歳とかなり遅い．

主観的地位評価に及ぼす効果

次に，主観的地位評価の規定構造を検討していこう．表2-4 は同様に，主観的地位評価に対する各条件の指標性効果と独自性効果を示したものである．分析に用いたモデルは所得分析の場合と基本的には同じであるが，対数個人所得が新たに追加され，労働時間は除かれている．

まず男性について結果をみると，いずれの社会においても，所得が個人の主観的地位評価に対して圧倒的に大きな影響を及ぼしていることがわかる．所得の指標性効果は非常に大きく，フルモデルの決定係数のうちの相当部分が，所得による説明力で占められる．ただし所得の指標性効果がフルモデルの決定係数に占める比率は，日本では 77.1%，台湾では 67.3% と比較的高いのに対し，韓国では 51.9% とやや低い．この比率が低いということは，所得以外の変数が主観的地位評価に対して独自の効果を強く及ぼしている，という事実を意味するが，確かに韓国では，学歴の独自性効果がかなり大きく，所得や就業機会等の条件が一定であったとしても，学歴の違いによってひとびとの主観的地位評価が大きく異なることになるのである[15]．

また主観的地位評価に対する学歴の独自の効果は台湾においてもそれなりに大きいが，台湾ではこのほか職種の独自性効果も同様に大きい．このように，韓国における学歴，ならびに台湾における職種は，所得に対してのみならず，主観的地位に対してもかなり大きな独自の効果を及ぼしているという点が特徴的である．

一方日本では，所得を統制した上でも際立って強い独自性効果を持つ条件が，年齢以外に存在しない．前節の回帰分析において，日本の男性については，所得を統制した上でも，大規模企業に勤めていると主観的な地位評価が有意に上昇し，非正規雇用であると有意に下落するという事実が示されたが，企業規模や雇用形態の独自性効果は他の社会よりも若干高い程度にとどまっている．

次に女性の結果をみると，台湾では，男性の場合に比べて所得の効果がやや小さく，その分職種の効果がさらに大きくなっているという違いはあるものの，

[15) また韓国では，所得自体も学歴によって強く規定されているために，主観的地位評価に対する学歴の指標性効果 (12.76) が非常に大きなものとなる．

表 2-4　主観的地位評価に対する各条件の総合効果（決定係数増分）

		男　性			女　性		
		最初に追加時（指標性）	最後に追加時（独自性）		最初に追加時（指標性）	最後に追加時（独自性）	
		$\varDelta R^2 \times 100$	モデル1 $\varDelta R^2 \times 100$	モデル2 $\varDelta R^2 \times 100$	$\varDelta R^2 \times 100$	モデル1 $\varDelta R^2 \times 100$	モデル2 $\varDelta R^2 \times 100$
日本	職　種	7.73	4.65	0.75	3.56	2.34	1.02
	従業上の地位	0.28	0.35	0.20	0.70	0.72	0.14
	雇用形態	2.11	1.05	0.22	1.02	0.06	0.00
	企業規模	2.43	1.13	0.16	0.21	0.13	0.01
	年　齢	2.25	－	1.45	0.80	－	1.09
	学　歴	4.71	－	0.75	3.74	－	1.94
	個人所得	14.76	－	6.01	1.37	－	0.15
	全体 R^2 （×100）	19.14	10.46	19.14	7.14	4.43	7.14
韓国	職　種	8.41	5.58	0.58	11.99	10.34	4.19
	従業上の地位	1.27	0.35	0.16	0.47	0.74	1.39
	雇用形態	2.13	0.62	0.22	1.66	0.63	0.20
	企業規模	3.10	0.61	0.10	2.35	0.77	0.45
	年　齢	4.51	－	2.10	9.53	－	1.19
	学　歴	12.76	－	3.05	10.98	－	0.71
	個人所得	11.04	－	4.59	8.82	－	3.16
	全体 R^2 （×100）	21.26	10.76	21.26	21.97	15.36	21.97
台湾	職　種	16.63	11.19	1.50	18.29	11.31	2.39
	従業上の地位	0.42	0.09	0.08	1.54	0.33	0.47
	雇用形態	3.31	0.63	0.18	2.34	0.05	0.01
	企業規模	4.53	0.25	0.08	5.44	0.47	0.06
	年　齢	0.83	－	0.35	6.57	－	0.31
	学　歴	15.13	－	1.67	16.65	－	1.24
	個人所得	17.24	－	5.01	12.14	－	1.78
	全体 R^2 （×100）	25.61	17.54	25.61	23.83	18.26	23.83

　男女間で主観的地位評価の規定構造に大きな違いはない．韓国の場合も，学歴の独自効果が減少し，職種のそれが上昇しているという差異は認められるものの，効果のパターンは男女間で比較的似通っている．
　これに対して日本女性の場合，各条件の効果が他の社会に比べておしなべて小さく，またモデル全体の決定係数自体が非常に小さい．これは既婚女性の主

観的地位評価に対して，本人の職業や所得よりも配偶者の職業や所得の方がより強く作用しているためではないかと推測されるが，仮に韓国や台湾にも同様の傾向が存在する場合でも，日本では妻の職業・所得と夫の職業・所得の間の相関が弱いことによって妻の職業・所得の効果が見かけ上小さくなってしまっている，という可能性も否定し得ない[16]．本章の分析は，あくまで本人の就業機会に関する条件と個人属性に関する条件が及ぼす効果に焦点をあてたものであるが，仮に主観的地位評価自体のより良い説明を目指すならば，対象者本人のみならず，配偶者の就業機会条件などを独立変数として含めることも考えるべきであろう．

小　結

　個人の就いている就業機会に関する条件，ならびに個人属性に関する条件がひとびとの所得と主観的地位評価に対して及ぼす効果は，日本，韓国，台湾の間で概して似通っているものの，各条件の相対的な重要性はたがいにかなり異なる．まず就業機会に関する4つの条件（職種，従業上の地位，企業規模，雇用形態）についてみれば，台湾ではこれらのうち職種の効果が圧倒的に大きく，職種という情報さえ得られればひとびとの所得や主観的地位評価の散らばりのうちかなりの部分が説明されることになる．これに対して，日本の男性については，職種のみならず企業規模や雇用形態も強い独自の効果を持っている．また韓国の男性についても，企業規模はかなり大きな独自の効果をもっている．

　このように個人の就いている就業機会に関する条件のうち，職種と従業上の地位のみならず，企業規模や雇用形態も報酬水準に独自の効果を強く持つような社会においては，ひとびとの間の社会経済的地位の相違を捕捉する上で，職種や従業上の地位を基準とする従来の階層・階級分類をあてはめるだけでは不十分であるかもしれず，さらに企業規模や雇用形態の違いをも考慮することが効果的となる．日本の社会階層研究において，企業規模や雇用形態を，職種や

---

16)　実際，既婚女性の職種とその配偶者の職種の ISCO 大分類レヴェルでの一致率を比較してみると，韓国で 47.8%，台湾で 37.3% であるのに対し，日本では 28.2% とかなり低い．

従業上の地位と同等の独立変数として用いるという傾向は，確かに以上のような日本社会のリアリティを反映したものと判断できるだろう[17]．

そしてさらに，このような日本社会における——そして部分的には韓国社会における——企業規模や雇用形態の持つ独自の効果は，年齢と学歴という個人属性に関する条件をモデルに加えた場合にも依然として認められる．このことから，企業規模や雇用形態間に存在する報酬の格差は，個人の年齢や学歴の違いによって完全に説明されるものではなく，やはりある程度までは「ポジション」そのものに結び付いたものとひとまず考えられよう．ただし日本社会においては，女性の場合は企業規模の効果が小さいなど，ポジションと報酬の結び付き自体が男女間で異なっているという点には十分な注意を払う必要があるだろう．このほか個人属性に関する条件については，韓国は学歴の効果が特に強く，日本は年齢の効果が特に強いという特徴があきらかになっている．

これらの比較分析の結果から日本，そして韓国，台湾の社会階層構造はどのような特徴を持つといえるであろうか．まず指摘し得るのは，日本の階層構造は他の社会に比べて多元的な性格が強い，という点である．日本では企業規模や雇用形態など，個人の教育水準，あるいは知識・技術の水準と強く関連する職種とは異なる次元において，報酬や地位の相違が生じる傾向がより強いのである．このような社会経済的地位の分化をもたらす次元の複数性は，社会における不平等の立ち現れ方を一層複雑にするものと考えられる．さらに日本では，基本的にはすべての個人に関して等しく変化する年齢という条件によって大きな報酬の格差が生じているという点も重要な特徴である．このような特徴を持つ日本社会に比べれば，台湾の階層構造は，職種の影響力が圧倒的に大きいという点でより一元的な性格が強いといえるであろうし，韓国は企業規模の独自効果が強いという点で両者の中間に位置づけられるかもしれない．ただし韓国社会は報酬と主観的地位に対する学歴の規定力が非常に大きいという点で特徴的であるといえる．

以上のように，本章の分析を通じては，日本では企業規模や雇用形態がひと

---

[17] もちろんこの問題に関しては，東アジア社会間の比較のみならず，欧米社会との比較に基づいた議論も必要であろう．

びとの報酬に大きな影響を与えており，これらの影響は個人の能力や技能には還元されない性質のものである可能性が示されたといえよう．このようなポジションに基づく報酬格差がいかなる性格を持つものであり，またそれらの格差はなぜ，そしてどのように生じているものであるのかについては，さまざまな背景条件の作用にも考慮しつつ，さらに踏み込んで考察していく必要があるだろう．

3章
雇用形態・企業規模間の賃金格差
パネルデータの分析を通じて

はじめに

　前章の分析を通じ，日本社会においては，個人の就いている就業機会に関する条件のうち，職種や従業上の地位のみならず，雇用形態や企業規模といった条件も，ひとびとの所得や主観的な地位評価を強く規定しているという事実があきらかになった．これらの条件の効果は，年齢や学歴といった個人の属性を統制した上でも依然として大きく，就業機会という「ポジション」そのものに結び付けられた格差として理解すべきもののようにも思われる．

　しかしこのように結論付けるためには，もう少し詳細な分析が必要であるのかもしれない．前章の分析は1時点のクロスセクショナルなデータに基づいて個人間の所得や主観的地位の格差を検討したものであり，そこで用いられていた学歴変数も比較的シンプルなものであった．このため，雇用形態や企業規模の違いによる所得の格差が存在しているようにみえたとしても，それはあくまで，分析に用いた学歴変数によっては十分にとらえられなかった個人間の能力や知識の違いによって生じたものではないか，という反論も不可能ではない．

　このような問題をさらに詳しく検討するためには，「パネル調査データ」の分析が有効な方法の1つとして挙げられるだろう．パネル調査とは同一の対象者に対して時間を置いて繰り返し調査を行うものであり，このパネル調査のデータを用いると，たとえそれが十分に観察されないものであっても，時点間で

変わらない個人の属性の影響が完全にコントロールできると考えられる．したがって，雇用形態や企業規模間に存在する報酬格差が本当は個人の属性に起因するものなのか，あるいはやはり就業機会そのものに結び付いたものであるのかを，パネル調査データの分析を通じてもう少し厳密に検討することができるかもしれないのである．パネルデータの利用状況が大きく整ってきたこんにち，このような問題の検討を試みる以上，パネルデータの分析は不可欠である，とさえいえるのかもしれない．

　以上のような問題関心に基づき，本章ではパネル調査データを用いた被雇用者の賃金分析を行い，雇用形態や企業規模といった条件がひとびとの賃金にどのような影響を与えているのかをさらに詳細に検討していく．本章ではまず，パネル調査データを用いることで「観察されない個人間の違いの統制」がどのように可能になるのかを確認し，その後，それらの方法を日本のパネルデータに当てはめた分析を行う．

　ただし本章の考察を通じてあきらかにされるように，このようなメリットを持つとされるパネルデータの分析手法は，データの構造に一定の仮定を置いた上で分析を行い，その結果を「観察されない個人間の違いを統制した結果」とみなすものである．したがって，分析の結果を適切に解釈していくためには，現実のデータ上において本当にそれらの仮定が満たされるのかどうかについても注意深く見極めていく必要がある．この点を考慮し，本章ではそれらの仮定，具体的には「雇用形態や企業規模の変化の方向が異なっても賃金変化の水準は同一である」という仮定が満たされているかどうかを確認し，その上で「変化」の側面に焦点を当てた新たな分析モデルによって，雇用形態や企業規模の変化が賃金の変化に及ぼす効果をより詳細に検討する．さらに韓国の事例についても，パネル調査データを用いた同様の分析を行い，その結果を比較することで，それぞれの社会における雇用形態間，あるいは企業規模間の賃金格差の性格をあきらかにしていく．

　なおできる限り平易に論じるよう努力していくものの，パネルデータという少々複雑な構造を持つデータセットを用い，また既存の分析手法の前提を適宜問い直しながら，就業機会というポジションと賃金水準との関係を踏み込んだ形で検討する関係上，本章には計量分析の方法論的な議論も多少含まれる点を

あらかじめご了承いただきたい[1]．

1────パネルデータとその分析方法

パネルデータ分析による観察されない異質性の統制

　まずはパネルデータ分析の方法上のメリットについて簡単に確認しておこう．パネルデータを利用すると，従来不可能であった分析が可能になるとされる．その1つが「個人間の観察されない異質性」の統制である．1時点のクロスセクショナルなデータを用いて所得や賃金の規定要因を分析する場合，個人間の能力や技能の違いによって生じた所得・賃金の格差をコントロールしようとしても，個人の能力や技能の違いをすべて完全に観察することはできないために，前述のような反論の余地が生じてしまう．しかしパネルデータを用いると，時間が経っても変化しない個人の属性は，たとえそれが観察されないものであったとしても完全に統制することができると考えられる．その仕組みを，数式を使わずに説明すれば以下のようになるだろう[2]．

　たとえば正規雇用と非正規雇用との間に，就業機会それ自体に基づく賃金格差がどれほど存在するのかを検討するとしよう．1時点のクロスセクショナルな調査データを用いる場合には，正規雇用に就いているひとびとの賃金と，非正規雇用に就いているひとびとの賃金を比べる，というのが検討の基本的な方法となる．もちろんさらに個人の能力の違い等が統制されることもあるが，比べられるのはあくまで異なる個人の間の賃金水準である．

　これに対して，パネルデータ分析で広く用いられる「固定効果モデル」では，正規雇用と非正規雇用の間の賃金の格差を測るために，同一の個人が，正規雇用に就いている時の賃金と非正規雇用に就いている時の賃金を比較する[3]．もちろん個人の賃金水準に対しては，雇用形態の違いだけではなく，技能や能力

---

1) これらの議論になじみが薄い場合は，章末の「小結」を通じて本章の内容をご理解いただいても，本書全体の論旨を追う上で大きな差し支えはない．
2) 以下の問題についてのより詳細な議論は，有田（2013a; 2013b）を参照されたい．
3) 以下，固定効果モデルについての具体的な説明は，Baltagi（2008），Wooldridge（2002），筒井ほか（2007）等を参考にしている．

等，さまざまな個人側の条件の違いも影響を及ぼしていようが，それらが時点間で変化しない限り，賃金水準に与えている効果も時点間で等しい．このため，正規雇用に就いている時の賃金と非正規雇用に就いている時の賃金を同一個人「内」で比べれば，時点間で変化しない個人側の条件の影響を完全に取り除いた，純粋な「正規雇用と非正規雇用の間の賃金格差」を測り得る，と考えられるのである．実際には，固定効果モデルでは「個人内での時点間偏差[4]」に基づいてこのような変数間の関係が推定される．

　以上のような発想に基づく固定効果モデルでは，調査期間中ずっと正規雇用，あるいはずっと非正規雇用に就いていた個人は，正規雇用と非正規雇用の間の賃金格差を分析するための対象とはならない．両者間の個人「内」での賃金の比較は，正規雇用と非正規雇用双方に就業したことのある個人に関してのみ可能であるためである．このような性格を持つ固定効果モデルは俗に「変化で変化を説明するモデル」と理解されることもあるが，あくまでそれはモデルの推定において「変化」の結果が用いられているだけであり，根本的には従来のクロスセクショナルなデータ分析の場合と同様に，ある時点における独立変数の「水準」（たとえばある時点において非正規雇用に就いているか否か）が従属変数の「水準」（たとえばその時点における賃金水準）を定めていると考えられていることを再度確認しておこう[5]．

　またこのような「個人間の観察されない異質性の統制」は，一階差分モデルという別のモデルによっても可能となる．固定効果モデルが，調査時点すべてを通じて正規雇用就業時と非正規雇用就業時の賃金差を比べるモデルであるのに対し，一階差分モデルは，正規雇用と非正規雇用の間で移動を経験した個人について，移動直前の賃金と移動直後の賃金を比べることで，正規雇用と非正規雇用の間の賃金の差をとらえようとするモデルである．具体的には，ある時点とその1時点前の各変数の時点間差分がとられ，それらがすべてプールされたものが分析の対象として用いられる．このモデルも変化の結果を利用しては

---

[4] それぞれの変数に関する各個人の時点間平均値からの差分として得られる．
[5] そのため，仮にデータセットにおいて時点の順序を逆にしたり，あるいは時点を入れ替えたりしても，分析結果には何の変化も生じない．固定効果モデルでは，パネルデータの時点間での順序的な関係性はまったく考慮されないことになる．

いるものの，根本的にはやはり，独立変数の「水準」が従属変数の「水準」を定めるものと想定されている点には注意しておきたい．なおデータが2時点のみの場合，この一階差分モデルの結果は，前述の固定効果モデルの結果と完全に一致する[6]．

分析に用いるパネルデータ

以降では，日本と韓国のパネル調査データを用いた賃金格差の分析を行い，その結果を比較していく．まず分析に用いるデータについて述べれば，日本の分析には，東京大学社会科学研究所「働き方とライフスタイルの変化に関する調査」(JLPS) 若年・壮年調査の第2波 (2008年) から第6波 (2012年) までのデータを用いる．この調査は日本全国の20歳から40歳までの男女4800名を調査対象として，2007年より毎年実施されているパネル調査である．この調査では第2波より賃金に関する詳しい質問がなされているため，本章では第2波から第6波まで5年間のデータを用いる．

韓国に関しては，「韓国労働パネル調査」(KLIPS) データを用いる．この調査は，1998年に韓国全土の都市居住世帯 (5000世帯) と15歳以上の世帯員 (調査完了者：1万3321名) を対象として第1次調査が行われ，その後も毎年追跡調査がなされているものである．この調査は韓国労働研究院によってはじめられたが，2010年頃よりしばらくの間，調査実施とデータ管理の主体が韓国雇用情報院に代わり，これに伴い職業コーディングの体系にも若干の変化がみられたため，その影響を受ける前の，第7波 (2004年) から第11波 (2008年) まで5年間のデータを用いる．

若年・壮年を対象とする日本のJLPSデータの対象年齢は第2波時点で21歳から41歳である．比較可能性を担保するため，韓国のKLIPSデータについても基本的には同じ年齢層を分析対象とするが，韓国では徴兵制度の影響等もあり，新規学卒者の一般的な入職年齢が日本にくらべて数年程度遅くなるため，これを考慮し第7波時点で21歳から46歳までを対象とする．なお被雇用者の

---

6) 一階差分モデルでも，データセットの調査時点をすべて逆の順序にするなどしても推定結果に変化は生じず，時点の順序性は意味を持たない．

賃金に分析の焦点を当てることから，本章の分析では各調査時点で被雇用者であるものに対象を限定する．

変数と方法

これらのパネルデータに対して，個体間効果（between effects: BE）モデル，固定効果（fixed effects: FE）モデル，一階差分（first difference: FD）モデルをそれぞれあてはめていく[7]．まず各個人の時点間平均を用いる個体間効果(BE)モデルによって個人「間」での賃金格差を分析した後，固定効果（FE）モデルと一階差分（FD）モデルによって個人「内」での賃金格差の分析を行い，その結果を比較する．

次に変数についてであるが，従属変数は時間あたり賃金の対数値とする．日本のJLPSデータに関しては賃金を労働時間で割った値の自然対数値を用い，韓国のKLIPSデータに関しては月収を月の労働時間で割った値の自然対数値を用いる．独立変数としては，雇用形態と企業規模に関するダミー変数のほか，職種，学歴（5段階），年齢，調査波（調査時点）に関する変数もそれぞれモデルに組み入れる．

なお本章では，就業機会に関する条件の効果をより詳細に検討するために，企業規模を前章の分析よりも細かく区分し，日本は「5人未満／5-29人／30-299人／300-999人／1000人以上／官公庁」という6分類を，また零細企業就業者の多い韓国に関してはさらに「5-9人」と「10-29人」を分離した7分類を用いる．雇用形態はこれまでと同様，正規雇用と非正規雇用とに二分し，日本では「正社員・正職員」を正規雇用，「パート・アルバイト・契約・臨時・嘱託」，「派遣社員」，「請負社員」を非正規雇用とする．韓国については，客観的な労働条件に基づき両者を区分することとし，(1)有期雇用か否か，(2)パートタイム雇用か否か，(3)間接雇用等の非典型雇用か否か，の3つの条件のうち，1つでもあてはまれば非正規雇用とし，すべてにあてはまらなければ正規雇用とする[8]．職種に関しては，日本はSSM職業8分類を，韓国はKSCO（韓

---

7) 一階差分モデルは隣接する2時点間の差分（5年間のデータに関して4ペア）をとったのち，それらをすべてプールし，一般化推定方程式（GEE）による推定を行う．このとき，誤差項の相関は時点間で一定であるとし，交換可能な相関構造を仮定する．

国職業標準）大分類（10 カテゴリー）を利用する．なお職種と学歴に関しては，「無回答・不明」も 1 つのカテゴリーとして扱うことで，分析対象ケースの減少を防ぐ．

2 ── 通常のモデルによる分析結果：日本

個体間効果（BE）モデルによる分析

まずは個体間効果（BE）モデルの分析結果をみておこう．このモデルは，各個人に関する時点間での平均値に基づき，個人「間」の賃金の違いを，独立変数の個人「間」の違いによって説明するものであり，この点でクロスセクショナルなデータを用いた第 2 章の分析と性格が近い．

まず日本の男性についてこのモデルの推定結果（表 3-1 の BE モデル 1-3）をみると，各調査波ダミー変数と非正規雇用ダミー変数のみからなるシンプルなモデル 1 では，非正規雇用ダミー変数に-0.330 の有意な効果が表れており，調査時点のみを統制した場合，非正規雇用の賃金は正規雇用の 71.9% にしか達しないといえる[9]．次に企業規模変数を加えたモデル 2 をみると，企業規模の効果も同様に大きく，係数推定値からは，従業員 1000 人以上の企業の就業者は零細企業（5 人未満）就業者の 1.43 倍の賃金を得ていることがわかる．またこのモデルでも非正規雇用ダミー変数の効果は-0.304 と大きく変化してはおらず，企業規模の効果と雇用形態の効果は概して独立したものであることがわかる．

次のモデル 3 は，さらに年齢，学歴，職種を統制したモデルである．これら

---

[8] 次章で詳しくみるように，韓国では，(1)有期雇用であるか否かの判断に際して，「雇用契約期間が定められているか否か」だけではなく，それが明確に定められていない場合「今後 1 年以上同じ職場で勤め続けられるかどうか」という本人の主観的な状況判断も考慮されることが多い．しかし本章では，正規雇用とは明確に区別された非正規雇用を考察の対象とするため，雇用契約期間の定めの有無という客観的な条件のみを区分の基準とする．また(3)の非典型雇用か否かには，「独立請負」「内職」などの自営的性格を持った雇用形態も含まれることが多いが，本章の分析ではあくまで被雇用者に対象を限定し，「間接雇用か否か」のみに着目して分類を行う．雇用契約期間の有無に関しては「現在のこの職場に雇われる時，勤労期間を定めましたか」，間接雇用か否かに関しては「あなたは賃金（給与）を現在働いている職場から受け取りますか．それとも派遣業者や用役業者から受け取りますか」の各質問を用いる．パート労働か否かに関しては，現在の仕事の就業時間形態が時間制かフルタイムかを問う質問を用いる．

[9] 従属変数は賃金の対数値であるため，exp（-0.330）=0.719 としてこの比率が算出される．

表 3-1 個体間効果（BE）モデルおよび固定効果（FE）モデルの推定結果（日本）

	男性				女性			
	BE モデル1 b	BE モデル2 b	BE モデル3 b	FE モデル1 b	BE モデル1 b	BE モデル2 b	BE モデル3 b	FE モデル1 b
雇用形態（ref: 正規雇用）								
非正規雇用	-0.330***	-0.304***	-0.205***	-0.030	-0.246***	-0.228***	-0.194***	-0.017
企業規模（ref: 1-4人）								
5-29人		0.063	0.089	-0.017		0.049	0.039	0.061**
30-299人		0.105*	0.104*	-0.016		0.144**	0.120**	0.064**
300-999人		0.209***	0.191***	-0.012		0.207***	0.179***	0.067**
1,000人以上		0.360***	0.305***	0.013		0.228***	0.221***	0.109***
官公庁		0.293***	0.171**	0.012		0.343***	0.215***	0.070*
年齢			0.026***				0.012***	
職種（ref: 専門職）								
管理職			0.245***	0.002			0.499*	0.232***
事務職			-0.065*	-0.010			-0.090***	-0.045*
販売職			-0.206***	-0.076**			-0.174***	-0.032
熟練職			-0.157***	-0.032			-0.219***	-0.074*
半熟練職			-0.177***	-0.053*			-0.254***	-0.046
非熟練職			-0.168***	-0.028			-0.126***	-0.040
農林職			-0.003	-0.017			-0.283*	-0.030
DKNA			-0.080	-0.039			-0.172*	-0.056
学歴（ref: 中学）								
高校			-0.027				-0.120	
専修学校			-0.013				-0.013	
短大・高専			-0.044				-0.067	
大学			0.024				0.031	
大学院			0.039				0.160	
DKNA			0.298				0.336*	
調査波（ref: wave2）								
wave3	-0.036	-0.024	-0.034	0.027**	0.066	0.071	0.062	0.026**
wave4	-0.067	-0.110*	-0.156***	0.043***	0.085	0.087*	0.038	0.037***
wave5	0.020	-0.011	-0.069	0.060***	0.009	0.016	-0.029	0.042***
wave6	-0.118*	-0.138*	-0.183***	0.081***	0.006	0.001	-0.074*	0.057***
定数	7.297***	7.122***	6.371***	7.244***	7.067***	6.905***	6.673***	6.940***
R^2: within	0.001	0.001	0.000	0.028	0.000	0.001	0.003	0.031
: between	0.073	0.163	0.387	0.108	0.128	0.181	0.315	0.118
: overall	0.037	0.108	0.308	0.093	0.106	0.157	0.271	0.103
観察数	5,752	5,752	5,752	5,752	5,068	5,068	5,068	5,068
個体数	1,689	1,689	1,689	1,689	1,580	1,580	1,580	1,580

***$p<.001$, **$p<.01$, *$p<.05$.

の変数を統制することで非正規雇用ダミー変数の効果は-0.304から-0.205へと3分の1近く縮小し，また企業規模に関しても，従業員1000人以上の効果が+0.360から+0.305へと10数％縮小している．以上の結果からは，当初観察された雇用形態間，ならびに企業規模間賃金格差のうちのある程度の部分は，やはり就業者の年齢，学歴，職種の違いによって説明されるものといえる．しかしこれらの変数を統制した後でも，雇用形態や企業規模変数には依然大きな効果が認められ，非正規雇用に就いていることで賃金は18.5%減少し，また1000人以上の企業に就業していることで35.6%上昇する．このような雇用形態や企業規模の効果は職種の効果と比べてもそれなりに大きく，個人「間」の賃金格差についてみれば，やはり雇用形態と企業規模に基づく賃金の格差はかなり大きなものと結論付けられよう．

　これらの知見は，女性に関しても概して同様に認められる．年齢や学歴，職種をすべて統制した場合（BEモデル3），非正規雇用ダミー変数には-0.194と，男性の場合とほぼ同等の効果が認められる．その一方で，1000人以上の企業に就業することによる賃金上昇効果は+0.221と，男性に比べればやや小さい．

固定効果（FE）モデルによる分析

　ではパネルデータの利点を生かし，「個人間の観察されない異質性の統制」を行うと，どのような結果が現れるのであろうか．まずは固定効果（FE）モデルの結果からみてみよう．表3-1のFEモデル1は，BEモデル3と同等の固定効果モデルである．ただし固定効果モデルは同一個人内での値の変動に基づくものであるため，調査時点間で基本的に変動しないと考えられる変数はモデルから除かれている[10]．

　この結果においてまず注目されるのは，個体間効果モデルにおいて大きな効果が認められた雇用形態や企業規模のダミー変数が，固定効果モデルではきわ

---

10) 年齢は時点間で変動する変数であるが，すべての個人に関して等しく変化する（1年で1歳ずつ増える）ため，その効果は，調査波変数の効果として捕捉されることになる．逆にそれぞれの調査波ダミー変数の効果は，「調査時点間での（社会全体での）賃金変動効果」と「基準となる調査時点からの年数分加齢することによる賃金上昇効果」の和となる．調査波ダミー変数の係数が，時点が下るほど大きくなっているのはこのためである．

めて小さな効果しかもたない点である．男性の場合，非正規雇用ダミー変数の効果は-0.030となっており，他の変数を統制すると，非正規雇用に就いている時の賃金は，同一個人が正規雇用に就いているときの賃金の3%少ないにすぎないことになる．この値は個体間効果（BE）モデルの効果（-0.205）の7分の1程度にすぎず，しかも統計的に有意なものではない[11]．同様に企業規模に関しても，個体間効果モデルでは+0.305であった1000人以上企業ダミー変数の効果が，固定効果モデルでは+0.013にまで縮小しており，やはり統計的な有意性を失っている．

女性に関しても似通った結果が現れている．個体間効果モデルにおいて-0.194となっていた非正規雇用ダミー変数の効果は，固定効果モデルでは-0.017とやはり1割程度の水準にすぎず，統計的に有意な値ではない．ただし企業規模に関しては固定効果モデルでもやや大きな格差が認められ，1000人以上企業ダミー変数は+0.109と個体間効果モデルの半分程度の効果を持つ．個人間の観察されない異質性を統制したとしても，1000人以上規模の企業に就業する場合，1-4人規模の企業に就業する場合よりも11.6%賃金が上昇するものといえる．

通常の一階差分（FD）モデルによる分析と暫定的結論

同様の結果は，連続する2つの時点間の差分をとることで「個人間の観察されない異質性の統制」を行う一階差分（FD）モデルの場合にも認められる．表3-2のFDモデル1（FEモデル1に相当）の推定結果をみると，男性の場合，非正規雇用ダミー変数の効果は-0.015とやはり非常に小さい．企業規模の効果も，1000人以上企業ダミー変数で+0.047，官公庁ダミー変数で+0.068と小さく，統計的に有意な値ではない．女性の場合も，非正規雇用ダミー変数に有意な効果は認められないが，企業規模に関しては，1000人以上企業ダミー変数のみに正の有意な効果（+0.065）が現れている．これら一階差分モデルによる推定結果は，固定効果モデルのそれとほぼ一致するものといえよう．

これらのモデルによって以上のような推定結果が得られた場合，通常ならば，次のように結論付けられることになるだろう．個人「間」の違いに基づいた分

---

11) ただし10%水準では有意となっている．

表 3-2　一階差分 (FD) モデルの推定結果 (日本)

	男性 FD モデル 1 b	男性 FD モデル 2 b	男性 FD モデル 3 b	女性 FD モデル 1 b	女性 FD モデル 2 b	女性 FD モデル 3 b
雇用形態 (ref: 正規雇用)						
非正規雇用	-0.015			0.010		
雇用形態変化 (ref: 非変化 (モデル 2), 正規雇用で非変化 (モデル 3))						
正規雇用→非正規雇用		-0.082**	-0.077*		0.006	0.001
非正規雇用→正規雇用		-0.029	-0.026		-0.013	-0.017
非変化時の状態 (ref: 正規雇用で非変化)						
非正規雇用で非変化			-0.041***			-0.014**
企業規模 (ref: 1-4 人)						
5-29 人	0.007	0.007	0.006	0.035	0.035	0.037
30-299 人	0.015	0.016	0.013	0.029	0.029	0.030
300-999 人	0.033	0.035	0.033	0.036	0.036	0.038
1,000 人以上	0.047	0.050	0.049	0.065*	0.065*	0.065*
官公庁	0.068	0.072	0.071	0.025	0.025	0.027
職種 (ref: 専門職)						
管理職	0.012	0.012	0.009	0.322***	0.322***	0.315***
事務職	0.022	0.022	0.021	-0.036	-0.036	-0.034
販売職	-0.047	-0.048	-0.052	-0.027	-0.026	-0.025
熟練職	-0.007	-0.005	-0.007	-0.087*	-0.087*	-0.084*
半熟練職	-0.020	-0.020	-0.019	-0.056	-0.055	-0.054
非熟練職	-0.029	-0.030	-0.032	-0.035	-0.035	-0.033
農林職	-0.001	0.008	0.006	-0.035	-0.034	-0.034
DKNA	-0.031	-0.030	-0.031	-0.059	-0.059	-0.057
調査波 (終点 ref: wave3)						
wave4	-0.006	-0.006	-0.007	-0.015	-0.015	-0.015
wave5	-0.013	-0.014	-0.014	-0.023*	-0.023*	-0.023*
wave6	-0.009	-0.010	-0.010	-0.009	-0.009	-0.009
定　数	0.030***	0.032***	0.035***	0.029***	0.029***	0.034***
Wald 統計量 (df)	22.17(17)	31.12(18)	42.62(19)	51.3(17)	51.34(18)	59.35(19)
観察数	3,834	3,834	3,834	3,205	3,205	3,205
個体数	1,362	1,362	1,362	1,198	1,198	1,198

***$p<.001$, **$p<.01$, *$p<.05$.

析によっては，確かに雇用形態や企業規模といった条件がひとびとの賃金水準に大きな影響を及ぼしているようにみえる．しかし個人「内」の違いに基づいて，個人間の観察されない異質性を統制した分析を行うと，雇用形態や企業規模が賃金に及ぼす効果は，女性の企業規模効果を除いて統計的に有意なものではない．したがって，個人「間」の違いに基づいた分析において，年齢や学歴などを統制してもなお存在する雇用形態や企業規模に基づく賃金格差のうち，多くの部分は個人「間」の観察されない異質性——たとえばシンプルな学歴・年齢変数では十分にとらえきれない能力差など——を反映したものであり，就業機会それ自体に起因する賃金格差はほぼ存在しない……．実際，固定効果モデルや一階差分モデルを用いたこれまでの分析においては，以上のように結論付けられることも多かったといえよう．

3——固定効果モデルと一階差分モデルの仮定の再検討

「効果の対称性」という仮定とその妥当性

しかし「個人間の観察されない異質性の統制」がメリットとして喧伝される固定効果モデルと一階差分モデルも，その根底にはそれなりに強い仮定を置いていることを考慮すれば，このような結論を無条件に受け入れてしまうのはやや性急かもしれない．本章の分析事例に即して，この問題を少し詳しく考えてみよう．

固定効果モデルと一階差分モデルでは，ある時点におけるひとびとの賃金水準はその時点の独立変数（たとえば雇用形態，企業規模，職種など）の水準のみによって規定され，なんらかのタイムラグを設定しない限り，過去の時点の独立変数の水準の影響は一切受けないものと想定される．したがって他の条件が等しい限り，どのような移動経路を経て正規雇用（あるいは非正規雇用）に就こうとも，得られる賃金の水準は変わらないものと考えられる．このために，移動の順序などはまったく考慮されることなく，同一の個人が正規雇用に就いた場合に得られる賃金水準と，非正規雇用に就いた場合に得られる賃金水準が比べられることになる．

しかしこれらのモデルにおいて「個人内における時点間での値の散らばり」

として扱われる情報は，もともとは起点と終点を持った「変化」の結果として生み出されたものである．たとえば同一個人内の「正規雇用に就いている状態と非正規雇用に就いている状態の違い」や「それぞれの状態における賃金水準の違い」も，「正規雇用から非正規雇用への移動」や「それにともなう賃金の下落」のように，起点から終点への方向性を持つ変化の結果として生じたものである．そしてこのような「変化」の側面に焦点を当てて考えれば，個人内における値の変動とは，本来「向き」の区別が可能なものである．たとえば正規雇用と非正規雇用の間の移動についていえば，正規雇用から非正規雇用への変化と，その逆の非正規雇用から正規雇用への変化という2つの向きが存在することになる．

しかし「ある時点における従属変数の水準は，その時点の独立変数の水準（のみ）によって規定される」との前提に基づく固定効果モデルや一階差分モデルでは，変化の向きはまったく区別されず，正規雇用から非正規雇用へと変化した場合と，その逆に非正規雇用から正規雇用へと変化した場合とで，「正規雇用就業時の賃金と非正規雇用就業時の賃金の差」はまったく異ならないものと想定される．具体的に前述の一階差分モデル（**表3-2** FDモデル1：男性）における非正規雇用ダミー変数の係数-0.015についていえば，正規雇用から非正規雇用へと転じた場合時間あたり対数賃金が0.015低下するとともに，逆に非正規雇用から正規雇用へと転じた場合それがまったく同じ0.015上昇すると考えられることになる[12]．

しかし，時間が一方向的にしか進まない現実の世界においては，「所得が減少する場合は，所得が上昇する場合に見合うほど消費水準は低下しない」というラチェット（つめ車）効果の例にみられるように，独立変数の変化の向きに応じてその効果の程度が異なるという可能性も存在しよう（Lieberson 1985: chap. 4）．そしてこのような可能性を考慮に入れれば，「固定効果モデルと一階差分モデルにおいて非正規雇用ダミー変数の効果が有意ではない」というこれまでの結果に関しても，「現実のデータ構造がこのような効果の対称性の仮定

---

[12] 単純化していえば，この-0.015という非正規雇用ダミー変数の効果は，他の変数を統制した後の，「正規雇用から非正規雇用への移動」に伴う賃金変化と，その逆向きの「非正規雇用から正規雇用への移動」に伴う賃金変化の符号反転値の，ウェイト付け平均に相当することになる．

を満たした上で，その効果が有意でない」というモデルの想定通りの場合と，「現実のデータ構造が効果の対称性の仮定を満たさず，その効果も有意なものとなっていない」というモデルの想定とは異なる場合の2つが存在するものといえる．

変化の向きの区別の重要性

実は，現実がこの2つのケースのどちらであるのかに応じて，前掲の推定結果の持つ実質的な意味が大きく異なってくる．前者，すなわち雇用形態の変化の向きが違っても賃金変化の程度が異ならない場合には，非正規雇用ダミー変数に有意な効果が認められない以上，確かに「個人の観察されない異質性を統制した場合，正規雇用と非正規雇用の間に有意な賃金の格差は存在しない」という結論を導き出しても問題はないだろう．能力や資質がほぼ変わらない（と考えられる）同一の個人が正規雇用から非正規雇用へと転じた場合も，その逆に非正規雇用から正規雇用へと転じた場合も共に有意な賃金差が生じないためである．

しかし後者，すなわち雇用形態の変化の向きの違いに応じて賃金の変化の程度も異なる場合には，現実のデータ構造に合わない仮定を持つモデルを当てはめてしまった結果，たまたま非正規雇用ダミー変数に有意な効果が現れなかったという可能性が生じてくる．その中には，正規雇用と非正規雇用の間の向きの異なる2つの移動のうち「一方には有意な賃金変化が生じるものの，他方には生じない」といったケースや，「双方に同じ符号の有意な賃金変化が生じる」といったケースが含まれようが，このような場合には，向きを区別しない一階差分モデルや固定効果モデルの非正規雇用ダミー変数の効果が有意でなかったとしても，その結果から「個人間の観察されない異質性を統制すると，正規雇用と非正規雇用の間に有意な賃金格差は存在しない」という結論を導き出すのは適切ではないと考えられる．その代わりに，これらのモデルの仮定をゆるめ，独立変数の「変化」が従属変数の「変化」を規定するという視点に立ちつつ，変化の向きに応じて，どのように，そしてなぜ賃金の変化の程度が異なってくるのかを詳細，かつ柔軟に検討していくことが次の重要な課題となるだろう．

変化の向きの区別が可能な分析方法

　では本章で扱ってきた事例は，以上のうちどちらにあてはまるものなのであろうか．これを判断するためには，独立変数の変化の向きに応じて効果の程度が異なることが許容されるようなモデルを構築し，その推定結果から，本当に効果の程度が異なるのか否かを確かめればよい．

　このような効果の対称性の仮定をゆるめられるモデルとして，一階差分モデルの拡張版を考えることができる．実質的には個人内における2時点間での変数値の差分が分析対象となる一階差分モデルは，起点となる調査時点と終点となる調査時点の特定が潜在的には可能なモデルである．通常の一階差分モデルにおいては，非正規雇用ダミー変数の一階差分は2時点間での「正規雇用から非正規雇用への移動ケース」について1の値を，その逆の「非正規雇用から正規雇用への移動ケース」について−1の値をとる．このように，ダミー変数の差分においてそれぞれの向きの変化が対称的な値をとるため，変化の向きが異なっても賃金水準の変化の程度は異ならないことになる．

　ここで効果の対称性の仮定をゆるめるためには，このように対称的な値をとる非正規雇用ダミー変数の差分の代わりに，「正規雇用から非正規雇用への移動ケース」を示すダミー変数と「非正規雇用から正規雇用への移動ケース」を示すダミー変数（それぞれ該当ケースのみ1の値をとる）を別々に加えればよい．そうすると，これら2つのダミー変数によって，それぞれの移動に伴う賃金の変動程度を，向きの違いに応じた別々の値として推定することが可能になるのである[13]．

　また変化の向きを区別するこの拡張版一階差分モデルでは，2時点間で雇用形態が変化しなかったケースに関しても，正規雇用のまま変化しなかったのか，非正規雇用のまま変化しなかったのかを区別することが可能となる．ここでは新たに「非正規雇用のまま非変化」を表すダミー変数を加えることで，非変化

13）　この手法の詳細に関しては，有田（2013a）を参照されたい．ただしこのように2時点間の変数の差分以外の変数をモデルに加えることで，「独立変数の水準が従属変数の水準を規定する」という前提から，「独立変数の変化が従属変数の変化を規定する」という前提へと完全に移行することになり，もはや「水準が水準を規定する」という枠組みでは世界を眺められなくなる点には注意したい．

時の状態の違いに伴う賃金変化の違いも捕捉することとする[14]．

4——変化の向きを区別した雇用形態・企業規模効果の分析：日本

4-1　雇用形態の変化の効果

変化の向きを区別したモデルにおける雇用形態効果

　表3-2（前掲）のFDモデル2は，以上の方法によって雇用形態の変化の向きを区別した拡張版一階差分モデルの推定結果である．このモデルには「正規雇用から非正規雇用への移動」ダミー変数とその逆の「非正規雇用から正規雇用への移動」ダミー変数の2つが組み込まれており，それぞれの移動がもたらす賃金の変化が別々に推定されている．はたして，雇用形態の変化の向きに応じて，賃金変化の程度は異なるのであろうか．

　結論的に述べれば，男性の場合，雇用形態の変化の向きに応じて賃金変化の程度が大きく異なっており，「効果の対称性」の仮定は満たされないといえる．このモデルによれば「正規雇用から非正規雇用への移動」ダミー変数の効果は−0.082と1％水準で有意な値となっており，他の変数をすべて統制した場合，正規雇用から非正規雇用への移動者の賃金の対前年比率は，非移動者のそれの92％に縮小してしまうことになる．このダミー変数の効果は，職種や学歴，年齢，企業規模等を統制した個体間効果モデル（BEモデル3）の非正規雇用ダミー変数効果の約4割に相当するかなり大きなものであり，能力や資質がほぼ等しいはずの同一の個人であっても——そして企業規模や職種の違いをすべて統制したとしても——正規雇用から非正規雇用へと転じることで，相対的にはかなりの賃金下落を経験してしまうのである．

　固定効果モデルや通常の一階差分モデルが前提とする「効果の対称性」の仮定のもとでは，これとは逆向きの「非正規雇用から正規雇用への移動」を経験した場合には相対的に0.082賃金が上昇するはずである．しかしこのFDモデ

---

14)　なおこの「非正規雇用のまま非変化」ダミー変数を加えると，ダミー変数のレファレンスは「正規雇用のまま非変化」となる．

ル2の推定結果をみると,「非正規雇用から正規雇用への移動」ダミー変数は,それどころか——統計的には有意ではないものの——負の値（-0.029）をとっており,非正規雇用から正規雇用への移動を経験したとしても,相対的な賃金上昇は生じていないといえる.

このように「非正規雇用から正規雇用への移動」ダミー変数は,効果の対称性の仮定が正しければ+0.082の値をとるべきところ,実際には-0.029と0.111下方にずれているのであるが,パラメータの設定を変えた別の分析によれば,この下方への乖離は1％水準で有意な値である[15].したがって非正規雇用ダミー変数の効果に関しては,統計的有意性の面からも「対称性の仮定」が満たされないものと結論付けられる.

分析結果のまとめと解釈

以上の結果をまとめておこう.変化の向きを考慮しない固定効果モデルや通常の一階差分モデルにおいて,非正規雇用ダミー変数には有意な効果が認められなかった.しかし変化の向きを区別してみると,男性の場合,正規雇用から非正規雇用への移動は相対的に賃金を下落させるものの,その逆の非正規雇用から正規雇用への移動はそれに見合う賃金上昇をもたらさない.効果の対称性の仮定は現実には満たされていないといえるだろう.

さらに,通常の一階差分モデル（表3-2 FDモデル1）における非正規雇用ダミー変数の係数は,向きの異なるそれぞれの移動に伴う賃金変化のウェイト付け平均に相当する[16]ことをふまえれば,なぜ通常の一階差分モデルの非正規雇用ダミー変数に負の有意な値が現れなかったのかを理解できる.すなわち,企業規模等の変数をすべて統制した後でも,正規雇用から非正規雇用への移動が実際に有意な賃金の低下をもたらす一方で,その逆向きの非正規雇用から正

---

[15] 従来の,非正規雇用ダミー変数の単なる一階差分を残したまま,「非正規雇用から正規雇用への移動ダミー変数」のみを追加すると,この係数は効果が対称的である場合の効果からのずれの程度（-0.111）を示すものとなり,その統計的な有意性を判断し得る.

[16] 向きを区別したこのFDモデル2における「正規雇用から非正規雇用への移動ダミー変数」（該当64ケース）の効果（-0.082）と,「非正規雇用から正規雇用への移動ダミー変数」（該当93ケース）の効果（-0.029）の符号反転値とのウェイト付け平均は-0.016となり,FDモデル1の非正規雇用ダミー変数の係数推定値（-0.015）とほぼ一致する.

規雇用への移動はそれに相当する程度の賃金上昇をもたらさないために，表3-2 FDモデル1の非正規雇用ダミー変数には負の有意な効果が現れなかったものと考えられるのである．仮に非正規雇用から正規雇用への移動が，その逆向きの移動と同程度（0.082）の賃金上昇をもたらしていれば，当然このモデルにおける非正規雇用ダミー変数は負の有意な効果を持ったであろう．さらにいえば，固定効果モデルの非正規雇用ダミー変数に負の有意な効果が認められなかったのも，同様に非正規雇用から正規雇用への移動者の移動後の賃金が，その逆向きの移動者の移動前の賃金ほど高くはなかったためではないかと推測される．

一方で，女性については男性の場合とはやや異なる結果が生みだされている．女性の場合は，「非正規雇用から正規雇用への移動」ダミー変数と「正規雇用から非正規雇用への移動」ダミー変数ともにその効果は小さく，統計的にも有意な値ではない．念のためにみても，効果の符号はたがいに正負逆向きのものとなっており，これらから女性の場合は，通常の固定効果モデルと一階差分モデルにおいて非正規雇用ダミー変数に有意な効果がみられなかったとしても，それは「効果の対称性の仮定を満たした上で，有意ではない」ものと判断される．この結果に基づく限り，女性に関しては個人の観察されない異質性をすべて統制した場合，正規雇用と非正規雇用の間に有意な賃金格差が存在するとはいい難いことになる．

非変化時の状態を区別したモデルによる分析

最後に表3-2のFDモデル3は，非変化時の状態を区別し，さらに「非正規雇用のまま非移動ダミー変数」を追加したモデルである[17]．このモデルの推定結果をみると，男性の場合，「正規雇用から非正規雇用への移動」は，「正規雇用のまま非移動」の場合に比べて，相対的に有意な賃金下落を経験することがわかる．また結果表の提示は省略するものの，基準カテゴリーを「非正規雇用のまま非移動」に変えて行った別の分析の結果でも，「非正規雇用から正規

---

17) 結果的にこれは，奥井（2000）において試みられていた企業規模移動の効果の分析方法と一致する．

雇用への移動」ダミー変数には有意な効果がみられなかった．したがって，非正規雇用から正規雇用へと移動したとしても，非正規雇用のままであった場合とくらべて，その時点では有意な賃金上昇が生じないといえる[18]．また新たに加えた変数についてみれば，「非正規雇用において非移動」ダミー変数には負の有意な効果が認められており，「正規雇用において非移動」であったものの賃金変化を基準とする場合，「非正規雇用において非移動」であったものは相対的に約4%の賃金下落を経験することがわかる．

女性についてみると，やはり「非正規雇用において非移動」ダミー変数には負の有意の効果が認められ，「正規雇用において非移動」であった場合に比べて，「非正規雇用において非移動」である場合は相対的な賃金下落を経験することがわかる．このように日本では，男女ともに，雇用形態が変わらない場合でも，どの状態において非変化であったかに応じて賃金変化の程度が有意に異なってくるのである．

4-2　企業規模の効果

変化の向きを区別したモデルにおける企業規模効果

次に，企業規模の効果についても同様の検討を行っていこう．企業規模変数も，個体間（BE）効果モデルにおいては大きな効果が認められたにもかかわらず，男性の場合，固定効果モデル，ならびに一階差分モデルでは目立った効果が認められなかった．雇用形態の場合と同様，変化の向きの区別，あるいは非変化時の状態の区別を行うことで，何か新しい知見が得られるのであろうか．

ただし，雇用形態変数は「正規雇用」と「非正規雇用」の2つのカテゴリーしか存在しなかったのに対して，企業規模変数は6つものカテゴリーからなる．このため，変化の向きを区別する場合，変化前と変化後の組み合わせの数がかなり多くなってしまい，該当するケースが存在しないパターンも生じてしまう．そのためここでは，「30人未満（小企業）」「30人以上300人未満（中企業）」「300人以上・官公庁（大企業）」という第2章の分析でも用いた簡略な3分類

---

[18]　もちろんそうであったとしても，その後正規雇用に就き続ければ，非正規雇用にとどまった場合に比べて賃金が大きく上昇していく可能性がある．この問題については過去の職歴を考慮した賃金変化の分析を通じて，今後さらに詳細に検討していく必要があるだろう．

に基づき，企業規模の変化の向き，ならびに非変化時の状態を区別した分析を行う．

紙幅の都合上詳細な結果の提示は省略するが，表3-2のFDモデル3の各企業規模ダミー変数にかえて，3分類した企業規模の起点と終点の組み合わせを示す8つのダミー変数（参照カテゴリーは「小企業で非変化」）を組み入れたモデルの推定を行った結果，男性の場合，新たに加えた8つのダミー変数のうち，「大企業で非変化」ダミー変数（+0.017）と「中規模から大規模への移動」ダミー変数（+0.071）のみに有意な効果が認められた．時点間での全体的な賃金変動分を差し引いて「小企業で非変化」の賃金変化を基準とした場合，「大企業で非変化」の場合約2%，「中規模から大規模への移動」の場合約7%それぞれ賃金が上昇するといえる．またこの「中規模から大規模への移動」ダミー変数の効果は，参照カテゴリーを「中規模で非変化」に設定し直した場合にも同様に認められ，中規模企業にとどまるよりもそこから大規模企業に移動した場合の方が相対的に賃金は有意に上昇することになる．しかしその一方，より大きく賃金が上昇してもおかしくない「小規模から大規模への移動」には有意な効果が認められず，係数推定値も小さいなど，整合的な解釈を施すのがやや難しい結果となっている．

次に女性についてみると，これら8つのダミー変数のうち，「大規模から中規模への移動」ダミー変数に負の効果（-0.053），「大規模から小規模への移動」ダミー変数に正の効果（0.063）が認められるのみである．これらは，大規模企業から中規模企業への移動は賃金を有意に低下させるのに対し，大規模企業から小規模企業への移動は逆に賃金を有意に上昇させることを意味し，やはり一貫した解釈を行うのが難しい結果となってしまっている．また男性の場合に認められた「大規模で非移動」ダミー変数にも有意な効果がみられない．

転職者のみに限った企業規模効果の再分析

以上のように，解釈が困難な非一貫的な結果が生じた原因として，「勤めている企業の規模に関する回答のずれ」という可能性を考えることができよう．「正規雇用か非正規雇用か」という雇用形態の違いは，さまざまな報酬や権利の差異につながる非常に重要な情報であるため，回答者本人に正確に認識され，

回答の精度も比較的高いものと期待できる．しかしそれに比べれば，勤めている企業の規模という情報の重要性はそこまで大きなものではないため，実際には勤め先の規模がまったく変わらないにもかかわらず，対象者が時点間で異なる企業規模を回答してしまう可能性も否定し得ない．あるいは，たとえ実際の企業規模の変化が正確に回答されていたとしても，ある企業の規模が変化した場合，その変化に伴って即座に賃金水準が変化し，企業規模に見合った賃金が支払われる，というわけではないとも考えられる．

　このような企業規模についての回答の「ゆらぎ」等に対処する方法の1つは，あくまで勤め先自体が変わったサンプルのみに限って，企業規模の違い（変化）が賃金の違い（変化）にもたらす影響を検討することであろう．JLPSデータでは第4波以降の調査に「過去1年間における勤め先の変化の有無」を問う質問が含まれているため，これへの回答に基づき，勤め先が変化したケースのみを対象として，向きを考慮しない一階差分モデル（表3-2のFDモデル1と同じ）を当てはめてみよう[19]．

　やはり紙幅の都合上，詳細な結果の提示は省くが，男性の場合1-4人規模を参照カテゴリーとした5つの企業規模ダミー変数の効果は，5-29人規模が+0.167（非有意），30-299人規模が+0.318（1％水準で有意），300-999人規模が+0.288（5％水準で有意），1000人以上規模が+0.312（1％水準で有意），官公庁が+0.246（非有意）であった．1-4人規模の企業に比べて，30人以上の民間企業では30数％増しの賃金を受け取れるという結果であり，対象を転職経験者に限定することによって，シンプルなモデルであっても，企業規模変数の効果がきわめてクリアに現れていることがわかる．一方官公庁の係数が有意でないのは，官公庁からの／への転出入ケースが比較的少ないことが影響しているものと推測される．

　同様に女性についてみると，1-4人規模を参照カテゴリーとして5-29人規模が+0.128（非有意），30-299人規模が+0.152（5％水準で有意），300-999人規模が+0.077（非有意），1000人以上規模が+0.198（5％水準で有意），官公庁

---

[19] このため，「過去1年間の勤め先の変化」に関する情報の得られない2-3波間の差分は分析対象から脱落する．

が-0.053（非有意）であった．概して，規模が大きな民間企業ほど賃金が高いものの，男性の場合に比べると企業規模の効果は比較的小さい．女性は非正規雇用として就業するケースが多く，非正規雇用では企業規模間の賃金格差が正規雇用ほど大きくないこともその理由の1つとして考えられよう．

以上のように対象ケースを転職者のみに限定することで，同一個人「内」の違いに基づいた場合でも，規模の大きな民間企業に勤めている時ほど賃金が高いという結果が示された．このことからやはり，日本では，企業規模の違いそれ自体に起因する賃金格差も少なからず存在しているものと結論付けられよう[20]．

5 ── 韓国における雇用形態・企業規模効果の分析

個体間効果（BE）モデルによる分析

次に，韓国のパネルデータを用いて同様の分析を行ってみよう．まず個人「間」での違いに着目する個体間効果（BE）モデルの結果（表3-3）をみると，もっともシンプルなモデル1では──その程度こそ日本よりやや小さいものの──男女とも非正規雇用ダミー変数に負の有意な効果が現れていることがわかる[21]．また企業規模を組み入れたモデル2においても非正規雇用ダミー変数は有意な効果を持つが，それよりも企業規模ダミー変数の効果の方がはるかに大きい．単純にいえば1-4人規模の企業に比べて，300人以上の企業では，男性の場合2倍以上の，女性の場合も8割から9割増しの賃金を受け取ることができるのである．日本の結果と比較しても，これらの企業規模変数の効果は非常に大きなものといえるだろう[22]．

---

20) ただし転職者への対象の限定は，分析対象ケースの大幅な減少をもたらし，複雑なモデルの当てはめや安定的な結果の産出が難しくなってしまうという点には気をつけなければならない．たとえば転職者のみに対象を限定した上で，雇用形態と企業規模の変化の向きを区別したモデルのあてはめも試みたが，女性の場合は推定が収束に至らなかった．
21) この表3-3，ならびに次の表3-4は，日本を対象とした表3-1，表3-2と同等のモデルの推定結果を示す．
22) 実際，キムヨンミ・ハンジュン（2007）やチョンイファン（2007a）のように，近年の韓国では企業規模間の所得格差の大きさを指摘する研究が増えている．

表3-3 個体間効果（BE）モデルおよび固定効果（FE）モデルの推定結果（韓国）

	男性 BE モデル1 b	男性 BE モデル2 b	男性 BE モデル3 b	男性 FE モデル1 b	女性 BE モデル1 b	女性 BE モデル2 b	女性 BE モデル3 b	女性 FE モデル1 b
雇用形態（ref: 正規雇用）								
非正規雇用	-0.206***	-0.208***	-0.166***	-0.002	-0.164***	-0.199***	-0.123***	-0.004
企業規模（ref: 1-4人）								
5-9人		0.250***	0.202***	-0.011		0.155**	0.065	0.060**
10-29人		0.310***	0.230***	0.053*		0.171***	0.115**	0.063**
30-299人		0.441***	0.322***	0.046*		0.364***	0.249***	0.097***
300-999人		0.750***	0.588***	0.115***		0.657***	0.441***	0.106**
1,000人以上		0.851***	0.693***	0.090**		0.574***	0.467***	0.116**
官公庁		0.692***	0.461***	0.065		0.830***	0.404***	0.139**
年齢			0.024***				0.011***	
職種（ref: 管理職）								
専門職			-0.147*	-0.014			-0.565	0.360
技術・準専門職			-0.208**	-0.065			-0.595	0.375
事務職			-0.281***	-0.101			-0.682	0.295
サービス職			-0.371***	-0.282**			-0.888*	0.255
販売職			-0.427***	-0.215**			-0.921*	0.342
農林漁業職			-0.327*	-0.214			-1.055*	0.039
技能職			-0.301***	-0.099			-1.001**	0.276
操作組立職			-0.460***	-0.188**			-1.065**	0.385
単純労務職			-0.537***	-0.152*			-1.044**	0.389
その他・DKNA			-0.188	-0.096			-0.250	―
学歴（ref: 中学以下）								
高校			0.224***				0.141***	
専門大学			0.258***				0.244***	
四年制大学			0.377***				0.460***	
大学院			0.555***				0.759***	
DKNA			-1.678				0.787	
調査波（ref: wave7）								
wave8	0.104	0.050	0.044	0.103***	-0.153*	-0.114*	-0.060	0.090***
wave9	0.066	0.061	0.037	0.195***	0.001	-0.061	-0.075	0.175***
wave10	0.084	0.120*	0.074	0.274***	0.000	-0.015	-0.021	0.247***
wave11	0.182**	0.150**	0.084	0.336***	-0.034	0.010	-0.013	0.299***
定数	-0.202***	-0.656***	-1.370***	-0.195***	-0.453***	-0.775***	-0.561	-1.046***
R^2: within	0.076	0.042	0.073	0.186	0.004	0.010	0.019	0.164
: between	0.013	0.269	0.483	0.141	0.016	0.241	0.493	0.060
: overall	0.021	0.235	0.422	0.153	0.012	0.216	0.438	0.096
観察数	7,781	7,781	7,781	7,781	4,727	4,727	4,727	4,727
個体数	2,216	2,216	2,216	2,216	1,658	1,658	1,658	1,658

***$p<.001$, **$p<.01$, *$p<.05$.
注：記号「―」は，該当する有効なケースが存在せず，係数が推定できなかった変数を示す．

年齢，職種，学歴を追加したモデル3の推定結果をみると——やはりその程度は日本に比べて小さいが——これらの変数を統制した上でも非正規雇用ダミー変数の効果は有意なものであり，非正規雇用の賃金は正規雇用に比べて男性の場合約15%，女性の場合は約12%低いことになる．

　それ以外の変数の効果についてみると，男女ともやはり企業規模変数の効果が非常に強く，学歴や年齢，職種を統制しても企業規模による賃金の違いはかなり大きなものであることがわかる．同様に職種に関しても，概して日本より大きな効果が認められ，さらに日本ではまったく効果が認められなかった学歴に関しても大きな賃金差が生じている．雇用形態や企業規模，職種を統制した場合でも，四年制大学卒業者は中学以下の学歴を持つものに比べて，男性の場合約5割増しの，女性の場合約6割増しの賃金を得ることになるのである．このような純粋な学歴効果の大きさは，第2章でもふれたとおり，韓国社会における報酬決定メカニズムの重要な特徴であるといえるだろう．

固定効果（FE）モデルと一階差分（FD）モデルによる分析

　しかし日本の場合と同様，個人「内」での違いを利用した固定効果モデルと一階差分モデルによる推定結果は，これとはかなり異なっている．まず固定効果モデルの結果（**表3-3** FEモデル1）をみると，男女とも非正規雇用ダミー変数には有意な効果が認められず，個人「内」の違いに基づけば，雇用形態の違いによる有意な賃金格差は存在しないことになる．その一方企業規模ダミー変数の多くには有意な効果が認められ，同一個人であっても働いている企業の規模が異なれば賃金水準が最大で1割程度異なることがわかる．以上の事実からも，韓国では，企業規模という変数が就業者の賃金にかなり大きな影響を及ぼしていることが理解できるだろう．

　最後に一階差分モデルの結果についてみると（**表3-4**），通常の一階差分モデル（FDモデル1）の結果は，やはり固定効果モデルのそれと大きく異ならないことがわかる．男女とも非正規雇用ダミー変数には有意な効果が認められない一方，企業規模については，男性の場合大企業に関して，また女性の場合はすべてのダミー変数に有意な効果が認められ，同一個人であったとしても働いている企業の規模が異なれば，やはり最大で1割程度の賃金変動が生じるので

表3-4 一階差分 (FD) モデルの推定結果 (韓国)

	男性			女性		
	FDモデル1 b	FDモデル2 b	FDモデル3 b	FDモデル1 b	FDモデル2 b	FDモデル3 b
雇用形態 (ref: 正規雇用)						
非正規雇用	0.021			-0.020		
雇用形態変化 (ref: 非変化 (モデル2), 正規雇用で非変化 (モデル3))						
正規雇用→非正規雇用		0.024	0.024		-0.020	-0.021
非正規雇用→正規雇用		-0.019	-0.019		0.020	0.021
非変化時の状態 (ref: 正規雇用で非変化)						
非正規雇用で非変化			0.003			-0.020
企業規模 (ref: 1-4人)						
5-9人	-0.012	-0.012	-0.012	0.055*	0.055*	0.055*
10-29人	0.045	0.045	0.045	0.065*	0.065*	0.064*
30-299人	0.038	0.038	0.038	0.098***	0.098***	0.097**
300-999人	0.093**	0.093**	0.093**	0.100**	0.100**	0.100**
1,000人以上	0.070*	0.070*	0.070*	0.111**	0.111**	0.111**
官公庁	0.078	0.078	0.078	0.138**	0.138**	0.137**
職種 (ref: 管理職)						
専門職	0.011	0.011	0.011	0.304	0.304	0.309
技術・準専門職	-0.032	-0.032	-0.032	0.265	0.265	0.270
事務職	-0.078	-0.078	-0.078	0.199	0.199	0.204
サービス職	-0.274**	-0.275**	-0.275**	0.156	0.156	0.162
販売職	-0.202*	-0.202*	-0.202*	0.268	0.268	0.274
農林漁業職	-0.190	-0.189	-0.190	-0.047	-0.047	-0.038
技能職	-0.086	-0.087	-0.087	0.158	0.158	0.160
操作組立職	-0.157	-0.158	-0.158	0.216	0.216	0.221
単純労務職	-0.130	-0.130	-0.130	0.295	0.295	0.301
その他・DKNA	-0.019	-0.020	-0.020	—	—	—
調査波 (終点 ref: wave11)						
wave8	0.038*	0.038*	0.038*	0.036	0.036	0.036
wave9	0.024	0.024	0.024	0.023	0.023	0.023
wave10	0.013	0.013	0.013	0.005	0.005	0.005
定　数	0.068***	0.068***	0.068***	0.063***	0.063***	0.065***
Wald統計量 (df)	62.44(20)	62.47(21)	62.48(22)	36.80(19)	36.80(20)	38.50(21)
観察数	5,311	5,311	5,311	2,841	2,841	2,841
個体数	1,825	1,825	1,825	1,167	1,167	1,167

***$p<.001$, **$p<.01$, *$p<.05$.
注：記号「—」は，該当する有効なケースが存在せず，係数が推定できなかった変数を示す．

ある.

　以上で確認したように，韓国でも固定効果モデルや一階差分モデルを通じて個人「内」の違いに着目した場合，非正規雇用ダミー変数には有意な効果が認められないのであるが，これは「変化の向き」を区別した場合でも同じであろうか．日本の場合と同様に，雇用形態の変化の向きを区別した拡張版一階差分モデルの推定結果（FDモデル2）をみると，男女とも雇用形態変化に関するダミー変数の効果はいずれも0に近く，統計的にも有意な値ではない．またこれは，非変化時の状態を区別したFDモデル3に関しても同様である．これらの推定結果に基づけば，韓国では他の変数を統制すると，同一個人が正規雇用から非正規雇用へと移動した場合も，その逆に非正規雇用から正規雇用へと移動した場合も有意な賃金変化が生じないものと結論付けられよう．

小　結

　本章では，雇用形態と企業規模という就業機会に関する条件の効果に着目しながら，パネル調査のデータを用いて，日本と韓国における賃金の規定要因分析を行った．ここでは本章を通じて得られた知見を簡単にまとめ，必要に応じてさらに考察を加えておこう．

　まず，個人「間」の違いを利用した個体間モデルの推定を通じては，個人の年齢や学歴，さらに職種を統制した場合でも，雇用形態と企業規模はひとびとの賃金水準にかなり大きな影響を及ぼしていることが確認された．ただし日本では，雇用形態が職種や企業規模と同程度の強い効果を持つのに対し，韓国では雇用形態よりも企業規模や職種の効果の方が概して大きく，さらに学歴も独自の強い効果を及ぼしているという相違もあきらかになった．これらはいずれも，前章の分析結果を裏付けるものといえよう．

　しかし「個人間の観察されない異質性の統制」が可能であるとされる固定効果モデルを用い，個人「内」の違いに着目した分析を行うと，まず雇用形態の効果については，日韓両国においてこの変数は個人の賃金水準に有意な影響を与えていないという結果が示された．またこれは一階差分モデルに関しても同様であった．これらの結果からは「一見すると大きいようにみえる雇用形態間

の賃金格差も，そのうちの多くの部分は，これらのポジションを占めている就業者の個人的属性の違いによって生じているものであり，雇用形態という就業機会側の条件によってもたらされる格差はきわめて小さい」という結論が導き出されても不思議ではない．

　しかし固定効果モデルや一階差分モデルは，パネルデータの構造に一定の仮定を置いた上で，推定結果を「個人間の観察されない異質性が完全に統制された結果」とみなすモデルである．本章ではこの点に着目した上で，はたして実際のデータ上においてもそれらの仮定が――具体的に述べれば，独立変数の変化の向きが異なっても従属変数の変化の程度は等しいという効果の対称性の仮定が――満たされているのかどうかを，拡張版一階差分モデルを用いて確認し，それによって雇用形態の変化がもたらす賃金変化をより詳細に検討することを試みた．

　その結果あきらかになったのは，日本の男性の場合，雇用形態の影響に関して，変化の向きに応じた効果の対称性の仮定は現実には満たされないという事実である．分析結果に基づくと，職種や企業規模など他の変数を統制しても，同一個人が正規雇用から非正規雇用へと移動した場合には賃金が有意に下落する一方，その逆に非正規雇用から正規雇用へ移動したとしても，それに見合う程度の賃金上昇がもたらされるわけではないのである．

　このような賃金変化の非対称性が生じる実際のプロセスを理解する上で，日本企業の非正規雇用をめぐる人事管理に関してヒアリング調査を行った労働政策研究・研修機構（2010; 2013）は示唆に富む．この調査を通じては，非正規社員を正規社員へと転換する際，賃金を大きく上昇させるのではなく，賃金表上でそれまでの賃金に近い水準の等級に位置付けるという事例の存在が指摘されているのであるが，「非正規雇用から正規雇用へと転じても，その逆の移動に見合うほどには賃金が上昇しない」という本章の知見は，このような「正規社員へと転換させても，転換時点では賃金を大きく上げない」という人事管理事例とも整合的なものと考えられるのである[23]．

　一方企業規模の効果についてみると，韓国では，同一個人であっても企業規

---

23) この問題に関しては高橋康二氏（労働政策研究・研修機構）より貴重なご助言をいただいた．

模が異なることによって賃金水準が有意に異なっており，この変数が報酬に対して大きな影響を及ぼしているといえる．日本に関しても，女性の場合は同様の結果がみられたものの，男性については，固定効果モデルや一階差分モデルにおいて企業規模変数の有意な効果は認められなかった．しかし，勤め先の変化を経験したケースに限って通常の一階差分モデルをあてはめたところ，日本の男性の場合も，企業規模変数に有意な効果が現れており，同一個人であっても，規模の小さい企業に勤めているときより規模の大きな企業に勤めているときの方が，賃金水準が有意に高いことが示された．

　以上の考察によってあきらかにされたように，固定効果モデルや一階差分モデルといったパネルデータの分析手法は，確かに，他の手法では不可能な分析が可能となるという大きな長所を持つ一方，データの構造にそれなりに強い仮定を置いて推定を行うモデルであるため，それらの仮定が満たされない場合には，推定結果を「個人の観察されない異質性が完全に統制されたもの」として解釈するのは難しくなってしまう．さらに，これは本章の冒頭で指摘したことでもあるが，そもそも固定効果モデルや一階差分モデルは独立変数の変化を経験したケースのみを推定に利用するため，推定のために実際に用いられるケース数は実はかなり少ない場合もあるという点にも十分に注意を払うべきであろう．たとえば本章の日本男性についての一階差分モデル（表3-2）の場合も，分析対象となった個人1362ケース，2時点間の差分3834件のうち，実際に雇用形態間賃金格差の推定に用いられた正規雇用と非正規雇用間の移動ケース（一階差分）は157件にすぎず，両者の間の移動を経験していない9割近い対象者は推定のために利用されていないことになる．この点で，これらの限られたケースから得られた知見を無条件に一般化してよいのかについては，慎重な検討が必要であるといえよう．これらの点をふまえれば，現実社会の適切な分析のためには，固定効果モデルや一階差分モデルによる個人「内」の違いに基づく分析が，個人「間」の違いに基づく分析に対して常に優越していると考えるのではなく，その限界も理解した上で，総合的な視点から，個人「間」の違いに基づく分析や個人内の「変化」そのものに焦点を当てた分析の結果も適宜考慮していくことが望ましいと考えられる．

　このような判断に基づき，本章で行った個体間効果モデルや，「変化」で

「変化」を説明する拡張版一階差分モデルによる推定結果をふまえて総合的に考えれば，日本ではやはり，雇用形態や企業規模といった就業機会側の条件が，ひとびとの賃金水準に対して一定の影響を及ぼしているものといえるだろう．企業規模が賃金に及ぼす効果は，女性の場合は固定効果モデルや通常の一階差分モデルにおいて，男性の場合は転職者を対象としたそれらのモデルにおいて認められており，さらに男性の場合は，同一個人であったとしても正規雇用から非正規雇用への移動によって賃金が有意に下落する．またこれらの条件の効果は，個体間効果モデルではさらに大きい．以上の結果から，日本における雇用形態間，あるいは企業規模間賃金格差のうち，やはりある程度の部分は，就業機会というポジションそれ自体の違いに起因して生じているものと考えるべきであろう[24]．

しかしその一方で，日本における就業機会の違いに基づく賃金格差には，単純に「そのポジションに就きさえすれば自動的にそのポジションに結び付けられた高い賃金が支払われる」という性格のものではない部分も存在する．たとえば男性の正規雇用と非正規雇用の間の賃金格差に関していえば，同一の個人が非正規雇用から正規雇用へと移動しても——そして就業機会に関するその他の条件を統制したとしても——その逆の移動に伴う賃金下落と同程度の賃金上昇はもたらされないのである．このような結果は，日本社会における正規雇用と非正規雇用の間のポジションに基づく報酬格差が，相当に複雑な性格を持っている可能性を示唆するものといえよう[25]．

以上，第2章ではクロスセクショナルなデータを用いて，そしてこの第3章ではパネル調査データを用いて，雇用形態や企業規模といった就業機会に関する条件が，ひとびとの所得・賃金の水準にどのような影響を与えているのかを

---

[24] また，このような結論は，韓国における企業規模の効果や，一部雇用形態の効果についても同様にあてはまる．

[25] 結論を先取りしていえば，このような「移動の向きに応じた賃金変化の非対称性」は，日本の非正規雇用が持つ2つの正当化ロジックの「都合の良い使い分け」（第6章，終章）によって生じているものとも解釈され得る．正規雇用から非正規雇用へと移動した場合は，両者間の「義務や責任の程度」の相違を根拠として賃金が下落するのに対して，非正規雇用から正規雇用へと移動した場合は，職務遂行能力の同一性を根拠とすることで賃金が似通った水準にとどめられる，という可能性が考えられるのである．

検討してきた．次に取り組むべきは，これらの条件に基づく報酬の格差がなぜ，そしてどのように生じているのか，そのメカニズムをあきらかにするという課題となるだろう．以下の各章では，これまでの分析結果を十分にふまえつつ，またひとびとの意識や期待を含めたさまざまな背景条件の影響まで考慮に入れながら，この課題の検討にあたっていくこととしよう．

4章
日本と韓国における「非正規雇用」とは何か？
政府雇用統計における被雇用者の下位分類方式とその変化

はじめに

　前章までの分析を通じ，日本社会では就業機会に関する条件のうち，職種と従業上の地位のみならず，雇用形態や企業規模もひとびとの報酬水準にかなりの影響を及ぼしていることがあきらかになった．以降の各章では，このうち雇用形態間の格差，すなわち正規雇用と非正規雇用の間の格差の問題に焦点を絞り，就業機会という「ポジション」に基づく格差の考察を行っていく．序章でも触れたように，正規雇用と非正規雇用の間に存在するさまざまな格差は，こんにちの日本社会における代表的な格差の1つとなっており，また後の考察でも示されるように，この格差は純粋に経済的な要因のみならず，社会的な要因も作用して生じているという側面がとりわけ強い．以降の各章では，この正規／非正規雇用間の格差がどのように生み出されているのか，そのメカニズムを社会学的視点から解明していくことを試みる．

　このために本章ではまず，日本と韓国において用いられている「非正規雇用」という概念は，そもそも何を意味しているのか，という問題に焦点をあてる．「非正規雇用」とみなされる就業機会の性格は，それぞれの社会の労働市場構造や，雇用慣行などの制度的条件によって左右され，またその定義や具体的な捕捉方法も大きく異なる可能性があることが指摘されているが（小倉 2002; 鈴木 1998 など），実際こんにちの日本と韓国を比べても，政府統計における非

正規雇用の定義や捕捉方法は，たがいに大きく異なっている．本章では，日韓両社会において非正規雇用の定義や捕捉方法に関してどのような議論が重ねられ，またその結果どのような定義・方法が用いられるようになったのかを，政府雇用統計における被雇用者の「従業上の地位」の下位分類を事例として丹念に検討し，この作業を通じて，それぞれの社会における「正規雇用」と「非正規雇用」の間の区分の本質を見きわめていくことをねらう[1]．それぞれの社会における政府雇用統計の調査項目・調査方式は，国際標準や他国の事例が参照されながらも，結局は，それぞれの社会で重要視される就業機会間の「格差」や「相違」を適切にとらえられるよう定められる傾向が強いため，それぞれの社会における非正規雇用の定義・捕捉方式とそれに関する議論の検討を通じて，各社会における「正規雇用」と「非正規雇用」の区分がいかなる性格を持つのかを浮き彫りにし得るものと期待できるのである．

　この問題を検討していく上で，日本と韓国を比較することのメリットは特に大きい．序章でも触れたように，日本と韓国には同じ「非正規雇用」という単語が存在し，「アルバイト」や「契約社員（契約職）」など，その具体的な名称も共通している．しかし，非正規雇用の捕捉方式やそれをめぐる議論の内容自体は大きく異なっており，それらをたがいに比較することによって，それぞれの社会における「非正規雇用」の性格をより明瞭な形で理解し得るものと考えられる．さらに，韓国の政府雇用統計における非正規雇用の捕捉方式は，当初日本から「伝播」し，それが現実の雇用構造に適合するよう次第に「土着化」していったという経緯をたどっている．これらの経緯に焦点を当て，「日本の雇用構造を前提とした捕捉方式を韓国のケースにあてはめる際，どのような問題が生じたのか」をみていくことで，ともすれば自明のものと思われがちな日本社会における正規雇用と非正規雇用の区分，ならびにその捕捉の方法の特徴を新たな視点からとらえなおすことが可能になると考えられるのである．

---

[1]　ここでこのような問題を設定するのは，序章でも論じたように，報酬格差が生じる単位となっている「正規雇用」と「非正規雇用」の区分がそもそもどのような性格のものであるのかに応じて，その間に生まれる格差の種類と程度も異なる可能性があると考えられるためである．

1────労働力調査における従業上の地位項目とその変化：日本

まずは，政府の雇用統計において「非正規雇用」の把握がどのようになされてきたのか，という問題から考えていこう．社会における非正規雇用の規模を把握するために，日本と韓国ではこれまで，政府雇用統計の「従業上の地位」項目が主に利用されてきた．この項目には被雇用者の下位分類別データが存在し，この下位分類が正規雇用と非正規雇用の区別に対応するものととらえられてきたためである．しかし従業上の地位項目における被雇用者の下位分類の方式は，国ごとに，あるいは同じ国においても時代ごとに形式が大きく異なることがある．本節では，日本の政府雇用統計における被雇用者の下位分類が，被雇用者の間のいかなる「違い」をとらえるためのものであったのか，またそれがいかなる意味で「正規雇用と非正規雇用の区別」に対応するものであったのかを，時系列的な変化も視野に入れつつ検討してみよう．

政府統計における従業上の地位項目と被雇用者の下位分類

ひとびとが就いている就業機会の種類を調査する上で，必ず問うべき項目として，職種（狭義の職業），産業，従業上の地位の3つが挙げられることが多い[2]．このうち，職種と産業に関しては国際的な標準分類が存在しており，分類基準と具体的なカテゴリーが各国間で大きく似通っている．残る従業上の地位に関しても，本人か家族が生産手段を所有している「雇用主・自営業主」「家族従事者」と，それを有さず，他者に雇われて働く「被雇用者」とがまず分けられるという点で各国の統計は概して一致している．ただし，産業化の進展とともにその比率が圧倒的になるにつれて，「被雇用者」はさらに細かいカテゴリーへと下位分類されるようになっていったのであるが，その下位分類には標準的な方法と基準がいまだ存在せず，国ごとにやり方が大きく異なっている[3]．こ

---

2) 安田（1969）は，これに企業規模を加え，（広義の）職業の把握に必要な4次元と位置付ける．
3) なお政府の雇用統計における調査項目は，ILOが主催する「国際労働統計家会議」の決議の影響も受ける．1957年ジュネーブで開かれた第9回の会議では，まさにこの被雇用者の従業上の地位分類の標準化についての議論がなされている．この会議では，給与の支払い方式を基準と

のような下位分類方式の相違は，それぞれの社会の間で「いかなる基準に基づく被雇用者の区分が有意味であるのか」が少しずつ異なっているために生じたものともいえるだろう．

たとえば米国の人口センサスでは，1940 年調査の報告書以降，従業上の地位[4] 項目の結果表において「民間部門の被雇用者」と「公共部門の被雇用者」とが区別されるようになった．1930 年代の米国では，世界恐慌によって急増した失業者への対策として，政府による大規模な緊急雇用政策が実施されたのであるが，このような状況において，被雇用者のうちのどの程度が，この政策の対象者を含めた公共部門の就業者によって占められるのかが重要な問題となり，政府統計でも被雇用者の就業部門の違いが新たに捕捉されるようになったものと推測される[5]．

同様の下位分類は台湾でも一般的であり，「人力資源調査」（行政院主計處）をはじめとする政府雇用統計の従業上の地位項目においては，「民間部門の被雇用者」と「政府部門の被雇用者」とが区分されている．国民党政権の下，さまざまな産業において国・公営企業が発達し，民間企業との間で雇用の安定性をはじめとするさまざまな待遇の格差が生じるとともに，それが「省籍」（エスニシティ）の違いとも重なった台湾では，やはり就業部門の公私の別が「被雇用者の有意味な区分」として重要であったためではないかと考えられる．

労働力調査開始期における従業上の地位項目

では，日本の政府雇用統計においてはどのようなやり方で被雇用者の下位分類がなされてきたのであろうか．実は日本の政府雇用統計では，当初から現在行われているような「正規雇用」と「非正規雇用」の区分に対応する下位分類

して被雇用者を「賃金受給者」(wage earners) と「俸給受給従業員」(salaried employees) とに区分するなどの案も提起されたが，実際の下位分類のやり方は国ごとにきわめて多様であり，また雇用主・自営／家族従事者／被雇用者という上位の分類と同一の理屈や基準に基づく分類は事実上不可能であるとの判断から，決議には至らなかった (ILO 1957)．

[4]　英語表記は "class of worker"．英語では "class of worker" あるいは "employment status" と表される項目を共にここでの考察対象としている．

[5]　実際，同年センサスの報告書に掲載された調査員指示には，公共部門の被雇用者として，当時の緊急雇用プロジェクト対象者（実施主体は WPA，NYA，CCC など）の例が明示されており，その規模の捕捉への関心がうかがえる (United States Bureau of Census 1943)．

表 4-1　労働力調査（日本）調査項目の変遷（1950 年代末〜60 年代前半）

	労働力調査 （〜1958 年 12 月）	労働力調査 （1959 年 1 月改正）	労働力調査 （1961 年 10 月改正）
従業上の地位	自営業主 家族従業者 雇用者 　経営・事務・技術者 　常用労務者・見習徒弟 　日雇労務者	雇有業主 雇無業主 家族従業者 常雇（常用雇用者） 臨時（臨時雇用者） 日　雇	雇有業主 雇無業主 家族従業者 常雇（常用雇用者） 臨時（臨時雇用者） 日　雇
従業状況	（項目なし）	定　常 不規則 季　節 臨　時	（項目なし）

出所：「労働力調査報告」各月版．

がなされていたわけではない．ここでは日本の政府雇用統計の代表的な存在である「労働力調査」（総務省統計局）を事例として，この問題を詳しくみていこう．

　労働力調査は試験的な実施期間を経た後，1947 年より正式に開始された調査であるが，この調査における被雇用者の従業上の地位は，当初「経営・事務・技術者」「常用労務者・見習徒弟」「日雇労務者」という 3 つの下位カテゴリーに分類されていた[6]（表 4-1 参照）．当時の調査票（総理府統計局 1950）をみても，被雇用者に関しては，「1 経営業者」「2 事務者・技術者」「3 常用労務者」「4 日雇労務者」「5 見習徒弟」のうちから 1 つの「従業上の地位符号」が選択される形となっており，この項目への回答が上述の 3 つのカテゴリーにまとめられていることになる．

　では，このような下位分類は，被雇用者の間のいかなる「違い」をとらえようとするものなのであろうか．「経営・事務・技術者」と「労務者」が区別されていることから，一見これは，被雇用者の大まかな職種の違いを捕捉してい

---

[6] 調査開始当初は報告書の形式の変更も多く，従業上の地位項目に関しても，このような形で結果の提示方式が固まったのは 1950 年 7 月分報告書（第 27 号）からである．なお報告書・調査票においては「雇用者」または「雇傭者」という表現が用いられているが，本書ではすべて被雇用者と称す．

るものとも考えられる．しかし「労務者」の内部がさらに「常用」と「日雇」とに分けられていることや，職種については別の質問項目を通じて詳しくたずねられていること[7]，さらに当時の就業機会構造の特徴などもあわせて考えれば，このような被雇用者の下位分類は，職種の違いをとらえるためのものというよりも，当時の企業に存在していた序列的な従業員カテゴリーの違いをとらえるためのものと考える方が自然であろう．

　戦前の日本の大企業には，ホワイトカラーを中心とする「職員」と，ブルーカラーを中心とする「工員（職工）」という従業員カテゴリーの区分が設けられており，これらの間には雇用の安定性や昇進機会・給与などの面で「単に量的とはいいきれない，質的な差があった」（氏原 1959a: 2）．戦後は弱まりつつあったといえ，それでも工員と職員の間には，依然として給与や福利厚生等の面で大きな格差が存在していた（二村 2000; 久本 2007）．さらに現場の労働者の中にも，企業の正式な構成員としてある程度長期的に雇用される労働者と，企業の構成員としてではない形で日々雇用される日雇いの労働者との違いが存在していた．戦後まもなくの時期の労働力調査に採用された「経営・事務・技術者」「常用労務者・見習徒弟」「日雇労務者」という被雇用者の下位分類は，当時被雇用者の有意味な区分と考えられた，以上のような「報酬やその他労働条件の差別的な取り扱いをはらんだ序列的な従業員カテゴリーの違い」を捕捉しようとしたものと理解されるのである[8]．

　実はこの労働力調査は，開始時には米国の労働力調査を大きく参考にして設計され，「その後慎重な検討を加え，わが国の特質に適合するようにしばしば調査方法の改良をおこなってき」（総理府統計局 1950: 83）たものであった．そしてこの労働力調査の当時の調査票には，米国の人口センサスと同様の「勤務先の公／私の別」に関する調査項目も含まれていた（総理府統計局 1950）．しかし管見の限り，実際の報告書においてこの項目に関する集計データが示されることはなく，この項目に対する関係者の関心は非常に低かったといえるだろう．

---

[7] 1951年10月調査より，職種をたずねる詳しい質問項目が組み入れられている．

[8] 実際，当時の労働年鑑には「従業上の地位は各人の身分関係をあらわすもの」（法政大学大原社会問題研究所 1953: 14）との表現もみられ，これらの従業員カテゴリーが企業における「身分」の違いとして重要性をもっていたことが示唆される．

その一方，以上で確認したような「従業員カテゴリーの違いに対応する被雇用者の下位分類」は，米国の労働力調査や人口センサスにはまったくみられないものであり，まさに「日本の特質に適合するように」加えられた追加的な調査項目であると考えられる．このように日本の労働力調査も，米国から調査自体が「伝播」した後，さらにその具体的な調査項目が日本の労働市場の特質に合うように——別の言葉でいえば，被雇用者間の「より有意味な区分」をとらえられるように——「土着化」のプロセスを経てきたものといえよう．

常雇／臨時雇／日雇という新たな下位分類

しかし職員と工員間の待遇の格差はその後，両者が企業内で単一の労働組合（工職混合組合）を結成し，差別撤廃運動を起こしていったことなどを契機として大きく縮小していく．同じ企業に勤務している以上，ホワイトカラーもブルーカラーも同じ「社員」，あるいは「従業員」であるという意識が高まり，「職工」や「労務者」といった呼称も改められることとなったのである．また賃金体系や各種手当も職種を問わず一本化され，報酬の格差自体が徐々に縮まっていった（二村 2000; 久本 2007）．これらによって，職員と工員との「違い」が大きな意味を持たなくなっていったものといえるだろう．

それに代わるようにして，次第に重要性を増していったのが，本工と臨時工との区別である．工職間の差別撤廃運動の結果，工員（本工）が職員と同一の年功的な賃金体系に包摂され，勤続が長期化していくのと同時に，雇用のバッファとして臨時工が利用されるようになり，特に朝鮮戦争による特需が生じた1950年代以降，臨時工の数が急増していった（西成田 1995; 中村 2000）．臨時工は，雇用期間に定めがあるため，本工に比べて雇用が不安定であるだけでなく，本工には認められる諸手当や昇給機会が与えられず，さらに会社の福利施設が利用できない場合もあるなど，本工との間に大きな待遇の格差をはらんだ存在であった（労働週報編集部 1955 など）．両者の待遇の違いは「単なる労働条件の差別ではなく身分的差別であるといってよい」（氏原 1951=1966: 465）ほどのものだったのである．

このような臨時工の増加を受けて，政府の雇用統計においても，常用の従業員と臨時の従業員との区別が試みられるようになる．たとえば労働省の「毎月

勤労統計調査」では，1952年1月分の調査より，臨時および日雇労働者についての項目が新規に追加された．ただしこの調査では，失業保険法における一般保険者と日雇保険者との区分基準に従って「1カ月において30日以内の期間を定めて雇用される者及び日々雇用される者」が「臨時および日雇労働者」と定義されており（大宮 1952），1カ月以上の臨時雇用はこれには含まれなかった．このため当時存在していた，基幹的な生産工程において常用工と同一の内容の作業に従事し，実際には契約更新により長期間勤務していながらも「身分的には常用工と異なってい」る臨時工は，この定義では適切に捕捉され得ないことを当の労働省自身も認めている[9]（労働省雇用調査課 1954: 14）．

　労働力調査における被雇用者の下位分類の方式にきわめて大きな変更が生じたのは，このような状況においてであった．試験的な調査を経た後，1959年1月の調査より被雇用者の従業上の地位の下位分類が，従来の「経営・事務・技術者」「常用労務者・見習徒弟」「日雇労務者」の3カテゴリーから，「常用雇用者」（雇用契約期間に定めなし），「臨時雇用者」（雇用契約期間が1カ月以上1年以内），「日雇」（日々雇用あるいは雇用契約期間が1カ月未満）の3カテゴリーへと完全に替えられることになったのである（表4-1参照）．

日本における被雇用者の下位分類は何をとらえているのか

　政府統計においては一般に，質問形式の連続性が強く重視されることをふまえれば，以上のような被雇用者の下位分類の変更は，きわめてドラスティックなものといえるだろう．このような変更を余儀なくさせたのは，やはりこの間に生じた雇用状況の大きな変化，すなわち「職員」と「工員」の区分が実質的な意味を失っていく一方で，「本工」と「臨時工」の区分がかわりに重要性を持つようになったという変化であろう．

　ただしそうであったとしても，常雇と臨時雇の区分が新たな別個の項目とし

---

[9] このほか当時の「労働統計調査月報」には，公共職業安定事業の事業報告として「一般労働職業紹介」と「日雇労働職業紹介」の件数が掲載されているが，これによれば一般労働とは常用労働（雇用期間の定めなきとき，又は4カ月以上の期限ある仕事）と臨時労働（1カ月乃至4カ月の雇用期限ある仕事）を指し，日雇は日々改めて紹介され，あるいは1カ月未満の雇用期限を定めて紹介される仕事を指すとされている（労働大臣官房労働統計調査部 1954: 51-52）．

てではなく，従業上の地位項目における従来の被雇用者の下位分類，すなわち「経営・事務・技術者」「常用労務者・見習徒弟」「日雇労務者」という区分にとってかわる形で調査に組み入れられたという事実は，やはり常雇と臨時雇の区分と従来の下位分類との間の，ある種の性格上の連続性を示すものといえよう．すなわち，労働力調査に新たに組み入れられた常雇と臨時雇の区分は，単に被雇用者の雇用契約期間の違いのみに焦点を当てたものではなく，雇用契約期間の有無や長短を基準としながら，そこに待遇の格差まで結び付けられた序列的な従業員カテゴリーの違いを捕捉しようとしたものと考えられるのである．従来「職種」の相違に対応して設けられていた序列的な従業員カテゴリーの違いを捕捉するための被雇用者の下位分類を，その弱化に伴い，新たに重要性を持つようになった「雇用契約期間」の相違に対応して設けられたカテゴリーの違いをとらえるためのものに変更した，というのが1959年1月の労働力調査のドラスティックな改編の趣旨であったと位置付けられるだろう[10]．

　本節で論じてきたように，日本の労働力調査の従業上の地位項目における「被雇用者の下位分類」とは，当時の日本社会における以上のような「被雇用者の有意味な区分」を捕捉しようとしたものと考えられる．ただし，このような被雇用者の下位分類は，あくまで当時の日本の雇用構造を前提として意味を持つものであったという点は改めて強調しておきたい．当時の日本では工職差別撤廃運動の後，雇用契約期間の違いを基準とした形で，さまざまな待遇の格差をはらんだ序列的な従業員カテゴリーの区分が設けられ，さらにそれがある程度「標準化」されたがゆえに，このような形式の調査項目が，被雇用者間の待遇の格差を把握するために意味を持ったのである．

---

[10] この改編で採用された「臨時雇」の雇用契約期間は「1カ月以上1年以内」と毎月勤労統計調査よりもかなり広い．この点も前述の「常用工と同一の内容の作業に従事しながらも，身分的には常用工とは異なっている臨時工」を広く捕捉しようとした結果と推測される．なおこの改編にともない，調査票には残されていた被雇用者の「勤務先の公／私の別」を問う項目も廃止された．また調査票からは「雇用者の従業上の地位符号」の項目がもう少し早い時期に消えてしまっているのであるが，この経緯については，さらなる検討が要される．

2──経済活動人口調査における従業上の地位項目：韓国

　ここでいったん韓国のケースに目を転じよう．韓国においても近年，非正規雇用の増加が大きな社会問題となっており，正規雇用との間の格差が多くの関心を集めている[11]．しかし日本とやや状況が異なるのは，韓国ではこの非正規雇用をどのように定義し，政府統計等においてどのように捕捉すべきかについて，激しい論争が展開されてきたという点である．本節ではこれらの議論を手がかりとしながら，韓国では非正規雇用がどのように定義され，またどのような方法で捕捉されてきたのかを，韓国の政府雇用統計の質問形式や，それがモデルとした日本の労働力調査との関係にも焦点を当てつつ論じていくこととしよう．

経済活動人口調査における被雇用者の下位分類とその方法

　1997年の通貨危機後，雇用の流動化が急速に進むなかで，韓国では「非正規雇用」の規模とその変化を正確に把握することが重要な課題となった．それ以前より韓国ではその把握が試みられてきたのであるが，従来はこのために，日本の労働力調査に相当する「経済活動人口調査」のデータが用いられていた．この調査の従業上の地位項目においては，日本と同様，雇用契約期間1年以上の「常雇[12]」，1カ月以上から1年未満の「臨時雇」，1カ月未満の「日雇」の3つのカテゴリーへと被雇用者が下位分類されており，韓国ではこのうちの後二者，すなわち臨時雇と日雇が，雇用が不安定な「非正規雇用」として理解されるのが一般的であった．図4-1によれば，確かにそれらの数は通貨危機以後に増加しており，1999年時点では全被雇用者の半数以上を占めるに至っている．このようなデータに基づき，「韓国では通貨危機後に非正規雇用が半数

---

11)　韓国の非正規雇用については日本語でもすでに多くの研究（横田 2003; 2012; 尹 2005; 呉 2006; 大沢・金 2009; 高安 2010; 禹 2010 など）がなされている．さらに近年では，非正規雇用問題の日韓比較研究も行われるようになっている（チョンイファン 2011; キムスニョン 2005; 2006; 大沢・金 2009 など）．

12)　韓国語では当初は「常用雇」，その後は「常用（常傭）」と表記されている．

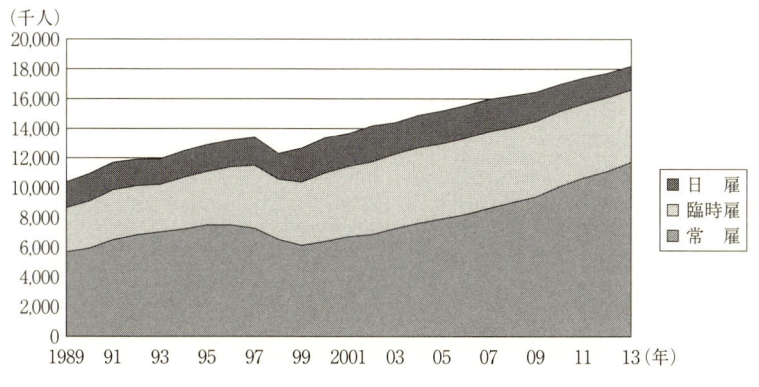

(千人)
20,000
18,000
16,000
14,000
12,000
10,000
8,000
6,000
4,000
2,000
0
1989 91 93 95 97 99 2001 03 05 07 09 11 13(年)

■ 日　雇
□ 臨時雇
■ 常　雇

図4-1　従業上の地位の下位分類別にみる被雇用者数（韓国）
出所：「経済活動人口調査」各年版.

以上に達した」と喧伝されるようになったのである[13]．

　しかし，このような方法による非正規雇用の規模の把握に対しては，一部の研究者から強い批判が寄せられた．たとえばチェギョンス（2001）は，経済活動人口調査における被雇用者の「常雇／臨時雇／日雇」への下位分類は，本来の分類基準であるはずの雇用契約期間の有無や長短のみに基づいているのではなく，これとはまったく別の基準も用いられてしまっていると指摘する．彼は経済活動人口調査の調査マニュアルの検討などを通じ，この調査の実際の現場では雇用契約期間のみならず「退職金やボーナスなどが支給されるか否か」，あるいは「企業の人事管理規定が適用されるか否か」などの条件も考慮されながら「常雇／臨時雇／日雇」への下位分類がなされているという事実をあきらかにし[14]，その上で，雇用契約期間という本来の基準以外の条件を援用したこのような方法では韓国の「非正規雇用」を適切に捕捉できない，と強く批判するのである．

　ではいったいなぜ，韓国の経済活動人口調査では，「常雇／臨時雇／日雇」への被雇用者の下位分類に際して，雇用契約期間以外の条件も援用されているのであろうか．チョンイファンはこの理由を「統計庁の常雇／臨時雇／日雇区

---

13) ただし通貨危機が生じる前の時点で，「臨時雇・日雇」の比率はすでに4割を超えていた．
14) チェは，韓国の被雇用者のうち，明確な雇用契約期間の定めのあるものは2000年時点で1割強にすぎず，この調査の「臨時雇・日雇」の比率に比べてはるかに少ないと指摘する．

4章　日本と韓国における「非正規雇用」とは何か？── 109

分の基準である『雇用契約期間』が，韓国の実情にはうまくあてはまらないまま，日本から導入されたためではないか」（チョンイファン 2001: 93）と推測する．彼の指摘を手がかりとし，当時の日本と韓国の雇用統計の調査項目と設問形式を詳細に比較しながら，この問題を検討していこう．

経済活動人口調査開始当初における被雇用者の下位分類

　解放後の韓国で最初に行われた世帯対象の雇用統計調査は，1957 年に内務部統計局が開始した「労働力調査」である（韓国内務部統計局 1960）．しかしこの調査は，実査のプロセスに問題が多かったことなどを理由として，1962 年 5 月に中断されてしまう[15]．そして翌 1963 年に，調査方式や項目などを大きく改編して新たに始められたのが，こんにちまで続く「経済活動人口調査」である．

　これらの調査の従業上の地位項目についてくわしくみてみよう．入手し得たもっとも古い資料（韓国内務部統計局 1960）に基づけば，最初に実施された労働力調査には，現在のような「常雇／臨時雇／日雇」という下位分類は存在せず，被雇用者は「一般雇」と「日雇」とに分けられているだけであった（表 4-2 参照．以下同様）．ただしこのほかに「従業状態」という項目が存在し，就いている仕事の年間での継続性が「正常／不規則／季節／臨時」の中から 1 つを選択する形でたずねられている．この項目は，1959 年 1 月の改正によって日本の労働力調査に加えられた項目とほぼ同じものである．

　これに対し，1963 年より新たに開始された経済活動人口調査では，従業状態に関する質問が廃止される一方，「一般雇」がさらに「常用雇」と「臨時雇」とに分けられ，こんにちと同じ「常雇／臨時雇／日雇」という 3 分類がなされるようになっている．これにより，1961 年の改正後の日本の労働力調査の形式にいっそう近づいたといえよう．また，これらのカテゴリーの定義も現在のものとほぼ同じで，常雇は「雇用期間が 1 年以上の者で，雇用主の特定の事情や企業の解体などのため解雇されない限り，継続的に雇用され，給料または賃金を受け取る者」，臨時雇が「1 カ月以上 1 年以内の期限を定めて雇用された

15）　この中断は，政権交代の影響を受けたものでもあるだろう．なお以降の韓国の雇用統計調査についての記述は，韓国統計庁（1994）に依拠している．

表 4-2　韓国の政府雇用統計における調査項目の変化

韓　国	労働力調査 (～ 1962 年)	経済活動人口調査 (1963 年～)
従事上の地位 (従業上の地位)	自営主 家族従事者 一般雇 日　雇	自営業主 家族従事者 常用雇（常用勤労者） 臨時雇（臨時勤労者） 日雇（日雇勤労者）
従業状態	正　常 不規則 季　節 臨　時	（項目なし）

【参考：日本の政府雇用統計における調査項目の変化（表 4-1 再掲）】

日　本	労働力調査 (～ 1958 年 12 月)	労働力調査 (1959 年 1 月改正)	労働力調査 (1961 年 10 月改正)
従業上の地位	自営業主 家族従業者 雇用者 　経営・事務・技術者 　常用労務者・見習徒弟 　日用労務者	雇有業主 雇無業主 家族従業者 常雇（常用雇用者） 臨時（臨時雇用者） 日　雇	雇有業主 雇無業主 家族従業者 常雇（常用雇用者） 臨時（臨時雇用者） 日　雇
従業状況	（項目なし）	定　常 不規則 季　節 臨　時	（項目なし）

注：韓国労働力調査の項目・カテゴリーは 1960 年時点のものである．
出所：『経済活動人口年報』各年版，韓国内務部統計局（1960），韓国統計庁（1994），『労働力調査報告』各月版．

者」，日雇が「日々，あるいは 1 カ月未満の契約で雇用された者（日当仕事，背負子での荷物運搬など）」（韓国統計庁 1994: 50-51）とされている．このような分類基準も，日本と大きく似通っているといえよう．

　以上のように，日本の労働力調査の改正から少し遅れて非常に似通った項目が調査に組み込まれていること，さらにこの調査のほかにも，この時期の韓国の政府統計には日本のものと相当に類似した調査が多いことなどをあわせて考えれば，チョンイファンが指摘したように，やはりこの経済活動人口調査も，諸外国の中で社会構造・制度が比較的似通った日本の政府統計を参照しながら調査項目やその具体的なカテゴリーが定められたものと推測される[16]．十分な

成果を挙げられなかった労働力調査にかわって経済活動人口調査という新たな調査を開始するにあたり，常雇と臨時雇の区分（1959年1月改正），従業状況項目の廃止（1961年10月改正）といった日本の労働力調査の改正を踏襲し，その形式にいっそう近づけた結果，韓国でも「常雇／臨時雇／日雇」という被雇用者の下位分類が採用されるに至ったものと考えられるのである．

経済活動人口調査開始当時の韓国の雇用構造

　しかし前節で論じたように，この「常雇／臨時雇／日雇」という被雇用者の下位分類は，当時の日本の雇用構造のあり方を強く反映したものであった．すなわちこの下位分類は，職員と工員間の格差にかわって新たに重要性を持つようになった被雇用者の有意味な区分，すなわち雇用契約期間の相違に対応する形で設けられた序列的な従業員カテゴリーの違いを把握するためのものであったと考えられるのである．では日本の調査を「モデル」としてまったく同じ下位分類を採用した韓国は，当時いかなる雇用構造を有していたのであろうか．そして，このような下位分類は当時の韓国においていかなる意味を持ち得たのであろうか．

　結論的に述べれば，この分類が導入された当時の韓国の雇用構造は，日本のそれとは大きく異なるものであった．1963年時点において，農林漁業従事者は就業者の63.0％を占める一方，製造業従事者は7.9％にすぎず[17]，当時の韓国は産業社会とみなすには程遠い存在であった．またその後の韓国経済をリードする大規模な財閥系企業も当時は未だ十分に成長していなかったこともあり，

16）　実際，1970年代より韓国の統計官僚として勤務していたA氏は，筆者のインタビュー（2011年7月13日，韓国統計庁において聞き取り）に対して「統計局で何か新しく調査を始めることになった場合，『はやく日本に行ってこい』（筆者注：関連調査の資料を収集してこい）という感じだった．日本とは文化も似ているので，日本の調査をモデルにするのがやりやすかった」と述べている．

　なお1950年代から60年代初頭にかけては，米国からの統計諮問団も韓国に入っており，人口センサスをはじめとする政府統計の整備に尽力したのであるが，彼らが最終的にまとめた報告書でも，従業上の地位項目は「自営業者・雇用主」「家族従業者」「被雇用者」を区分することが奨励されているのみで，被雇用者のさらなる下位分類についてはまったく言及されていない（The Statistical Advisory Group, Survey & Research Corporation 1962）．

17）　「経済活動人口調査」データによる．ちなみに同年の日本では，農林漁業従事者が26.0％，製造業従事者が24.1％を占めていた（「労働力調査」1963年データ）．

雇用は全般的に流動的で，日本でみられたような雇用の長期化は生じていなかった．

このような状況において，雇用の契約期間を基準として設定され，その他の待遇の格差もはらむような序列的な従業員カテゴリーの区分，あるいはそこまでいかずとも，雇用契約期間が明確に定められることによって通常の従業員とは区別されるような従業員の集団が存在したのであろうか．こちらも結論的に述べれば，全般的に雇用が流動的であった当時の韓国の民間企業では，やはり正社員とは明確に区別される「臨時雇用」の従業員は一般的な存在ではなかったようである．

ただしその例外が官公庁や公企業であった．当時の韓国には大韓造船公社や大韓石油公社といった政府系企業が存在しており，これらが官公庁とあわせて重要な雇用セクターとなっていた．そしてこれらの組織には，通常の従業員とは別に，雇用契約期間が明確に定められた従業員が存在していたのである．

実際，韓国の代表紙の1つである朝鮮日報の記事データベースを利用し，1960年代の新聞記事検索をおこなった結果，「臨時職（員）」のキーワードを含む記事は16件存在したが，そのすべてが税務署や郵便局など公的機関の臨時職員の事例に関するものであった[18]．また韓国国会図書館の電子図書館データベースを利用し，1960年代から70年代にかけての雑誌記事検索も行ったが，やはり当時の臨時雇用の事例は，官公庁，あるいは製造業部門の公企業におけるものにほぼ限定されていた[19]．これらの結果からも，当時の臨時雇用が官公庁や公企業において主に用いられていた雇用形態であることを理解し得よう．

---

18) このほか，「臨時工」「臨時社員」では該当する記事が存在しなかった．朝鮮日報の記事データベース URL は http://search.chosun.com．なおネイバーニュースアーカイブ（http://dna.naver.com/search）でも同様の検索を試みたが，やはり該当する記事のほとんどが官公庁か公企業の事例であった．

19) もっとも初期のものとしてヤンミョンファン（1968）がある．当時大韓石油公社の人事編成課長であった著者は，本論文において臨時工の雇用調整弁としての役割を強調している．なお韓国国会図書館電子図書館データベース URL は以下の通り．http://www.nanet.go.kr/03_dlib/01_datasearch/datasearch.jsp．

韓国の公企業における臨時雇用とその性格

　このうち，公企業の1つである大韓造船公社[20]の臨時工の事例を通じ，当時の臨時雇用の性格をもう少し詳しくみておこう．社史や労働組合内部資料，さらには当時の社員への聞き取り調査などに基づいてこの問題の検討を行ったシンウォンチョル（2003a）や金（2002）に基づけば，大韓造船公社では1950年代末より，数カ月単位の雇用期間を定めた臨時工の数が大きく増加し，1960年代には臨時工数が本工数を上回ることさえあったという．このような臨時工の増加は，当時累積赤字に対処するため政府の指示によって大幅な人員削減が断行され，従業員定員が厳格に管理される中，「仕事量の変動には『臨時工を随時増減する』ことで対応する方針が決められ」（金 2002: 139）たことに起因する．大韓造船公社の臨時工は，雇用の調整弁としての役割を担っていたとまずいえるだろう．

　一方で，本工とこれら臨時工との間には，待遇面でも大きな格差が存在していた．金鎔基が当時の労組代議員大会資料に基づいてあきらかにしたところによれば，臨時工の平均賃金は1960年代後半を通じて本工平均の約56-69％程度に過ぎず，さらに臨時工には賞与金が支給されず，昇給，昇進，有給休暇などの機会も与えられていなかった（金 2002）．また臨時工に対しては1年未満の雇用契約を繰り返すことで，勤労基準法で定められた退職金支給義務を免れるのが一般的であったという[21]．

　以上のような大韓造船公社の臨時工は，日本における臨時工のイメージにも近いといえるかもしれない．すなわち本工と臨時工の違いは，「雇用契約期間の有無」を直接の弁別基準としながらも，それのみには帰せられないさまざまな待遇の格差をはらんだ序列的な従業員カテゴリーの違いでもあったととらえ

---

[20]　植民地時代の朝鮮重工業を前身とする大韓造船公社は，当時国内最大規模の重工業メーカーであった．

[21]　ただしシンウォンチョルによれば，1960年代半ば以降，臨時工も労働組合に加入し，組合運動を通じて賞与金支給や，有給休暇制度，退職金制度の適用という成果を収めたという（シンウォンチョル 2003a）．また大韓造船公社の臨時工は，その後造船需要が拡大し，技能労働力不足が深刻になると同時に本工化されていき，1980年代初頭にはその数が減少した．これに代わって「雇用の調整弁」としての機能を担うこととなったのが，社内請負工である（金 2002; シンウォンチョル 2003b）．これについては次章で詳しく述べる．

られるのである．この点で本工と臨時工間の待遇の格差は，企業の人事管理上の「差別的な取り扱い」の産物として理解することができよう[22]．

しかしながら，このような大韓造船公社の臨時工を当時の韓国企業に一般的な事例とみなすのはやはり難しいだろう．まず留意すべきは，大韓造船公社が公企業であり，その従業員数に明確な「定員」が存在していたという点である．従業員数の制限に抵触することなく定員外の従業員として雇用されたのが，臨時工というカテゴリーの従業員だったのである．また大韓造船公社は公企業であるがゆえに，当時としては珍しく従業員の生活保障を重視した処遇制度が形成されており，勤続年数の長期化も見られはじめていた（金 1997; 2002）．このような状況においてはじめて，長期的な安定雇用やその他のベネフィットを享受し得る従業員と，享受し得ない従業員の間の区分が，実質的な意味を持ったのである．

しかしこれら少数の公企業や官公庁以外の民間企業では，年功賃金をはじめとする内部労働市場形成の萌芽は 1980 年代まで待たねばならず，企業間での転職もきわめて頻繁に生じていた（チョンイファン 1992）．もちろん純粋な民間企業には従業員の定員制限など存在せず，また自然離職を通じた雇用の調整も比較的容易であったことから，通常の従業員と似通った仕事を行いつつも明確な雇用契約期間が定められた従業員を別途採用したり，あるいは定員外の従業員として扱うために，通常の従業員とは異なる「従業員カテゴリー」を設ける必要性は，強くはなかったと考えられる．当時の民間企業において，通常の従業員とは区別された臨時雇用の事例があまりみられなかったのは，このためであろう[23]．

従業上の地位の下位分類基準の土着化

以上のように，経済活動人口調査が開始された 1960 年代前半の韓国におい

---

[22] もちろんこのような人事制度自体，植民地期に導入された日本の人事システムの影響を受けたものでもあるだろう．日本からの雇用制度の移植に関しては宣（2006）などを参照のこと．
[23] シンウォンチョル（2003c）によれば，1970 年代には一定数の臨時工が民間大企業に存在してはいたようである．ただし民間企業において雇用のフレキシビリティ確保の試みがなされたとしても，それは臨時工の利用よりも，次章で述べる社内下請工（構内請負工，社外工）の利用による方が一般的であったと判断される．

4 章 日本と韓国における「非正規雇用」とは何か？——115

て，当時日本で問題となっていたような臨時雇用は，少なくとも民間企業ではそれほど一般的な存在ではなかったといえる．にもかかわらず，「常雇／臨時雇／日雇」という被雇用者の下位分類が，経済活動人口調査の従業上の地位項目に取り入れられることとなったのである．当時の韓国における臨時雇用の規模は，日本ほどには大きくなかったと予想するのが自然だろう．

しかし実際の調査結果は，このような予想を大きく裏切る．日本では臨時雇用の増加が大きな問題となっていたとはいえ，労働力調査の結果によれば被雇用者（農林漁業除く）中の臨時雇比率は1963年時点で全体の5.1％にすぎず（日雇比率は3.7％），常雇が91.2％を占めていた．これに対し韓国の経済活動人口調査によれば，1963年時点の被雇用者（農林漁業世帯除く）中の臨時雇比率は20.0％と日本の約4倍に達しており（日雇比率は34.3％），常雇のそれは45.7％にすぎない．当時の日本と韓国の雇用状況をふまえれば，韓国の経済活動人口調査データにあらわれた臨時雇用の比率はあきらかに高すぎる．

韓国におけるこのような臨時雇用の比率の高さは，経済活動人口調査が開始された当初からすでに，被雇用者の「常雇／臨時雇／日雇」への下位分類に際して，チェギョンスが指摘したような「雇用契約期間以外の基準の援用」がなされていたことを示唆するものではないだろうか．当時の韓国社会においては書面による雇用契約，あるいは明確な雇用期間を定めた雇用契約自体がそれほど一般的ではなかったにもかかわらず，日本からの調査項目の「伝播」の結果として，常雇とも日雇とも区別される「臨時雇」という新たなカテゴリーが設けられることとなった．このような状況において，当時少ないながらも官公庁や公企業に存在していた臨時工や臨時職員を一種の「モデルケース」として，実際の処遇・待遇面でこれらと似通った労働条件にある被雇用者を「臨時雇」というカテゴリーで広くすくいとることが目指され，そのために雇用契約期間以外の基準が援用されることとなったのではないか，と推測されるのである[24]．

この経済活動人口調査の調査員指示文書の実際の文言は表4-3に示したとおりであるが，（雇用契約期間以外の）常雇と臨時雇の分類基準として挙げられて

---

24) そしてその後も，統計データの継続性の観点から，このような雇用契約期間以外の基準の援用が継続されたのではないかと考えられる．

表 4-3 被雇用者の従業上の地位の分類基準（調査員指示）

常　雇
雇用契約期間が 1 年以上である正規職員を指し，ここでの分類は職業の安定性を把握するためのものなので，原則的には雇用契約期間を適用し，雇用契約期間の適用が難しい場合は次の事項を考慮して調査する． ・雇用契約期間を定めていないか，雇用契約期間が 1 年以上である正規職員 ・会社所定の採用手続きによって入社した社員で，人事管理規定の適用を受ける職員．ただし会社所定の採用手続きによって入社した者でも一定の事業完了までの必要期間の間，または 1 年未満の契約期間を定めた者は除外する． ・勤続期間が 1 年以上の者で，退職金および賞与金など各種手当受恵者．ただし何年間か同一企業で継続勤務していたとしても，契約が臨時，または日雇である場合にはここに分類してはならない．
臨時雇
賃金勤労者のうち常用ではない者で，雇用契約期間が 1 カ月以上 1 年未満の者を指す．ただし雇用契約期間による分類が難しい場合は次の事項を考慮して調査する． ・一定の事業完了に必要であるため雇用された者（事業完了が 1 年未満） ・単純業務補助員として賞与金など諸手当を受けられない者 　（別の職業を持たない統長，里長，市郡区議会議員など） ・勤続期間が 1 年以上でも退職金を受けられない者
日　雇
賃金勤労者のうち常用および臨時に該当しない場合で，次に該当する者を指す． ・雇用契約期間が 1 カ月未満の者 ・日々雇用され勤労の対価として日給，または日当制給与を受け取り働くもの，または一定の場所をきめず，場所を回りながら働き，対価を受け取る者

出所：韓国統計庁（1998: 76-77）．

いる「会社の所定採用手続きによって入社し，人事管理規定の適用を受けるか否か」という条件は，大韓造船公社の事例でみられたように，従業員数の定員に含まれる形で正式の手続きを経て採用された正規の従業員か，それともそれ以外のプロセスを通じて採用された定員外の従業員か，という相違に対応するものといえよう．また「退職金及び賞与金など各種手当を受けられるか否か」は，官公庁や公企業の正規の従業員には与えられていたこれらの手当を，当時の臨時工・臨時職員は概して受けとれなかったという処遇の違いに対応するものと考えられる[25]．以上からも，書面を通じた明確な雇用契約が結ばれるこ

[25] 韓国の勤労基準法（第 34 条）が 1 年以上の勤続者に対して退職金の支払いを義務付けていることは，退職金の有無を基準とすることの根拠の 1 つとなろう．しかし賞与やその他手当の支給に関してはこのような法的根拠は存在せず，やはり実際の処遇・待遇の相違に着目したものと考

4 章　日本と韓国における「非正規雇用」とは何か？ — 117

とが少なく，雇用契約の期間自体が必ずしも十分に意識されていなかった当時の状況において，公企業や官公庁において設けられていた「雇用契約期間の違いを基準とする従業員カテゴリー」間の実際の処遇・待遇の相違を「常雇と臨時雇の違い」と読み替えた上で，それらの労働条件面での相違をとらえるために，これらの追加的な基準が援用されるに至ったのではないかと考えられる．

しかしこのような分類基準の一種の「土着化」は，日本の労働力調査における従業上の地位項目の本来の趣旨を十分に咀嚼し，それにできる限り忠実であろうとした結果ととらえることもできる．前に確認したように，日本の労働力調査における「常雇／臨時雇／日雇」という下位分類は，単に雇用契約期間の有無と長短を問うためだけのものではなく，あくまで，雇用契約期間の相違を基準とし，そこに報酬等の待遇格差も結び付けられた序列的な従業員カテゴリーの違いを捕捉しようとしたものであった．その意味で，韓国に導入された「常雇／臨時雇／日雇」という下位分類が，雇用契約期間のみならず，退職金や賞与の有無といった実際の待遇の違いをもその基準として用いたということは，日本のそれとまったく同じではないにしても，実態としては比較的それに近い形で被雇用者を分類すること——すなわち実際の報酬やその他労働条件面での被雇用者間の「有意味な格差」を捕捉すること——を目指した結果であるとも考えられるのである．後に述べるような，韓国における「正規雇用」と「非正規雇用」の区分の本質を被雇用者間の具体的な処遇・待遇の格差に求めようとする立場は，このような流れを引き継ぐものといえるだろう．

3──非正規雇用の多次元的・直接的捕捉の試み：韓国

経済活動人口付加調査の開始

その後も経済活動人口調査の従業上の地位項目では，以上の3カテゴリーによって被雇用者の下位分類がなされてきた[26]．しかし通貨危機後に生じた雇

えられる．
26) ただし報告書の結果表では，1986年から97年調査まで，「常雇」と「臨時雇」が合併され，「常時雇」（常雇＋臨時雇）と「日雇」の2分類となっている．やはり常雇と臨時雇の区分が現実的には難しかったことが，このような合併の一因ではないかと推測される．

用状況の激しい変化を契機として，これとは異なる視角から被雇用者間の格差を捕捉しようとする試みもなされるようになった．

　1997年末に生じた通貨危機によって韓国経済はきわめて深刻な打撃を受け，それまで比較的経営が安定していた財閥系企業でさえ倒産や整理統合の憂き目にあい，それを免れた場合でも大規模な雇用リストラを実施する必要性に迫られた．こうして韓国では失業率が急増すると共に，雇用の不安定化が深刻な問題として浮上し，これらの問題への対処が当時の政府にとって喫緊の課題となった[27]．当然ながらこのような課題に取り組むためには，まず現実の雇用実態の適切な把握が必要となる．しかし経済活動人口調査の「常雇／臨時雇／日雇」という下位分類では，当時増えつつあった多様な雇用形態を捕捉することが難しく，何よりも，雇用契約期間以外の条件が分類基準として用いられているために，不安定な雇用機会としての「非正規雇用」の規模の把握さえ困難であるとの批判を受けるようになったのである[28]（アンジュヨプほか 2002）．前述のチェギョンスによる批判も，このような文脈においてなされたものであった．

　このような批判に対して政府レベルでの対応がなされはじめたのは，2000年頃のことであった．この年，労使政委員会における非正規雇用問題の対策の検討と軌を一にして，労働部は非正規雇用の定義を議論するための専門家会議を開催しはじめ，また統計庁は非正規雇用の規模を把握するための質問項目の開発に着手した（アンジュヨプほか 2002）．さらに2000年8月には，これらの結果をふまえ，統計庁が「多様な雇用形態」の把握を目的とした経済活動人口付加調査を開始するに至っている．

　このような目的をもって開始されたこの付加調査には，雇用契約期間の有無とその長さ，月平均賃金，社会保険の有無，派遣勤労か否か，時間制雇用か否かなどをたずねる多様な質問が組み入れられた．そして前述のチェギョンスを

---

27) 経済危機後に設立された労使政委員会（特に経済社会小委員会非正規職勤労者対策特別委員会）において，非正規雇用問題への対策が集中的に議論された．
28) さらに政府の立場としては，経済活動人口調査の「臨時雇」と「日雇」の割合が被雇用者の半数を超えるという状況は好ましいとはいえず，できれば非正規雇用の定義を見直すことで，公表される非正規雇用の規模をより控え目なものにしたいという意向を持っていた（チョンイファン 2001）．

はじめとする労働経済学者らは，この付加調査のデータを用いて，従来の「常雇／臨時雇／日雇」の下位分類に基づく把握に代えて，より多次元的で直接的な形での非正規雇用の把握を試みたのである．まずはこの内容を詳しくみていこう．

新たな基準に基づく非正規雇用の把握

　チェギョンス（2001）は非正規雇用[29]を分類するための基準として，「雇用の持続性」，「労務の提供方式」（派遣・請負労働などの非典型雇用か否か），ならびに「労働時間制」（フルタイムかパートタイムか）の３つが重要であるとする[30]．その上で，それぞれの基準に基づき，「限時的勤労者」（広義の定義では，雇用契約期間を定めて雇用されているもの，あるいは特別な理由がなく，本人が望んだとしても現在の職場で１年以上継続勤務できないもの），「非典型勤労者」（派遣・請負・家内勤労者など雇われた職場以外の場所で働くもの，およびスポット派遣のような呼出勤労者・独立請負勤労者），「時間制勤労者」（雇用形態がパートタイムであるもの）という３つのカテゴリーを設け，これらのうち１つにでもあてはまれば非正規雇用とみなす，という新たな捕捉方法を提起する．このような方法による非正規雇用の捕捉は，分類基準が多次元的であり，また焦点を当てている客観的な雇用の形態の違いを直接すくいとろうとしている点で，従来の従業上の地位項目における被雇用者の下位分類とは大きく異なるといえる．

　さらにチェは，前述の経済活動人口付加調査の個票データに基づき，以上の定義に基づく非正規雇用の規模の推定，ならびに従来の従業上の地位の下位分類との関係の分析を行う．その結果によれば，もっとも広い定義に基づ

---

29) チェギョンスは，「非正規雇用」という概念はある種の価値判断を含んでしまっていると批判し，その代わりに「非定型勤労」という概念を提起する（チェギョンス2001）．実際，彼の論文ではすべて非正規雇用の代わりに「非定型勤労」という語が用いられているのであるが，結局労使政委員会では彼の提案に非常に近い形で非正規雇用の定義がなされたこともあり，本書では煩瑣を避けるためすべて「非正規雇用」と表記している．

30) これらはOECDや米国等においても用いられている基準であり，非正規雇用を捕捉する上で「欧米における標準的な基準」の採用が目指されたといえる．特に次に述べる「限時的勤労者」は，米国の労働統計におけるcontingent workerの概念に大きく重なるものである．ただし，非正規雇用の構成要素を臨時労働，パートタイム労働，派遣労働の３つに求める視角は，それ以前の韓国においても提起されていたものではあった（たとえばキムソンファン1992など）．

120

表 4-4 新しい定義に基づく非正規雇用と従来の被雇用者の下位分類の関係

		経済活動人口調査における従来の下位分類	
		臨時・日雇	常雇
経済活動人口付加調査に基づく新たな分類	限時的勤労者（雇用契約期間を定めて雇用されているか，1年以上の継続勤務を期待できない）	A	B
	それ以外	C	D

く場合でも，雇用が非持続的な「限時的勤労者」の比率は韓国の被雇用者の17.6％にすぎず，50％前後の水準に達している経済活動人口調査の臨時・日雇比率に比べて非常に小さい．さらに，韓国ではもともと書面を通じて明確な雇用契約を交わす被雇用者が少ないこともあり，「雇用期間を定めた雇用契約」を結んでいる被雇用者自体は全体の12.1％にすぎない．また従来の「常雇／臨時雇／日雇」という下位分類との関係をみると，付加調査における「雇用契約期間が定められておらず，かつ1年以上の継続雇用が期待される被雇用者」(**表 4-4：C＋D**) のうち，従来の従業上の地位項目において常雇と分類されているもの (**表 4-4：D**) の比率は53.3％にすぎず，残りの半数近くは，経済活動人口調査では臨時または日雇に含まれてしまっているのである（チェギョンス 2001）．

以上の結果は，「韓国における非正規雇用は，(従来その規模を示すものとされてきた) 経済活動人口調査における臨時・日雇ほどには多くない」という主張の根拠として用いられた．実際，同様の立場から分析をおこなったパクキソン (2001) によれば，「上記3つのカテゴリーのうち少なくとも1つにあてはまる被雇用者」という新しい定義に基づく韓国の非正規雇用者は，被雇用者全体の26.4％にすぎないのである．

新たな基準に基づく把握に対する反論

しかし，政府に近い立場から行われた以上のような非正規雇用の規模推定に対しては，多くの批判が提起された．その代表的な論者であるキムユソンは，雇用契約期間が定められておらず，かつ1年以上の継続雇用を期待できるとし

ても，経済活動人口調査では臨時・日雇に分類されてしまう被雇用者（表4-4：C）を「長期臨時雇用」ととらえ，これを「企業の雇用調整時の最初の減員対象であり，身分上も各種の不利益を受け，最近では正規職の仕事の代替手段として悪用されている」（キムユソン 2001: 101）存在とみる．当然このような性格を持つ「長期臨時雇用」は非正規雇用のうちに含められるべきである，と彼は主張し，この長期臨時雇用まで含めると，2000年時点における韓国の非正規雇用の規模は被雇用者全体の58.4％にも達する，と論じるのである．またチョンイファンも，当時発表した論文において「非正規雇用は，雇用の不安定性や労働時間の長さまたは雇用形態などによっても把握され得るが，正規雇用との差別を通じても把握され得る」（チョンイファン 2001: 95）と述べ，従来の「常雇／臨時雇／日雇」という下位分類も，この「差別」という観点に基づいて非正規雇用を分類する際には有効なものであると積極的に評価している．

　以上のように，韓国における「非正規雇用」の定義と捕捉方法をめぐる論争は，「非正規雇用を，雇用の持続性や労務提供方式をはじめとする具体的な雇用の形態の問題ととらえ，それを直接捕捉しようとする立場」と，「被雇用者の間に存在する，退職金や賞与の有無などを含めた実際の『待遇』の格差を包括的に捕捉しようとする立場」との間の対立であるといえる[31]．この論争は，日本の政府雇用統計の項目が韓国の雇用構造には十分に適合しない状況の中で「伝播」し，「土着化」されたことを一因として生じたものといえようが，次にみる日本の事例と対比して述べれば，以上の論争は，韓国社会には「正規的」な雇用機会と「非正規的」な雇用機会の区分が論争の余地がないほどに明確な形では根付いていなかった，という事実を示すものともとらえられよう．

その後の経緯：労使政委員会における定義

　前述の通り，急増する「非正規雇用」への対処策が，その後労使政委員会を中心に検討されることとなり，そのためにまず，非正規雇用の定義が定められ

---

31)　前者はアメリカなどにおける非正規雇用の捕捉方法に近く，後者は日本における視角に近いといえるかもしれない．実際，非正規雇用捕捉に「差別」の観点を取り入れたチョンイファン（2001）では，日本の疑似パート（労働時間は通常の従業員と同等に長いものの，雇用上の「身分」はパートタイマー）の事例に対する積極的な言及がなされている．

ることとなった．ここでもやはり，政府に近い立場からあくまで客観的な雇用の形態の問題として非正規雇用をとらえようとする立場と，労働側の立場から具体的な待遇の問題としてそれを包括的にとらえようとする立場との間で激しい意見の対立が生じたのであるが，結果的には，正確な統計作成の重要性を強調する政府側の意見が大きく受け入れられる形で，その定義についての合意がなされた[32]．合意された定義はチェギョンスが示したものに近く，非正規雇用は「限時的（期間制）勤労者」，「短時間勤労者」，「派遣・請負・呼出などの形態で従事する勤労者」のいずれかにあてはまるものとして定められた．しかし労働側からの主張を受け入れる形で，合意文には上記の定義に続いて次の一文が含まれることとなった．

> 我が国の労働市場の特性上，上の範疇には含まれないが，雇用が不安定で勤労基準法上の保護や各種社会保険の受恵対象から抜け落ちており，社会的保護が必要な勤労階層が広範囲に存在するという点を認識し，特別委員会はこれを「脆弱勤労者」として把握し，これに対する保護方案も必要であるという点に同意する（韓国労使政委員会 2002: 1）．

以上から理解できるように，韓国の労働市場において「正規雇用と非正規雇用の区分」ととらえられる被雇用者間の「違い」としては，労使政委員会による新たな非正規雇用の定義が焦点を当てている「雇用の有期性，短時間性，非典型性などの客観的な雇用の形態の相違」と，経済活動人口調査の「臨時・日雇」が捕捉していた「雇用の安定性や各種社会保険への加入・退職金・ボーナスの有無など，実質的な待遇面における相違」の2つがともに重要性をもっていた．しかも韓国では，これら2種類の相違の区分線が大きくずれるために，非正規雇用の定義に関して激しい論争が生じてしまうことになるのである．ここで扱わなかった後者の問題，すなわち「雇用の形態の違いとは必ずしも重なり合わない被雇用者間の実質的な待遇の格差」とはいかなる性格のものである

---

[32] 2002年5月6日に労使政委員会非正規勤労対策特別委員会から発表された「非正規勤労者対策関連労使政合意文（第1次）」がそれである．またこの定義にそった形の質問項目が，その後の経済活動人口調査にも取り入れられた．

のかについては，次の第5章においてもう少し詳しく検討していく．

4 ── 「呼称」に基づく非正規雇用の捕捉：日本

ここで再度日本の事例に立ち返り，その後の「非正規雇用」の捕捉方法について確認しておくべきであろう[33]．日本でも雇用状況の変化に即して，非正規雇用をより適切に把握するための政府統計の改編が行われたのであるが，その具体的な方向は，韓国とは180度異なるものとなった．韓国との比較の視点から，くわしくみていこう．

パートタイム雇用の増加とそれをとらえる視角

日本でも1960年代以降，高度経済成長による労働力不足や労働組合の運動等を契機として，次第に臨時工が本工へと転換されていった．その一方で，新たに増加したのがパートタイム雇用である．労働力不足やサービス経済化の進展などにより，中高年女性がパートタイム労働者として労働市場に多く参入するようになったのである．こうして，増加するパートタイム雇用の実態把握と必要な対策の検討が政策課題となり，これとともに，政府統計においてパートタイム雇用をどのように捕捉すべきかという問題に関心がもたれるようになった．

1967年労働省に設置された「女子パートタイム雇用に関する専門家会議」は，この課題に対する政府の取り組みの1つである．学識経験者によって構成されたこの会議では，女子パートタイム雇用に関する問題とその対策について幅広く検討された．その成果をまとめた報告書では，まず対象となるパートタイム雇用の定義がなされているのであるが，そこではILO総会で採択された「正規の労働時間よりも短い時間数を1日または1週間単位で就業すること」という定義や，労働省婦人少年局の女子パートタイム雇用調査で採用された「身分，呼称等に関係なく1日，1週あるいは1カ月の所定労働時間が当該事業所の一

---

33) 似通った視角に基づく先行研究としては，乙部（2006），小倉（2013）などがある．本節では，それらを参照しつつ，韓国との比較の観点から独自の考察を試みている．

般労働者より短い労働者」という定義が紹介された後，次のように述べられている．

> これらの諸事情を考慮し，専門家会議は，本来パートタイマーとは"1日，1週あるいは1カ月の所定労働時間が，一般労働者より短く，この就業が規則的，自発的であるもの"として調査研究をすすめた．しかしながらわが国においては，現在，フルタイムと同等，あるいはそれ以上の時間労働しながら身分上パートタイマーとよばれている者があり，パートタイム雇用の問題を考えるに当たってこれらを切りはなして考えることは適切でないので，本報告書作成にあたっては，問題としては現在わが国で"パートタイマー"とよばれているもの全般についてふれることとした（女子パートタイム雇用に関する専門家会議 1969: 61. 傍点は引用者）．

以上のように専門家会議では，正社員とは「身分上」区別されるパートタイマーの存在が重視され，このようなパートタイマーを適切にとらえるためには実際の労働時間や所定労働時間といった客観的な労働条件に着目するだけでは不十分である，と結論付けられているのである．

政府統計における調査方式の改編

さらに，政府雇用統計におけるパートタイム雇用の捕捉方法も，このような性格の「パートタイマー」を考慮した形で改められていった[34]．従来は実際の「週当たり労働時間」を基準としてパートタイム雇用の捕捉がなされることが多く，また前にも触れたように，労働省婦人少年局の「パートタイム雇用調査」など，1960年代半ば以降実施されたパートタイム雇用の実態把握に特化した調査では，「所定労働時間が当該事業所の一般労働者より短い者」という定義が用いられるのが一般的であった．しかし上記報告書で言及されたような「身分」としてのパートタイマーを捕捉するために，次第に労働時間以外の基準に基づく捕捉が試みられるようになった．それが勤め先において「パートタ

---

34) 以下の記述は主に，労働省情報解析課（1981）に基づく．

イマー」と呼ばれている従業員をパートタイム労働者とみなす，という「呼称」に基づく捕捉である．

　たとえば労働省統計情報部が実施していた「雇用管理調査」では，従来はやはり所定労働時間を基準としてパートタイム労働者を捕捉していたのであるが，1979 年からは「当該企業においてパートタイマー，パート又はアルバイトと呼ばれている者」をパートタイム労働者とするという方針へと転換されている[35]（労働大臣官房労働統計調査部『雇用管理調査報告』各年版）．また本章で考察対象としてきた労働力調査においても，1981 年 3 月の特別調査に「この仕事はいわゆるパートタイマーやアルバイトとして雇われているのですか」という，これと比較的近い発想に基づく質問が試験的に追加されている．

　さらにこの時期には，労働省の雇用統計関連部署においても，「政府雇用統計においてパートタイム労働者をどのように捕捉すべきか」に関して詳細な検討がなされている．労働省情報解析課は 1980 年代初頭，この問題に関する一連の分析結果（労働省情報解析課 1980; 1981; 1982）を公表しているのであるが，このうち労働省情報解析課（1982）においては，呼称を基に把握された「パートタイマー」が，労働力調査の「臨時・日雇」，あるいは実際の労働時間によって定義された「短時間就業者」と，どのように類似し，またどのように異なっているのかについて興味深い分析がなされている．

　労働力調査とその特別調査のデータを利用したこの分析によれば，呼称を基準とした「パートタイマー」は，属性や意識等の面では臨時・日雇と異なる特徴がみられるものの[36]，賃金や身分保障の面では，ともに正社員の水準よりも大きく劣っているという点で，パートタイマーは臨時・日雇と似通っているとされる．この点については，さらに次のように述べられる．

　　パートタイム労働者と臨時・日雇労働者の類似する特徴があらわれている

---

35) このほかにも東京都中央労政事務所による「非正社員に関する実態調査」などでも呼称によるパートタイム労働者の把握がなされている（労働省情報解析課 1981）．
36) たとえば，パートタイマーは女性が多く，中高年層の比率が高いこと，また就業の理由も追加的所得の獲得や，「家にこもっていたくない」などの非経済的動機などによるものが多いこと，製造業，卸・小売業，サービス業に多いことなどが挙げられている．

賃金等の労働条件及び身分保障の有無は，属性や意識等とちがってどちらかと言えば企業側の意向が反映されやすい事項であろう．従って，パートタイム労働者と臨時・日雇労働者がともにこれらの点で正規従業員との格差があらわれているのは，企業側の事情により，パートタイム労働者を臨時・日雇労働者と同様にいわゆる一般労働者と異なる労働者として位置付けたことによるところが大きいと考えられる（労働省情報解析課 1982: 6. 傍点は引用者).

　このように，パートタイム労働者は，「企業側の事情により」一般労働者とは異なる労働者として「位置付け」られ，その結果として両者の間に賃金や雇用の安定性などの格差が生じているものと理解されている．そしてこのような，報酬や雇用の安定性の格差を生み出す根拠となっている従業員の「位置付け」の違いを把握するためには，それぞれの勤め先における位置付けの違いを示す「呼称」を基準とするのがもっとも適切，かつ効率的な方法であると考えられることになるのである．

　このような流れの中で，1983年6月からは労働力調査特別調査に，「呼称」に基づく被雇用者の下位分類項目が正式に採用されることになる．被雇用者に関しては，まず従来通り雇用契約期間の有無と長短を基準として「常雇」「臨時雇」「日雇」の別が調査され，続いて「勤め先における呼称」が，「正規の職員・従業員」「パート・アルバイト」「嘱託など」「その他」のうちから1つを選択する形でたずねられるようになったのである．その後，選択肢の分離と新設等を経た後，現在では労働力調査の基礎調査票において「正規の職員・従業員」「パート」「アルバイト」「労働者派遣事業所の派遣社員」「契約社員」「嘱託」「その他」のうちから1つを選択する形で被雇用者の「勤め先における呼称」が調査されている．このほか就業構造基本調査にも，1982年調査よりこの項目が組み入れられており，現在では労働力調査と同一の形式で被雇用者の勤め先における呼称がたずねられている．

呼称を基準とした下位分類は何をとらえているのか

　以上でみてきたように，日本の雇用統計においては1980年を前後する時期

より，勤め先における「呼称」に基づく被雇用者の下位分類も追加的になされるようになった．この理由は「常用雇用のパートタイマーやフルタイム働く『パート社員』という人々が増えてきたからであり，従来の『常用雇用と臨時雇・日雇』という区分では雇用の実態を十分に把握できなくなったから」（久本 2010: 21）とまとめられるだろう．この問題について仁田道夫は次のように述べる．

> 結局，特定の定義を与えることが困難なのが日本のパートであり，統計をとる際に，具体的な定義を与えることなく，たんに呼称に着目して調べることが行われるようになった．（中略）結局，それが社会の現実を最もよく写し出すことに調査者が気づいたことになる．日本においては，パートとは，「パートタイマーないし類似の名称で呼ばれて正規従業員と区別した取り扱いがされている労働者」と考えるのが適切であることが示されている（仁田 2008: 57）．

「ひとびとが『パート』と呼んでいるものをパートタイム労働者としてとらえる」という以上の捕捉方法は，社会の構成員自身が作り上げた概念と分類基準にそのまま依拠しているという点で，パートタイム雇用に対する「社会構築主義的アプローチ」とも呼び得るものであろう．

では日本ではなぜ，韓国とは異なり，政府雇用統計にこのようなアプローチが採用されたのであろうか．この問題を考える上で再度確認しておくべきは，日本の雇用統計の従業上の地位項目における被雇用者の下位分類は，もともと職員と工員の区分，あるいは本工と臨時工の区分のように，実際の待遇・処遇における差別的な取り扱いを生み出す「従業員カテゴリーの違い」をとらえるためのものであったという事実である．呼称によるパートタイム雇用捕捉の試みもこの延長線上に位置付けられるものであり，それは単に短時間労働者を捕捉するためのものではなく，賃金水準や雇用の安定性等の面で正社員とは区別される人事管理上の従業員カテゴリーとしての「パートタイマー」を捕捉するためのものといえる．もちろんこのような呼称による把握は，日本では「疑似パート」と呼ばれる長時間パートタイマーが多く存在しており，またその賃金

が，同様に長時間はたらく正社員に比べてかなり低く，むしろ名実ともに「パート」である短時間パートタイマーのそれに近い（永瀬1994）——表現をかえていえば，実際の労働時間よりも人事管理上の従業員カテゴリーの違いの方が報酬決定に強く作用しており，その結果として生じる待遇の格差も著しく大きい——という状況において採用されたものといえよう．このような，待遇の格差を生み出す従業員カテゴリーの違いこそが，日本の政府雇用統計の従業上の地位項目において捕捉されるべき「被雇用者間の有意味な相違」であったと考えられるのである．

　韓国の経済活動人口調査では，それぞれ独立した別の質問によってとらえられているパート・アルバイト（短時間雇用），契約社員（臨時・有期雇用），派遣社員（間接雇用）が，こんにちの日本の労働力調査では「勤め先における呼称」という1つの質問によって，同一次元上においてとらえられており，たとえば「短時間雇用で，なおかつ間接雇用」といった重複的な回答はできない．この点からも，勤め先での呼称に基づく被雇用者の下位分類は，厳密な意味での雇用の短時間性，臨時性，間接性それ自体を問うものというよりも，あくまでそれらの違いと大まかに対応する形で設けられた「人事管理上の従業員カテゴリー」（いわゆる雇用区分）の違いを問うものであることが理解できよう[37]．

小　結

　以上のような経緯を経て，こんにちの日本と韓国では，政府雇用統計における非正規雇用の捕捉方式がたがいに大きく異なることとなった．韓国では現在，雇用の非持続性（臨時性），短時間性，非典型性（間接性など）という3つの基準によって，非正規雇用を多次元的に，また雇用の形態の違いを直接とらえるという方法がとられているのに対し，日本では「勤め先での呼称」を基準として被雇用者を正社員とそれ以外の従業員カテゴリーとに分類し，これを正規雇

---

[37]　こんにちでは社会調査においても一般に，詳細な定義を加えることなく，パート，契約社員，派遣社員等の選択肢のうちから1つ選ぶという形で対象者の従業上の地位が調査されている．これも同様のやり方で以上のような従業員カテゴリーの違いをとらえようとしているものといえるだろう．

用と非正規雇用の区分とみなすのが一般的である[38]．

　このような捕捉方法の違いを手がかりとしながら，日本と韓国における「非正規雇用」とはいったい何であるのか，さらには，それぞれの社会における正規雇用と非正規雇用との間の格差とはいかなる性格のものであるのかを再度整理しておこう．まず現在の韓国の政府雇用統計が捕捉しようとしている「非正規雇用」とは，雇用の臨時性，短時間性，非典型性のうちのいずれかにあてはまるという点で，一般的なそれとは区別される就業機会である．これらの非正規雇用と正規雇用の間には，賃金水準や退職金・ボーナスの有無などの格差が生じていることももちろんあるが，こんにちの捕捉方法に関していえば，それらの報酬や待遇の違い自体が非正規雇用捕捉の主たる目的ではなく，あくまで雇用の臨時性，短時間性，非典型性という，客観的な労働条件面からみた雇用の形態自体の把握に主眼が置かれているといえる．そして韓国では，このような 3 つの基準に基づく雇用形態の区分の境界線が，実質的な報酬や待遇の格差に着目して行う被雇用者の区分の境界線とは大きくずれてしまうために，非正規雇用の定義と捕捉方法に関して激しい論争が展開されることとなったのである．

　これに対し，日本の政府雇用統計における非正規雇用の捕捉も，「パート・アルバイト」「契約社員」「派遣社員」といったカテゴリーのラベルだけをみれば，このような雇用の臨時性，短時間性，間接性をとらえようとしているものと感じられるかもしれない．しかし，それらの区分が結局は「勤め先における呼称」に基づいているという事実からは，日本における非正規雇用の捕捉は，このような雇用の形態自体の違いの把握を直接の目的としているというよりも，「雇用の臨時性，短時間性，間接性を外形的な区分基準とし，そこに待遇・処遇の大きな格差が結び付けられた人事管理上の従業員カテゴリーの違い」の把握を一義的な目的としていることを理解し得る．特に 1980 年代におけるパートタイム雇用の捕捉方式の改編過程は，この点を如実に示してくれるものであった．

---

38) このような日韓間の相違自体の指摘は，これまでもチョンイファン（2007b）や高安（2010）などでなされている．

以上で示されたように，「非正規雇用」という同じ単語が用いられているにもかかわらず，この語を用いてとらえられている就業機会は，日本と韓国の間でかなり異なるものである．もちろんこのような日韓間の相違は，両国の雇用構造，特に「正規的」な雇用機会と「非正規的」な雇用機会の間の区分や格差の生じ方の違いに起因するものといえるだろう．本章でみてきたように，日本では「待遇の大きな格差をはらんだ従業員カテゴリーの区分」が，被雇用者の間の重要な「違い」であり続けてきた．このような従業員カテゴリーの区分の外形的な基準が，以前は職種（職員／工員の別）であったのに対し，その後は雇用契約期間（本工／臨時工の別）や労働時間（正社員／パート・アルバイトの別）へと変化してきたものととらえられる[39]．こうして日本では，雇用の臨時性や短時間性などの，純粋な「雇用の形態の違い」の問題と，それらを外形的基準として設定される「大きな待遇格差をはらんだ従業員カテゴリーの区分」の問題とが――擬似パートなどの例外を除いて――大まかには一致することとなった．このようにこれら2つの区分が大まかには一致するために――つきつめて考えれば両者は別の問題である可能性が存在するにもかかわらず――正社員とそれ以外の従業員とのカテゴリーの区分が，「正規雇用と非正規雇用の区分」として広く理解されるようになったものと考えられる[40]．

　もちろん，このような非正規雇用概念のある種の「読み替え」が自然に生じた背景条件として，正社員など「正規的」な従業員のカテゴリーと，それとはあきらかに区別される「非正規的」な従業員のカテゴリーとの人事管理上の区分が，日本では自生的に生み出され，当事者にとっても明確な形で社会に根付いていたという点は重要であろう．日本社会では，このような従業員カテゴリー区分の体系が広く普及し，標準化され，さらにはそれがはらむ待遇の格差も著しいものであったために――表現をかえれば，その区分を問うことにほとんど疑いが持たれないほど重要，かつ自明な「違い」として存在してきたために

39） 以上は直接雇用の従業員の区分に関する議論であり，派遣社員などの間接雇用についてはやはり事情が大きく異なる．
40） もちろんそれぞれの区分の境界線がぴったり重なり合うわけではないが，日本では後者の区分の方がより重要な問題であったため，政府統計においても，後者の区分の捕捉に主たる関心が置かれてきたものと考えられる．

――正規雇用と非正規雇用の区分としてこのような従業員カテゴリーの区分を捕捉することに対し，さしたる反論もなされてこなかったものと考えられる．

　一方韓国では管見の限り，「呼称」によって非正規雇用を把握しようとする試みはなされていない．韓国では，日本ほどには雇用の臨時性や短時間性を外形的基準とした従業員カテゴリーの区分がそこまで明確ではなかったということかもしれないし，あるいはそのようなカテゴリー区分が存在したとしても，その区分にそこまで大きな待遇の格差が結び付けられてはこなかったということかもしれない．この問題については，続く第5章においてさらに詳細な検討を加えていこう．

　政府雇用統計における「非正規雇用」の捕捉方法についての本章の考察を通じ，はからずも浮き彫りにされたのは，日本における「従業員カテゴリー区分」の特徴的な性格である．たとえば政府の雇用統計に，たかだか数個の選択肢の中から勤め先での呼称を選択するという質問項目が組み込まれ，大きな混乱や問題もなく全国的にその回答が可能になるという状況は，考えてみればかなり特殊なもののようにも思われる．これを可能としている「従業員カテゴリー体系の標準性」は，日本社会の大きな特徴であり，就業機会というポジションに基づく格差の問題を検討する上でもきわめて重要な検討対象であるように思われる．以降の章においてはこの「雇用の臨時性や短時間性等を外形的な基準として，そこに報酬等の待遇格差が強く結び付けられた従業員カテゴリーの体系」の性格について，それぞれのカテゴリーに対してひとびとが付与している「意味」にまで立ち入りながら，引き続き検討していくこととしたい．

5章
正規雇用／非正規雇用の区分と報酬格差
雇用形態の違いはどのような意味で格差の「独立変数」であるのか？

はじめに

　前章の分析を通じ，日本では「正規雇用」として位置付けられる従業員カテゴリーと「非正規雇用」として位置付けられるカテゴリーとが，当事者にとっても明確な形で区分されており，さらにそのような従業員カテゴリーの体系が強く標準化された形で社会に根付いているという事実があきらかになった．このような事実は，正規的な従業員カテゴリーと非正規的な従業員カテゴリーとの間で異なる水準の報酬が支払われるための，いいかえれば正規雇用と非正規雇用間に報酬の格差が生じるための，重要な前提条件であると考えられる．

　しかし，正規的な従業員カテゴリーと非正規的なカテゴリーとの区分が明確であったとしても，かならずしもそれらの区分が常に大きな報酬の格差をともなう，というわけではもちろんないだろう．同様に重要であるのは，それらの従業員カテゴリー，あるいは雇用形態の違いが，従業員間の報酬の差異化のためにどのように利用されているのか，という問題でもあるためである．このような問題意識から，本章では，これらの従業員カテゴリーの区分や雇用形態の違いが日本と韓国においてどのように用いられ，またそれにどのような報酬の格差が結び付けられているのか，あるいは結び付けられていないのかを，非正規雇用内部の多様性にも着目しながら実証的に検討していく．

　このための分析は，主に次の2つの方針に従って行っていく．第1に，正規

雇用と非正規雇用の間の報酬格差を検討する際，企業規模や職種など，就業機会に関する他の条件がもたらす格差や，それらとの相互関係にも留意して分析を行う．前にも指摘した通り，日本では正規雇用と非正規雇用の区分が，職種や企業規模などと独立，かつ同等の「独立変数」と想定されることが多く，実際の分析においても，正規／非正規雇用間の報酬格差の検討は，職種や企業規模間の報酬格差とはまったく別個の問題として行われる傾向がみられる．しかしこのような分析上の傾向は，もしかするとそれらの間の独立性が特に強い日本社会の現実を前提としたものなのかもしれず，それをそのまま韓国の分析にあてはめると，格差の実態を見誤ってしまうおそれもある．このため本章では，企業規模や職種などに基づく報酬格差との関係も十分に考慮しつつ，正規雇用と非正規雇用の区分がいかなる意味において報酬水準を左右する「独立変数」となっているのか，あるいはなっていないのかを見極めていく．

第2に，日本との比較の観点から，韓国における「非正規雇用」の性格を引き続き検討し，その知見をふまえた上で，正規／非正規雇用間の報酬格差の理解を進めていく．前章で示された通り，日本では雇用の有期性や短時間性を外形的な基準として「正社員」とは区別される，待遇の劣った従業員カテゴリーが設けられるようになり，これらの区分が「正規雇用と非正規雇用の違い」としてとらえられることになった．韓国においてもこのような「正社員とは区別される従業員」が一般的にみられるのかどうか，またそうであるとすればそれはどのような条件によって正社員とは区分される存在であるのか，といった問題を同時に考察していく．これにより，韓国における正規／非正規雇用間の報酬格差の性格を——そして非正規雇用のあり方が微妙に異なる韓国との比較を通じて日本における格差の性格をも——より適切に理解し得るものと期待される．

以上の方針に従って本章ではまず，企業規模との関係に焦点を当てながら，韓国の「非正規雇用」の性格をとらえ直す．その後，有期雇用・時間制雇用・間接雇用といった雇用形態が，韓国ではどのような経緯によって用いられるようになり，また正社員との間にどのような報酬の格差を伴ってきたのかを実証的に検討する．最後に，韓国の事例に関して得られた知見と比較しながら，日本における非正規雇用の各カテゴリーと報酬との結び付きについて考察し，そ

の特徴をあきらかにしていく．

1────韓国における非正規雇用の性格：企業規模との関係を中心に

1-1　経済活動人口調査の臨時・日雇

正社員との区別の結果ではない非正規雇用

　まずは，前章から持ち越された「雇用の安定性や退職金・ボーナスの有無といった実際の『待遇』に焦点をあてて捕捉された韓国経済活動人口調査の臨時・日雇とはいかなる存在であり，常雇との格差はどのように生じているのか」という問いの検討からはじめよう．このために有益であるのは，臨時・日雇の企業規模別分布への着目である．2000年代以降，韓国では非正規雇用の性格に関して多くの研究が積み重ねられてきたのであるが，これらの研究は，非正規雇用の規模や報酬水準のみならず，非正規雇用がどのような産業，職種，企業規模に多いのか，という分布の問題にも強く焦点を当ててきた．そしてこれらがあきらかにしてきたのは，韓国における非正規雇用，特に経済活動人口調査の臨時・日雇の分布は，企業規模ときわめて強い相関があるという事実であった．

　これらのうちチェギョンス（2001）とチャンジヨン（2001）の分析結果に基づき，経済活動人口調査の臨時・日雇の企業規模別分布，ならびに臨時・日雇から実際に雇用契約期間を定めているか，あるいは1年以上の継続雇用を期待できない就業者を除いた「長期臨時雇用」（前掲表4-4：C）の企業規模別分布を示したものが**表5-1**である．この表によれば確かに，従業員数1-4人の企業では臨時・日雇比率が9割近くに，5-9人の企業でも4分の3近くに達しており，臨時・日雇は零細・小規模企業で特に多いことがみてとれる．また「長期臨時雇用」についてもこの傾向は同様に認められ，全体での構成比をみても全体の6割以上が10人未満の，そして8割以上が30人未満の小企業に集中している．

　「従業員数5人未満の企業では被雇用者の9割近くが臨時・日雇として分類される」ということは，これらの零細企業のなかには統計上，常雇に分類され

表5-1　企業規模別にみる臨時・日雇，長期臨時雇用比率（韓国：2000年）

(％)

	1-4人	5-9人	10-29人	30-99人	100-299人	300人以上	全体
常　雇	10.8	26.7	47.5	67.1	81.3	86.4	48.0
臨時・日雇	89.2	73.2	52.5	33.0	18.7	13.6	52.0
合　計	100.0	100.0	100.0	100.0	100.0	100.0	100.0
長期臨時雇用比率	65.4	52.4	39.1	25.3	13.2	8.7	38.0
（構成比）	(36.8)	(23.4)	(20.3)	(13.4)	(3.3)	(2.8)	(100.0)

出所：チェギョンス（2001），チャンジヨン（2001）から再構成．

る従業員がまったく存在せず，すべての従業員が臨時・日雇からなる企業が少なからず存在しているということでもある．そしてこのような事実は，経済活動人口調査の臨時・日雇が必ずしも，同じ企業内の「正社員」との区別の結果として生み出された存在ではないことを示すといえる．たとえ彼ら／彼女らの雇用が不安定で，労働条件が望ましくないとしても，同一企業内に雇用のより安定的な，あるいは労働条件のより恵まれた従業員がほかには存在しない——すなわちその企業のすべての従業員の雇用が不安定で労働条件が望ましくない——場合も多いと考えられるのである[1]．

都市インフォーマルセクターと非正規雇用

　このように，韓国の臨時・日雇，あるいは「長期臨時雇用」として分類される就業者の雇用の不安定性や労働条件の劣悪さが，企業内における「差別的な取り扱い」の結果ではないとすれば，それはどのような要因によって生じたものと理解すればよいのであろうか．この問題を考える上で，チャンジヨンの次の指摘は示唆に富む．

> 雇用期間をあらかじめ定めていないものの，自らを臨時職あるいは日雇職と答えたもののうちもっとも多いのは，食堂やスーパーのような小規模事業場において，厨房の仕事や，配達，給仕などを行うひとびとなのだろう．学習誌教師[2]や保険販売員もここに含まれ，大多数の建設労働者もここ

---

1) 同様の指摘は後に挙げるチョンイファン（2007a）においてもなされている．

に含まれる．彼らは，知人の紹介でその仕事に就くこととなり，契約書もなしに仕事をはじめ，自分に特にあやまちがなかったとしても，「商売がうまくいかないから，来月からは別の仕事を探してくれ」という主人の言葉に従ったりもするようなひとびとである．彼らは，1年以上継続して働けるだろうと予想したり，またはすでに1年以上働いた経験を持つこともあるが，それでも雇用の不安はずっと持ち続けている場合が多い（チャンジヨン 2001: 78）．

このように，従業先が零細である場合，雇用契約が明確な形で結ばれず，また法的に定められた労働条件の基準が遵守されないケースも多いため，従業員が突然の解雇の危険にさらされ，結果的にそれらの雇用機会が「臨時・日雇」として分類される，というのが彼女の指摘の骨子である．

韓国では，日本の労働基準法に相当する「勤労基準法」が正当な理由なしに従業員を解雇することを禁じており[3]，またやむをえず解雇する場合も，少なくとも30日分の賃金を支払うことを義務付けている．しかし，これらの基準は，労働条件が良好な大企業の雇用慣行を反映したものであり，勤労基準法の施行後もこれらが厳格に守られたのは主に大企業に限られていた．韓国の勤労基準法は「ナショナル・ミニマムとしてではなく，目指すべきナショナル・スタンダードを示す旗印として機能した」（金 2001: 155）ものといえるのである．

実際こんにちにおいても，これらの基準の完全な適用は，常時5人以上の労働者を使用する事業体または事業場に限られており，零細企業は一部の条項の適用が免除されている．またこのほかにも，韓国の労働関連法規，あるいは雇用保険や国民年金などの社会保険制度には，零細・小規模企業に対する適用除外規定を持つか，あるいは過去に持っていたものが多く，零細企業には必ずしも厳密に適用されていない，というのが実情である．

---

2) 韓国では一般的に行われている学校外教育の1つであり，学習誌を購読契約している家庭に，発行元の業者が個人教師を定期的に派遣し，学習誌に基づいた指導を行う（訳注）．
3) 1990年代半ばの改正により，一定の要件を満たした場合に従業員の解雇を認める「整理解雇制」が導入されてはいるが，「緊迫した経営上の必要」がある場合に限られているなど，その条件はかなり厳しい．

このように韓国では，零細企業の支払い能力や経営体力が著しく低い場合が多く，それを追認する形で，労働基準や社会保険制度の零細企業への適用が徹底されないことも多い．零細企業に多い「臨時・日雇」の雇用の不安定性や社会保険加入率の低さはまさにこのために生じているものであり，さらに臨時・日雇の賃金水準の低さや，退職金・賞与金など各種手当支給比率の低さも同様に，零細企業における支払い能力の低さに起因するものと考えられる．このように韓国の経済活動人口調査の臨時・日雇とは，「中小・零細企業の労働条件が全体的に劣悪であり，このために労働者の大部分が統計庁によって臨時・日雇職と分類され」（チョンイファン 2007a: 338）た結果ととらえられるのである．

　このような零細企業と大企業との間の二重構造は，以前には，韓国経済の後発性や従属性ゆえに生み出された「非公式部門」（インフォーマルセクター）と「公式部門」（フォーマルセクター）間の懸隔として位置付けられてきたものである．この点で，ボーナス・退職金や社会保険への加入の有無などを基準として捕捉された「臨時・日雇」の労働条件の劣悪さは，都市インフォーマルセクターにおける労働条件の劣悪さとも性格が似通うものとして理解すべきなのかもしれない[4]．

1-2　労使政委員会の定義に基づく非正規雇用

労使政委員会の定義に基づく非正規雇用の分布

　従来韓国において「非正規雇用」ととらえられてきた経済活動人口調査の臨時・日雇が以上のような性格の存在であるとして，では，「より客観的な基準による直接的な定義」とも呼ぶべき，雇用の非持続性・短時間性・非典型性に焦点を当てた労使政委員会の新たな定義に基づく非正規雇用の場合はどうであろうか．まずはチャンジヨン（2001）の経済活動人口付加調査個票データの分析結果に依拠しつつ，その下位類型別に，新たな定義に基づく非正規雇用の企

---

[4]　実際横田（2012）は，韓国の非正規雇用，特に経済活動人口調査の臨時・日雇と，零細で雑業的な都市インフォーマルセクターにおける不安定雇用との連続性を指摘している．このほか近年の企業規模間格差の拡大傾向は，経済危機以降の大企業の市場支配力の上昇や，大企業と中小企業の間の従属的な下請関係を背景とした支払い能力の格差の拡大などにその原因が帰せられている（キムヨンミ・ハンジュン 2007）．

表5-2 下位類型別にみる非正規雇用の企業規模別分布(韓国)

(%)

		1-4人	5-9人	10-29人	30-99人	100-299人	300人以上	合計
男性								
正規雇用		4.6	9.3	19.2	27.1	16.1	23.8	100.0
非持続的雇用	長期臨時	32.4	27.2	21.7	12.8	3.8	2.8	100.0
	契約勤労	21.3	24.7	22.0	15.2	6.9	10.1	100.0
時間制雇用		38.1	25.0	18.3	9.9	2.6	6.0	100.0
間接雇用	派遣勤労	19.6	15.2	28.6	22.3	4.5	9.8	100.0
	請負勤労	8.6	20.9	28.7	23.5	8.6	9.7	100.0
特殊雇用	呼出勤労	31.8	35.5	21.4	6.6	2.1	2.8	100.0
	独立請負	17.8	18.0	24.7	22.8	10.3	6.3	100.0
	家内勤労	85.7	5.7	0.0	5.7	2.9	0.0	100.0
女性								
正規雇用		6.5	12.0	20.1	32.1	13.2	16.1	100.0
非持続的雇用	長期臨時	40.0	19.8	18.9	15.1	3.2	3.0	100.0
	契約勤労	41.7	18.4	16.5	13.5	4.3	5.6	100.0
時間制雇用		53.2	15.7	14.9	10.1	3.0	3.1	100.0
間接雇用	派遣勤労	32.8	12.8	24.8	17.6	5.6	6.4	100.0
	請負勤労	15.8	18.9	25.0	26.0	7.1	7.1	100.0
特殊雇用	呼出勤労	59.2	17.1	11.6	8.9	1.0	2.2	100.0
	独立請負	16.8	8.6	29.7	36.3	6.1	2.5	100.0
	家内勤労	82.6	5.1	8.1	3.2	0.9	0.0	100.0

出所:チャンジヨン(2001)付表2を一部変更し再構成.

業規模別分布をみてみよう(**表5-2**).この表の「長期臨時」は,前述のように,経済活動人口調査で臨時・日雇と分類されながら,労使政委員会の定義では非正規雇用に該当しない被雇用者であり(前掲**表4-4: C**),また「正規雇用」は,非正規雇用のいずれの下位類型にも該当しない被雇用者である.

　この表に基づけば,「正規雇用」の零細・小規模企業(1-29人)比率(構成比.以下同様)は男性で33.1%,女性で38.6%となる.これを基準としてみると,まず雇用契約期間が1年未満であるか,1年以上の継続勤務が期待できない「契約勤労」の零細・小規模企業比率は男性で68.0%,女性で76.6%であり,「長期臨時」の零細・小規模比率(男性81.3%,女性78.7%)よりは若干低いものの,それでも正規雇用の零細・小規模比率に比べれば際立って高い.この他,

時間制雇用や間接雇用についても同様に零細・小規模企業比率が高く，特に時間制雇用の場合は男女ともに8割を超えている．以上のデータに基づけば，韓国では，実際の待遇に焦点を当てて捕捉された経済活動人口調査の臨時・日雇のみならず，雇用の非持続性・短時間性・非典型性を基準とした新しい定義に基づく非正規雇用の場合も，零細・小規模企業に集中する傾向があるといったん結論付けられよう．新しい定義に基づく非正規雇用にも，書面を通じて労働条件が明確に定められるような，正社員との区別の結果として生み出された不安定・非典型な雇用機会ばかりでなく，同一企業内に他に「正規的」な従業員がまったく存在しないような（零細・小規模企業に多い）不安定・非典型雇用が少なからず含まれているものと考えられるのである．

根本的な規定要因は雇用形態なのか企業規模なのか？

　以上のような「非正規雇用の分布が企業規模と強く相関している」という事実の確認は，さまざまな労働条件の格差をもたらす根本的な要因が本当に正規雇用と非正規雇用の区別であるのか，それとも企業規模の相違こそがそのような根本的要因であるのかを問い直そうとする動きにもつながった．チョンイファン（2007a）は，この問題を検討した貴重な研究事例である．

　チョンは，韓国社会では非正規雇用問題が大きな関心を集めており，「正規雇用と非正規雇用の間の差別が韓国の労働市場における中心的な不平等問題である」との認識が広く浸透していることを指摘した上で，同時に次のように述べる．

> 韓国では1987年前後を契機として労働市場が分節化されたという点で，学界の大まかな合意がなされている．そして労働市場の分節化に従い，労働市場における不平等も重要な問題として提起されたのであるが，この時提起された不平等は企業規模間の不平等であった．しかし通貨危機以後には，雇用形態間の不平等がより大きな問題であると考えられている．仮にそうであるとすれば，過去には「どの会社に」雇われているかが重要であったのに対し，いまや「いかなる雇用形態で」雇われているかが重要になったことになる．しかし本当にそうであるのかそれほど厳密には分析され

てこなかった（チョンイファン 2007a: 335）．

　このような問題意識から，チョンは雇用の非持続性・短時間性・非典型性を基準とした労使政委員会による非正規雇用の定義を用いた上で，正規／非正規雇用の区分（雇用形態）と企業規模のどちらが，被雇用者の賃金水準（時間当たり対数賃金），ならびに社会保険（年金・健康保険・雇用保険）加入と退職金・有給休暇の有無に対してより強い影響を与えているのかを，政府統計調査と社会調査の個票データを用いつつ分析する．チョンはこの分析を通じ，性別，教育年数，経歴年数，勤続年数，産業，職業，労働組合の有無をすべて統制した場合，企業規模ダミー変数の効果の大きさは，雇用形態ダミー変数の効果の2-3倍程度に達することをあきらかにした上で，韓国の労働市場では，雇用形態の違いよりも企業規模の違いの方が，格差を生み出す要因としてより重要であると結論付けるのである．

正社員との「区別」の結果としての非正規雇用とその分析視角

　以上のように，韓国における「非正規雇用」は，実際の待遇に焦点を当ててとらえられた経済活動人口調査の臨時・日雇の場合も，雇用の非持続性・短時間性・非典型性を基準とした新たな定義に基づく場合も，そのかなりの部分が，零細企業における不安定で，労働条件の劣った雇用機会によって占められる．しかし通貨危機後の韓国において，正規雇用と代替される形で大きく増加したと指摘されるのは，このような「前近代的」とも位置付けられる非正規雇用ではなく，より「近代的」な非正規雇用，すなわち，書面等によって雇用の有期性や非典型性が明確に定められ，この点で正規の従業員とは区別される非正規雇用の方ではないかとひとまず考えられる．そして，日本の非正規雇用の性格をあきらかにする上でより適切な比較対象となるのは，やはり後者であろう．このように考えれば，本章の分析では，韓国の非正規雇用の中でも雇用の有期性・短時間性・間接性という点で同じ企業の正規の従業員とは「区別」される従業員に焦点を当て，それらの従業員がどのように用いられ，正規の従業員との間にどのような報酬格差が生じているのかを検討することが重要であると判断される．

もちろん本章でもすでに触れたように，韓国内の先行研究のうち，特に労使政委員会の新たな定義に基づく非正規雇用研究などは，このような問題を射程に入れたものといえる．しかし労使政委員会の非正規雇用の定義では，その構成要素の1つである「非持続的雇用」の中に，「雇用契約期間が明確に定められた雇用機会」のみならず，「雇用契約期間が明確に定められてはいないものの，特別な理由がなく，本人が望んだとしても継続勤務が期待できない雇用機会」まで含まれる．実際，先行研究が依拠する経済活動人口付加調査等では，1年以上の継続勤務が期待できるか否かについて調査対象者自身の判断がたずねられており，この質問に対する主観的判断がそのまま雇用の持続性の——そして結局は正規雇用であるか非正規雇用であるかの——判断基準として用いられている．先にチャンジヨンが挙げていたような，社長や主人にいつ「辞めてくれ」といわれるかもわからないような零細企業の従業員は，この質問に対して「継続勤務が期待できない」と答える場合も多いだろう．こうして労使政委員会の定義に基づく非正規雇用には，大企業などに多い「雇用契約期間が明確に定められた不安定雇用」のみならず，零細企業などに多い「雇用契約期間は明確に定められていないものの，持続的な雇用は期待できない不安定雇用」という，たがいに性格の異なる2つの不安定雇用が混在することになる[5]．労使政委員会の新しい定義に従う場合でも，非正規雇用が零細企業に多くみられたのは，このためと考えられる．

　以上の点を考慮し，韓国における「正社員とは区別される従業員」としての非正規雇用の性格を検討する以降の分析では，韓国内の多くの研究とは異なり，雇用契約期間が明確に定められたもののみを「有期雇用」ととらえ，それが明確に定められてはいないものの，「継続勤務を期待できない」という主観的判断を根拠とした不安定雇用はここに含めないこととする[6]．さらに韓国の非正規雇用は，日本の非正規雇用のように「自生的に生み出され，社会内において

---

5) ただしチョンイファンは，後者の非正規雇用も，企業内での差別ではないにせよ，社会的な差別の産物ととらえ，両者の共通性を指摘する（チョンイファン 2007a）．
6) 韓国では「有期雇用」が非正規雇用に占める比率が高いため，このような対象の限定が分析上持つインパクトも大きい．なおこのような対象の限定は，韓国の零細企業における不安定雇用問題の重要性を否定してのものではもちろんなく，純粋に分析の明晰さを確保するためのものである．

標準化された従業員カテゴリー」という性格がそれほど強くはない可能性もあることから，分析に際しても「正規雇用」と「非正規雇用」という二分法的な枠組みのみに依拠するのではなく，有期雇用・時間制雇用・間接雇用といった下位類型間の差異も視野に入れつつ，できる限り丁寧に分析を行っていくこととする．

次節以降では，以上の方針に従い，韓国における「正社員とは区別される従業員」の利用経緯と実態，ならびに正社員との報酬格差についてくわしく検討していこう．

2 ── 韓国における「正社員とは区別される従業員」

本節の分析対象と非正規雇用増加の背景要因

以降で分析対象とする「雇用の有期性等において同一企業内の正社員（正規の従業員）とは区別される従業員」は，就業先の企業に直接雇用されている「直接雇用の非正規雇用」と，直接の雇用関係を持たない「間接雇用の非正規雇用」に大別される．前者の「直接雇用の非正規雇用」は，有期雇用や短時間雇用など，正社員と同一の雇用主に雇われながら雇用契約期間や労働時間の面で正社員とは区別される従業員であり，韓国ではこのうち有期雇用の比重がかなり大きい（キムジュイル 2003 など）．また「間接雇用の非正規雇用」の代表的な形態は派遣雇用であるが，後に詳述する社内下請などもこれに含められる．ここではまず，これらの非正規雇用の利用目的とその拡大を促した背景要因について確認しておこう．

これらの非正規雇用の利用目的について企業調査の結果をサーヴェイした尹（2005）によれば，企業の非正規雇用の活用理由としては「人件費節減のため」「労働力調節が容易なため」「一時的な業務量の変化に対応するため」などが挙げられる傾向が高く，韓国の企業は概して，人件費の節減，ならびに雇用のフレキシビリティ確保のために非正規雇用を用いているものと考えられる．このような事実は他の研究でも広く指摘されており，また日本の状況ともかなり似通っているといえるだろう．

ただし，これらが韓国企業の非正規雇用利用の主な目的であるとしても，近

年の非正規雇用の増加を説明するためには，韓国の企業に，非正規雇用の利用を以前よりも拡大させた背景要因にも着目する必要があるだろう．このような背景要因としてまず挙げられるのが，1997年に生じた通貨危機である．韓国では通貨危機とその後のドラスティックな構造改革によって多くの企業が倒産したり，吸収合併されるなどし，存続し得た企業もこれまで以上に市場の変化に迅速に対応し，競争力を高め，利潤を上げていくことが要請されるようになった．また韓国政府も，緊急融資を受けたIMFの支援条件の一環として，整理解雇制や派遣労働制の導入をはじめとする労働市場の流動化政策を実施し，非正規雇用の利用を促進した（尹 2005）．このような状況において，韓国の非正規雇用は急激に拡大したものと考えられるのである．

ただし韓国社会には，通貨危機以前の時期にも，結果的に非正規雇用の大幅な拡大を招いた重要な背景要因が存在する．それが1980年代末の「労働者大闘争」とこれを契機とした労働者の労働条件の改善である．権威主義体制下の韓国では労働運動が厳しく制限されていたのであるが，87年の民主化宣言とともにそれが解禁され，韓国全土の企業で激しい労使紛争が生じた．これらの紛争により，賃金の大幅な上昇とその他の労働条件の目ざましい改善がもたらされ，また同じ時期に生じた内部労働市場の拡大とも相まって，労働者の雇用安定性は大きく高まった．しかし雇い主側からみれば，これらの変化は人件費の上昇と雇用のフレキシビリティの低下に他ならない．当時の経営者にとって，このような変化に対する雇用管理上の対応策の1つが「臨時工や社内下請工など，賃金が低く容易に解雇できる労働者の雇用を増やすこと」（チョンイファン 1992: 105）であったのである．

確かに韓国の企業においては，この80年代末の「労働者大闘争」を契機として，非正規雇用の利用が大きく拡大したようである．この実態を，非正規雇用の増加が特に目立った製造業ブルーカラーと金融業ホワイトカラーの事例をもとに，確認しておこう．

製造業生産職における非正規雇用：社内下請工を中心に

チョンイファン（1992）は，1980年代から90年代初頭にかけての時期の製造業大企業の非正規雇用について詳細な調査と考察を行った成果である．チョ

ンは生産現場における臨時工や社内下請工の利用実態について，政府統計や企業・労組に対する独自の調査を通じて詳しく検討し，その結果韓国の製造業大企業は，臨時工などよりも社内下請工を人件費削減の手段として主に利用しているという事実をあきらかにする．社内下請とは，生産・組立などの工程の一部業務を請負業者に委託し，その請負業者が労働者を組織し，発注元企業の社内においてその業務を遂行するものであり，日本の「構内請負」に相当する（朴 2011; 佐藤・木村 2002）．チョンは自身の手による調査等を通じ，1980年代以降，製造業大企業における臨時工や日雇工の数はほとんど変わっておらず，調査対象企業でもその数は非常に少ないのに対し，社内下請工は多くの企業が利用するに至っており，その数も大変多いという事実を示すのである．

　社内下請工は発注元企業内で働くとはいえ，発注元企業と直接の雇用関係を持たず，また派遣労働にも該当しないため，本来その命令指揮権は発注元企業ではなく請負業者が持つはずである．しかし実際には，社内下請工は発注元企業の従業員と混じって作業に従事し，発注元企業の従業員から業務に関する指示や監督を直接受けることも多くあった．このような社内下請制度は韓国の製造業者が以前よりある程度利用していたものであったため（シンウォンチョル 2003b），1980年代末の「労働者大闘争」を契機とする経営環境の変化に際しても，経営者側は従来用いていたこの社内下請を増やすことで，人件費を節約し，雇用のフレキシビリティを高めていったものと考えられる．ただしそれでも，韓国の社内下請工の比率は当時全従業員の数パーセントにすぎないことから，1960年代日本の臨時工・社外工の利用程度に比べればその比率ははるかに小さい，とチョンは結論付けている（チョンイファン 1992）．

　しかし1990年代以降，製造業における社内下請工の規模は急速に大きくなっていく．表5-3は，シンウォンチョルがまとめた造船業企業における従業員内訳の推移であるが，これをみると社内下請工の規模は，1990年時点では正社員の技能職と比べてかなり小さかったのに対し，90年代，2000年代を通じて大きく増大していることがわかる．特に通貨危機が生じ，経済的な混乱が続いた1990年代後半から2000年代前半までの時期には，正社員の技能職従業員数が減少している一方，社内下請工の数は2倍以上に増加しており，この時期，多くの企業が技能職の正社員を社内下請工によって代替してきたという事実が

表 5-3 造船業企業従業員の構成とその推移（韓国）
(人)

年	技術職	技能職	事務職	社内下請工	合計
1990	7,967	34,701	4,062	7,360	54,090
1995	11,775	39,236	7,333	18,986	77,330
2000	10,420	36,215	7,181	25,960	79,776
2005	12,081	35,750	7,042	49,831	104,704
2007	15,791	36,886	7,755	70,744	131,176

出所：韓国造船工業協会『造船資料集』各年版．シンウォンチョル（2009: 106）より再構成の上再引用．

うかがえる．また社内下請工は一貫して増加しており，シンも指摘するように，技能職正社員の社内下請工への代替は，単に労働力需要の変動に対応するためだけのものではなく，社内下請工を恒常的に用いることで人件費自体の削減をねらったものととらえられよう．正社員と社内下請工の間には，賃金水準面において，さらには各種手当，福利厚生制度・施設の利用権などの面においても大きな格差が存在しており（シンウォンチョル 2003c; 2009; チョソンジェ 2006 など），社内下請工を用いることによって，人件費の大きな削減が可能になったものと考えられるのである．

韓国製造業における社内下請工の性格

以上でみてきたように，「労働者大闘争」以降の韓国製造業では，主に社内下請という形をとりながら「正社員とは区別される従業員」が用いられていったといえるだろう．そしてこんにちの製造業においても依然として，社内下請工の比重は非常に大きい．経営者側からみて社内下請は，雇用のフレキシビリティを確保し得るのみならず，人件費の削減も見込め，また直接雇用ではないため労使紛争の影響を比較的受けづらいという長所を持つ雇用形態なのである．

ただし，社内下請はあくまで間接雇用であるため，原則的には直接の命令・指揮が行えないという限界が存在する．しかし現実には，本来禁止されているはずの発注元企業からの直接の命令・指揮が横行しており，社内下請が司法の場において「偽装請負」「不法派遣」と判断される例も少なくない[7]（脇田 2010 など）．また自動車大手 H 社の事例を検討したチョソンジェ（2006）は，同社

が用いている社内下請業者の社長のうち半数以上は同社の元社員であることを示しており，これらの社内下請業者が形式上は別法人であったとしても，発注元企業から完全に独立した存在ではないことがうかがえる[8]．

また近年の韓国製造業における非正規雇用問題は，この社内下請工をめぐるものであることも多い．たとえば，解雇の不当性を訴えて2012年秋より1年近く送電塔に籠城した現代自動車の2人の「非正規労働者」は，実際には社内下請の労働者であった．彼らは「全国金属労組現代自動車非正規職支会」に所属する組合員として，現代自動車に対して雇用の継続を訴えたのであるが，社内下請工たちはこのように——直接雇用されている請負企業のそれにではなく——実際の作業場である発注元企業労組の非正規職支会（あるいは社内下請支会）に所属し，発注元企業に対して待遇改善を要求することが一般的になっている．さらに製造業企業において近年実施されるようになった「非正規雇用の正規雇用転換」の中身も，実際には，これらの社内下請工に対して採用試験を課し，合格者を直接雇用の従業員へと転換する，という形であることが多い．以上のように，製造業大企業における社内下請とは，直接の雇い主こそ異なっているものの，実質的には発注元企業の従業員に非常に近い存在であるといえるだろう[9]．

社内下請工に対する発注元企業の直接の命令・指示は禁じられているため，本来であれば，社内下請工を発注元企業の従業員と同様に用いるのは難しいはずであるが，韓国では，大企業であってもこれらの基準が徹底した形では守られていなかったために，直接雇用の従業員よりも人件費は少なく済み，しかし

---

7) たとえば韓国の最高裁判所にあたる大法院は，2012年2月，現代自動車社の社内下請は，同社側からの直接の指示・命令がなされていることなどから，「偽装請負」にあたるとし，現代自動車との直接的な雇用関係を認める判決を下している（事件番号：2011ドゥ7076）．

8) 同様の知見は，造船業の社内下請の事例研究を行ったオムジェヨン（2006）においても示されている．また現代重工業の事例研究を行ったチョンイファン（1992）によれば，1987年以前には，現代重工業自身が請負業者を設立し，それに対して業務を発注する形も一般的であったという．

9) 実際社内下請業者は，特定の企業の社内下請を行うために便宜上設けられた経営体であることも多い．これらの下請業者は求人広告を出す際，「〇〇社（発注元企業）××工場社内協力業者求人」のように，発注元企業の名前を前面に出して行うことも一般的である．またこれらの下請業者は，法人格を取得していない個人事業主である場合も多く，特定の企業の下請業者という役割を離れての，経営体としての独立性は非常に弱いといえるだろう．

実際の「使い勝手」はそれほど大きく変わらない従業員として，社内下請工が恒常的に利用されてきたものと考えられる．このような「歪曲された間接雇用」（チョソンジェ 2006: 154）としての非正規雇用は，労働基準が遵守されていないために生じているという点で，零細企業に多くみられる「突然の解雇のリスクにさらされた不安定雇用」としての非正規雇用ともある程度共通した性格を持つといえよう[10]．

また，以上のように「正社員とは区別される従業員」として用いられてきた社内下請工の報酬は，正規の従業員にくらべてかなり低いのが一般的であるが，このような報酬格差は，直接の雇用主が異なることによって理由付けられているといえるだろう．企業規模間での報酬格差が大きな韓国において，「仕事の内容が似通っていても，直接の雇用主が異なれば報酬の水準も異なる」という一般的事実をその「根拠」としながら，社内下請工の報酬水準は正規の従業員よりも低く抑えられてきたものと考えられる．

ホワイトカラー職における非正規雇用：金融業の事例

次にホワイトカラー職における非正規雇用についてみてみよう．デスクワークを中心とするホワイトカラー職では，非正規雇用がどのような形で用いられてきたのであろうか．

結論的に述べれば，「1990 年代中盤に至ると，金融業を中心に期間制勤労者，無期契約職などの数が増加する傾向をみせはじめた」（韓国雇用労働部 2011: 1）と指摘されているように，ホワイトカラー職では，派遣労働などとともに，雇用契約期間を定めた直接雇用の従業員が多く用いられるようになっていった．金融業の事例研究に基づいて，このような非正規雇用の活用経緯と実態をみていこう．

シムグァンスク（1990）は，大手保険会社の非正規雇用の利用実態に関するケーススタディである．シムによれば，各保険会社は 1980 年代末より，特に女性の非正規雇用を増やしてきたのであるが，これを促した背景条件としては

---

10) 呉学殊は，非正規雇用問題の日韓比較を行うなかで，韓国における非正規雇用をめぐる問題の多くが不当労働行為によって生じている事実を指摘し，「不当労働行為さえなければ，韓国のかなりの労働問題は解決する」（呉 2006: 16）と述べる．

やはり当時の労使紛争の激化が挙げられている．この時期の激しい労使紛争の成果として，それまで男性に比べて賃金が低く，昇進・昇給の機会も限られていた女性従業員の待遇が大幅に改善し，また従来女性従業員に関して暗黙の了解とされていた「結婚時の退職慣行」が改められていったのであるが，これに対して経営者側は，人件費の削減とよりフレキシブルな労務管理を求めて，女性正社員を減らし，雇用期間の定めのある契約社員や派遣社員を増やしていったのである[11]．

ただしシムは同時に，派遣社員と，有期雇用である契約社員の用いられ方には若干の違いがあることを指摘してもいる．当時はちょうどコンピュータによる事務作業の電算化が急速に進んだ時期だったのであるが，派遣社員は主に，電算化によって必要となった端末操作業務の担当として用いられる場合がほとんどであった．これに対して，資料整理やデータ入力のような，従来女性正社員が行っていた補助的な単純事務作業は，契約社員によって担われた．実際，対象となったL社の事例では，1989年以降高卒女性正社員の新規採用が中止されており，その代わりに契約期間に定めのある女性契約社員が採用されるようになっているのである．また，新たに採用された契約職女性社員の業務と，それ以前に採用された女性正社員の業務はほぼ同一であると指摘されており（シムグァンスク 1990），このような事実も，女性契約社員と従来の女性正社員とが代替的な関係にあることを示しているといえよう．

次にこれらの契約社員・派遣社員の採用方式と待遇を確認しておこう．まず派遣社員に関して注意すべきは，合法的な労働者派遣を可能とする「派遣労働者保護法」が制定されたのは1998年のことであり，それ以前に存在していた人材派遣会社はすべて違法な存在であったという事実である（チェホンソプ 1990）．しかし実際には，「人材派遣会社が臨時雇用の労働者を採用し，一定期間の契約関係を結んだ顧客企業に臨時労働者を貸し出す」（シムグァンスク 1990: 20）ことが一般化しており，これらの労働者は派遣先の企業から直接指

---

[11] このほか銀行や証券会社等でも80年代末から90年代前半にかけて，契約社員を中心として女性非正規社員が急増したことが指摘されており（キムホウォン 1994），このようなホワイトカラー職における女性非正規雇用の増加傾向は，当時の韓国にある程度共通したものであったと考えられる．

揮・命令を受けているという点で，事実上派遣労働者としてのあつかいを受けていた．このように，当時の派遣労働は，製造業の社内下請などと同様，定められた労働基準が十分に守られないことによって生み出された雇用形態といえよう．ただし待遇に関してみると，シムが扱ったH社とL社の事例では，派遣社員1人あたりの月収は約25万ウォン程度であり，女性正社員の月給と比較しても若干低い程度にすぎなかったとされている．

一方契約社員は，営業所単位で随時採用され，1年ごとに雇用契約の更新がなされる従業員であった．彼女たちは女性正社員とほぼ同一の業務を担いながら，賃金水準は正社員の6割程度にすぎず，諸手当やボーナスの水準も低かった．この点で金融業における女性契約社員は，雇用契約期間の有無を直接の区分基準として，そこに報酬の格差も結び付けられた「正社員とは区別されるカテゴリーの従業員」としての性格を持つものと位置付けられよう．

その後も金融業では，契約社員などの有期雇用の利用が一般化していったようである．表5-4はキムヨンドゥが金融業界における主な非正規雇用類型を業種・職種別に示したものであるが，彼の整理によれば，銀行，証券業ともに非正規雇用の主な雇用形態は，窓口係などにおける「契約職（有期雇用）」となっている．保険業の場合は，保険外交員の「特殊雇用」が主要な雇用形態となっているが，やはり支店総務・経理など多くの事務職種は「契約職」によって担われている．これに比べれば，時間制・アルバイトによって担われる職種は非常に少なく，間接雇用も，派遣は電算オペレータ，IT，事務補助，また請負雇用（用役雇用）も掃除や警備など特定の業種に限られていることがわかる[12]．以上の事実をふまえれば，主にホワイトカラー職からなる金融業において用いられていた非正規雇用の形態は，製造業におけるそれとは，かなり異なっていたものといえるだろう．

大企業非正規雇用の内部構成：1990年代初頭

本節の最後に，当時の企業アンケート調査の結果を通じて，この時期の韓国

---

12) キムヨンドゥによるこのような試みからは，韓国では，職種の違いに応じて非正規雇用の具体的な形態が異なっていると想定されていることも読み取れる．この点は，後に述べる，韓国における職種と非正規雇用利用との関連を考える上で大変興味深い．

表5-4 キムヨンドゥによる韓国金融業非正規雇用類型の整理

雇用形態		業種別／職務別		
		銀　行	証　券	保　険
直接雇用	契約職	窓口係，事務支援職，電算オペレータ，コールセンターオペレータ，請願警察	営業職，業務職，電算オペレータ，コールセンターオペレータ，技術（IT，運転），施設管理	支店総務／経理，電算オペレータ，コールセンターオペレータ，看護師，調査室長，秘書，請求支払，技術（IT，運転），医療審査
	時間制	出入金窓口係	？	？
	アルバイト	支店事務補助	？	？
	専門契約職	弁護士，税務士，会計士，ディーラー，投資開発	投資相談士	？
間接雇用	派　遣	電算オペレータ	IT，事務補助	IT，事務補助
	請　負	請願警察，警備，掃除	掃除，警備	掃除，警備
特殊雇用		債権回収	—	保険外交員

注：網掛けは当該業種の主要な非正規雇用形態，太字は当該業種における主要非正規雇用職務．クエスチョンマークも原文ママ．なお表中の「請願警察」は，事業主が費用を負担し，警備業務を担う警察官を指す．
出所：キムヨンドゥ（2007: 44）．

における非正規雇用の利用実態を簡単に確認しておこう．キムソンファン（1992）は，韓国労働研究院が1991年，首都圏の従業員100人以上の企業50社を対象として，「パートタイム」「派遣労働」「臨時職」という3つの非正規雇用の利用実態に関して行ったアンケート調査結果を分析したものである[13]．彼の分析結果によれば，対象企業における非正規雇用就業者の内訳は，男性（21.4％）よりも女性（78.6％）が，他の年齢層よりも20代（55.4％）が，既婚者（38.7％）よりも未婚者（61.3％）が多い（カッコ内はそれぞれの構成比．以下同様）．前述したように当時の韓国では，新卒の事務職女性正社員を，女性契約社員によって代替する動きがみられたのであるが，以上の結果もこのような傾向を反映したものと考えられる．また職種別の分布をみると，事務職（55.4％）がもっとも高く，これに生産技能職（30.3％），販売・サービス職（8.5％），単純労務職（5.8％）が続いており，雇用形態別にみると，臨時職（74.9％）が，

---

13) 製造業に多くみられる「社内下請」は対象に含まれない点に注意する必要がある．

派遣（14.8％），パートタイム（10.3％）を圧倒して多い．社内下請を除いた場合，当時の韓国の比較的規模の大きな企業における非正規雇用としては，事務部門における臨時職（契約社員）が大きな比重を占めていたことがわかる[14]．

また非正規雇用への就業理由（複数回答）としてもっとも多かったのは「正規雇用に就けなくて」（50.6％）であり，「いつでもやめることができるので」（29.5％），「勤務時間が自由なので」（21.7％）等をはるかに上回っている．チョンイファン（2007b）は非正規雇用の日韓比較を通じて，日本では自発的な非正規雇用就業が多いのに対して，韓国では非自発的な就業が多いという事実を指摘しているが，韓国では1990年代初頭からすでに，非自発的な非正規雇用就業が多かったことがわかる．

このほか報酬に関しては，非正規雇用と正規雇用の賃金分布にはそれほど大きな違いがない．しかし，ボーナスと退職金に関しては非正規雇用の6割以上が「受け取れない」と答えており，またボーナスを「受け取れる」と答えた場合も，その7割近くが「正社員との間で支給割合が異なっている」としている．ボーナスや退職金を含めれば，やはり正社員との間には大きな格差が存在するといえるだろう．

以上本節では，雇用の有期性・短時間性・間接性などの基準によって「正社員とは区別される従業員」が，韓国の企業においてどのように利用されてきたのかを，非正規雇用が急増したとされる1980年代末からの時期における事例研究の結果等に基づき検討してきた．本節の分析からは，製造業では間接雇用である社内下請工が，また金融業では直接雇用の契約職がそれぞれ多いというように，「正社員とは区別される従業員」が韓国においてどのような形態をとりながら，どのように利用されてきたのかは，産業・職業によってかなりの程度異なっていたものと結論付けられるだろう．

---

14) ちなみにパートタイムは生産職（57.1％）でもっとも多いが，全体的にその数は少ない．また対象者の学歴水準は，高卒（55.0％），専門大卒（12.2％），四大卒（14.8％）と，当時の韓国社会の平均に比べればやや高い．

3 ──── 調査データを通じてみる韓国の非正規雇用と報酬格差

　前節の考察を通じてあきらかになった，1990年前後の時期における非正規雇用利用の特徴は，近年の韓国社会にも引き続き認められるものなのであろうか．また仮にそうであるとして，これらの特徴は，正規雇用と非正規雇用の間の格差のあり方にも何らかの影響を及ぼしているのであろうか．本節では，第3章でも用いた社会調査（KLIPS）データの分析によってこれらの問題を多面的に検討し，これを通じてこんにちの韓国社会における非正規雇用の実態と，正規雇用との間の格差の性格を理解していこう．

3-1　非正規雇用の分布とその性格

本節で用いるデータと非正規雇用の定義

　本節の分析には，KLIPS調査の第10次調査（2007年実施）データを用い，分析の対象は被雇用者に限定する[15]．またこれまでと同様，雇用の具体的な形態に着目し，有期雇用（雇用契約期間の定め有り），時間制雇用（パートタイム雇用），間接雇用（給与を派遣会社から受け取る派遣雇用，ならびに用役・請負会社から受け取る請負雇用）のいずれかに該当する被雇用者を非正規雇用ととらえる．ただし第1節の考察結果に基づき，有期雇用には，「雇用契約期間は定められていないものの，1年以上の継続勤務は期待できない」という主観的な判断を根拠とした不安定雇用は含めず，あくまで雇用契約期間が明確に定められている対象者のみをここでの有期雇用とする[16]．

　以降このように定義した非正規雇用の性格を，KLIPSデータを用いてさまざまな面から検討していくのであるが，まずは「書面による雇用契約比率」に

---

[15]　第3章では日本の若年・壮年パネルデータとの比較のため，分析対象ケースの年齢に制限を加えたが，ここではこのような年齢制限は加えない．また本節の分析では，後に述べる非正規職保護法の施行以前の非正規雇用の状況を検討するため，2007年のデータを用いることとする．

[16]　このように定義された非正規雇用の比率（対被雇用者全体）は，有期雇用が9.8%，時間制雇用が6.3%，間接雇用が5.5%（うち派遣が2.2%，請負が3.3%）となっている．なおこれらの下位類型は相互背反ではなく，重複して該当するケースも存在する．これらのいずれかに該当する「非正規雇用」比率は被雇用者全体の16.1%である．

表5-5 文書による雇用契約の有無（韓国：被雇用者下位類型別）

	雇用契約文書の有無			
	有　り	無　し	合　計	N
非正規雇用全体	48.7%	51.3%	100.0%	659
有期雇用	74.9%	25.1%	100.0%	398
時間制雇用	18.5%	81.5%	100.0%	259
間接雇用	41.6%	58.4%	100.0%	226
うち派遣	30.4%	69.6%	100.0%	92
うち請負	49.3%	50.7%	100.0%	134
被雇用者全体	24.6%	75.4%	100.0%	4,078

注：非正規雇用の下位類型は相互排反ではない．以下同様．
出所：KLIPS10波調査データより筆者作成．

着目してみよう．表5-5は，現在の雇用契約を文書を通じて交わしたか否かを，非正規雇用の下位類型別に示したものである．この表をみると，文書の形で雇用契約を交わした比率は，被雇用者全体では約25％であるのに対し，有期雇用のそれは約75％と非常に高いことがわかる．ただし同じ非正規雇用でも，間接雇用では4割強，パートタイムでは2割弱となっており，非正規雇用の下位類型ごとに非常に大きな違いがあることがわかる．文書による雇用契約の有無が，雇用契約の一種の「正式さ」を表しているとすれば，契約期間が明確に定められた有期雇用ほどその程度が高く，より正式な形で雇用契約が結ばれているといえる．これに比べれば，パートタイムはこの程度が低く，いわゆる口約束で雇用契約が結ばれる傾向が強いといえよう．

企業規模別にみる非正規雇用比率

次に，非正規雇用の企業規模別分布をその下位類型別に確認しておこう．表5-6は，被雇用者中の非正規雇用比率を企業規模別に示したものであるが，この表によれば，被雇用者中の非正規雇用（全体）比率は，零細・小企業よりも大企業においてやや高いといえる．ただしその差は数ポイントに過ぎず，それほど大きなものではない．

しかし詳細にみると，企業規模間での非正規雇用比率のパターンは，下位類型別に大きく異なっていることがわかる．たとえば有期雇用の比率は大企業において相対的に高く，零細企業において低い．これに対して，時間制雇用は零

表 5-6　被雇用者の企業規模別非正規雇用比率（韓国）

	非正規雇用（全体）	有期雇用	時間制雇用	間接雇用	N
1-4 人	12.8%	1.2%	9.8%	2.1%	571
5-9 人	12.8%	3.7%	5.6%	4.9%	486
10-29 人	17.5%	10.2%	4.1%	6.6%	587
30-299 人	17.1%	11.7%	3.2%	5.8%	917
300-999 人	20.1%	15.7%	2.9%	5.1%	313
1,000 人以上	17.4%	12.1%	2.7%	7.9%	661
官公庁	13.0%	11.1%	3.2%	1.3%	378
合　計	15.9%	9.3%	4.5%	5.1%	3,913

出所：KLIPS10 波調査データより筆者作成.

細企業でその比率が高く，大企業では低い．また間接雇用の比率は比較的均等であるが零細企業で若干低い．本章第1節で確認したように，先行研究を通じては，実際の待遇に着目した経済活動人口調査の臨時・日雇のみならず，具体的な労働条件としての雇用の非持続性・短時間性・間接性を直接の基準とした場合でも，韓国の非正規雇用は零細・小企業において多いことが示されていた．しかし雇用の継続可能性についての主観的判断に基づく不安定雇用を除き，あくまで雇用契約期間が明確に定められたケースのみに限ると，これまでの結果とは大きく異なり，韓国の有期雇用は，規模の大きな企業に特に多くみられるという事実があきらかになるのである．

　以上で示されたように，雇用契約期間が明確に定められた有期雇用は大企業に多く，また文書によって雇用契約を結ぶ傾向が強いのに対し，時間制雇用は逆に，零細・小企業に多く，明確な形で雇用契約を結ぶことが少ない．韓国の非正規雇用のうちでも，雇用契約期間が明確に定められた有期雇用は，いわば「近代的」な非正規雇用としての性格が強いことを改めて理解し得るであろう．もちろん実態として非持続的な不安定雇用は零細・小企業でも多いのであろうが，零細・小企業では一般に雇用の流動性が高く，また前述のように従業員の解雇も事実上容易に行われるために，これらの事業体ではあえて文書等を通じて雇用契約期間を明確に定めるのではなく，それを定めないまま口約束で採用し，必要がなくなれば解雇する，という形で雇用量の調整がなされているのではないかと推測される．

表5-7 被雇用者の職種別非正規雇用比率（韓国）

	非正規雇用（全体）	有期雇用	時間制雇用	間接雇用	N
管　理	9.1%	7.6%	0.0%	1.5%	66
専　門	10.5%	9.1%	2.8%	0.8%	507
技術・準専門	9.8%	7.7%	2.1%	0.7%	613
事　務	10.9%	9.4%	2.1%	0.8%	723
サービス	21.0%	5.7%	13.7%	4.0%	300
販　売	24.8%	8.4%	10.9%	12.2%	238
農林漁業	25.0%	14.3%	7.1%	7.1%	28
技　能	13.6%	6.7%	3.4%	5.2%	655
操作組立	12.8%	9.2%	3.2%	2.3%	444
単純労務	37.5%	16.2%	9.3%	22.7%	493
その他・DKNA	6.7%	6.7%	0.0%	0.0%	15
合　計	16.1%	9.1%	4.7%	5.2%	4,082

出所：KLIPS10波調査データより筆者作成．

職種別・性別にみる非正規雇用比率

次に職種別の非正規雇用比率をみてみよう（**表5-7**）．やはり職種別の非正規雇用比率は，その下位類型ごとに大きな違いがあり，時間制雇用は，サービス（13.7%），販売（10.9%），単純労務（9.3%）において高い．サービス・販売職は，1日のうちの業務量の時間帯による変動が大きいため，これらの職種では時間制雇用が多くなるものと考えられる．また有期雇用は，農林漁業と単純労務を除けばその比率が概して10%弱となっており，職種による違いが比較的小さい．

一方，間接雇用は単純労務職（22.7%）で圧倒的に多く，それに販売，農林漁業，技能職が続く．単純労務職は，企業が清掃業務などを外部業者に委託する傾向が強いため，また販売職はデパートやスーパーマーケットにおいて商品納入企業が販売促進を兼ねて販売員も派遣する傾向が強いため（キムスニョン2006），それぞれ間接雇用が多いものと思われる．技能職における間接雇用の高さ（5.2%）は，前述した製造業における社内下請利用の結果とみることもできるが，間接雇用の内訳をみると派遣雇用（3.2%）の方が請負会社雇用（2.0%）より多く，韓国の製造業において一般化している社内下請のすべてがこの調査で捕捉されてはいない可能性もある．この点には十分な注意が必要であろう．

さらに性別による非正規雇用比率をみると（**表5-8**），非正規雇用全体では男

表 5-8 被雇用者の性別非正規雇用比率（韓国）

	非正規雇用（全体）	有期雇用	時間制雇用	間接雇用	N
男　性	12.9%	8.5%	2.0%	4.8%	2,603
女　性	21.8%	10.3%	9.5%	5.9%	1,479

出所：KLIPS10 波調査データより筆者作成.

性が 12.9％，女性は 21.8％と，女性の方が若干高い．下位類型別にみると，時間制雇用では男性の 2.0％に対して，女性は 9.5％と 7 ポイントほどの差異が生じているものの，有期雇用は男性 8.5％，女性は 10.3％と 2 ポイント弱の違いしかなく，間接雇用では男性が 4.8％，女性が 5.9％とさらに差が小さい．非正規雇用比率の男女間での相違は，日本に比べればかなり小さいといえるだろう．

また紙幅の都合上結果の提示は省略するが，有期雇用，時間制雇用，間接雇用であるか否かをそれぞれ従属変数とし，年齢，性別，学歴，企業規模，職種を独立変数とする二項ロジットモデルの推定を行った結果，これまで指摘してきた変数の影響は同様に認められた．この結果から，以上の変数の影響は，他の変数を統制した場合でも認められる独自の効果であるといえよう[17]．

3-2　正規／非正規雇用間報酬格差の分析

雇用形態の違いが賃金に与える影響の分析

では，以上のような特徴をもった韓国の非正規雇用には，正規雇用との間にどのような報酬の格差がどの程度存在しているのだろうか．その下位類型ごとの相違にも着目しつつ，さまざまな角度から，くわしく検討していこう．まずは，時間あたり賃金の重回帰分析を通じ，賃金の格差について考察する．ここでの回帰モデルの従属変数は時間あたり賃金の対数値とし，独立変数には年齢，年齢二乗，学歴，企業規模，職種，さらに非正規雇用の下位分類別に有期雇用ダミー，時間制雇用ダミー，また間接雇用を細分した派遣雇用ダミーおよび請負雇用ダミー変数[18] をそれぞれ組み入れる．なお各下位類型の該当ケースを

---

17) ちなみに学歴の影響についてみると，有期雇用に関しては学歴が高いほど概してその比率が高いものの，時間制雇用や間接雇用については明確な傾向がみられなかった．
18) これらの非正規雇用の下位類型は（派遣雇用と請負雇用の関係を除いて）相互排反ではない

十分に確保するため，これまでの分析と同様，分析対象に年齢の制限は加えない．

表5-9 はこの結果を示したものであるが，まず男性（全職種対象）についてみると，非正規雇用であることが賃金水準に及ぼす効果は，下位類型ごとに大きく異なっていることがわかる．4つの非正規雇用ダミー変数のうち，有意な効果を持つのは有期雇用ダミー変数と請負雇用ダミー変数であり，推定された係数を基にすれば，他の条件が等しい場合，それぞれの雇用形態にあることで17.5%，あるいは30.9%賃金が下落することになる．その一方，時間制雇用と派遣雇用ダミー変数には有意な効果がみられない．

ただし，韓国では職業・産業によって非正規雇用の利用経緯や主に用いられている雇用の形態が異なる，という前節の分析結果をふまえると，非正規雇用の下位類型ダミー変数が賃金に与える影響も職種に応じて異なっている可能性がある．これを確かめるため，対象ケースをホワイトカラー職従事者とブルーカラー職従事者に分割して別途行った分析の結果も表5-9 には示している[19]．この結果をみると，まずブルーカラーの男性に関しては，有期雇用と請負雇用のみならず，時間制雇用にも負の有意な効果が認められ，これらの雇用形態にあることによって，賃金が大きく下落することがわかる．たとえば，他の条件が等しい場合でも，有期雇用であることによって，無期雇用よりも賃金が21.5%低くなることになるのである．

一方ホワイトカラーの男性のみを対象とした結果をみると，これらの非正規雇用ダミー変数の効果はかなり異なっている．たとえばブルーカラーのみを対象とした場合に負で有意であった変数のうち，有期雇用ダミー変数と請負雇用ダミー変数には10%水準においても有意な効果が認められなくなっている[20]．また時間制雇用ダミーには逆に，10%水準で正の有意な効果が認められる．より細かく職種をみてみると，時間制雇用のホワイトカラーには大学教員（非常

　　ことから，それぞれを独立したダミー変数としてモデルに組み入れる．なお請負雇用ダミー変数は，請負（用役）会社に雇用されている場合に1の値をとる．
 19)　ここでは韓国における職業・産業構造の特徴（有田2006）を考慮し，「ホワイトカラー職」には販売・サービス職は含めず，これらは「ブルーカラー職」に含めた．なお農林漁業従事者とその他・DKNA はどちらにも含めていない．
 20)　ただし係数推定値自体はいずれも負の値となっている．

勤講師）や塾講師など，専門職の中でも比較的高収入の職種が多く含まれており，このために時間制雇用ダミー変数には正の有意な効果が現れたものと考えられる．

　次に女性を対象とした結果をみると，男性の結果とはやや異なっていることがみてとれる．全職種を対象とした場合，非正規雇用ダミー変数群のうち，有期雇用ダミー変数と請負雇用ダミー変数に負の有意な効果が認められるものの，請負雇用ダミー変数の効果は男性にくらべてかなり小さい．また時間制雇用ダミー変数には，逆に正の有意な効果が認められるが，これは男性の場合と同様，時間制雇用のなかには比較的高収入の専門職種が含まれているために現れた結果と考えられる．職種別に行った分析の結果をみると，ホワイトカラーでは有期雇用ダミー変数が負の有意な効果をもっており，有期雇用であると賃金が22.8％低下することになる．その一方，ブルーカラーでは有期雇用ダミー変数に有意な効果が認められず，これも男性の場合とは異なり，他の変数を統制すると有期雇用と無期雇用の間に有意な賃金格差が存在するとはいえない．

　ちなみに，韓国の非正規雇用の分布は企業規模によっても大きく異なる点を考慮し，対象を中小企業（300人未満）就業者と大企業（300人以上・官公庁）就業者とに分けた分析も試みた（詳細な結果表の提示は省略）．その結果によれば，非正規雇用ダミー変数群の効果は概して企業規模間で似通っているものの，その程度は若干異なる．たとえば男性の場合，有期雇用ダミー変数，請負雇用ダミー変数に認められる負の効果は，中小企業（それぞれ-0.147と-0.318．以下同様）よりも大企業（-0.219と-0.492）において著しい．さらに大企業の場合は，派遣雇用ダミー変数にも負の有意な効果（-0.288）が現れている．また女性の場合，有期雇用ダミー変数の効果は，大企業（-0.238）では負で有意であるが，中小企業（-0.077）では有意ではないという結果となっている．

賃金分析結果から導かれる知見とその解釈

　以上の分析結果から，韓国の正規／非正規雇用間賃金格差に関しては「非正規雇用であることが賃金水準に及ぼす効果は，非正規雇用の下位類型間で大きく異なっており，またその効果は職種や性別の違いによっても異なっている」と結論付けることができよう．有期雇用，時間制雇用，間接雇用などの非正規

表 5-9　時間あたり賃金の

男　性	全職種対象		ホワイトカラー		ブルーカラー	
	B	SE	B	SE	B	SE
年　齢	0.094 ***	0.006	0.090 ***	0.010	0.092 ***	0.008
年齢二乗	-0.001 ***	0.000	-0.001 ***	0.000	-0.001 ***	0.000
学歴（ref: 中学以下）						
高　校	0.192 ***	0.033	0.343 ***	0.098	0.125 ***	0.037
専門大	0.239 ***	0.041	0.433 ***	0.100	0.129 *	0.050
四　大	0.339 ***	0.039	0.506 ***	0.097	0.270 ***	0.051
大学院	0.531 ***	0.054	0.692 ***	0.102	0.248	0.170
企業規模（ref: 1-4 人）						
5-9 人	0.141 ***	0.039	0.288 ***	0.069	0.094 *	0.047
10-29 人	0.168 ***	0.036	0.331 ***	0.061	0.113 *	0.045
30-299 人	0.280 ***	0.034	0.552 ***	0.056	0.144 ***	0.043
300-999 人	0.528 ***	0.043	0.729 ***	0.064	0.424 ***	0.060
1,000 人以上	0.670 ***	0.036	0.853 ***	0.057	0.610 ***	0.048
官公庁	0.541 ***	0.044	0.678 ***	0.063	0.548 ***	0.069
職　種						
管　理	0.742 ***	0.068	0.290 ***	0.062		
専　門	0.557 ***	0.049	0.152 ***	0.039		
技術・準専門	0.492 ***	0.043	0.112 ***	0.032		
事　務	0.383 ***	0.043	(ref.)			
サービス	0.305 ***	0.058			0.222 ***	0.061
販　売	0.255 ***	0.059			0.167 **	0.061
農林漁業	0.271 *	0.117				
技　能	0.344 ***	0.039			0.300 ***	0.040
操作組立	0.187 ***	0.042			0.170 ***	0.043
単純労務	(ref.)				(ref.)	
その他・DKNA	0.419 **	0.129				
有期雇用ダミー	-0.192 ***	0.036	-0.086	0.056	-0.242 ***	0.047
時間制雇用ダミー	-0.042	0.072	0.262 †	0.136	-0.239 **	0.084
派遣雇用ダミー	-0.022	0.074	-0.097	0.183	-0.008	0.080
請負雇用ダミー	-0.370 ***	0.063	-0.170	0.259	-0.333 ***	0.066
定　数	-3.094 ***	0.136	-3.148 ***	0.236	-2.735 ***	0.176
R^2		0.472		0.443		0.383
N		2,458		1,111		1,315

***$p<.001$, **$p<.01$, *$p<.05$, †$p<.1$.
出所：KLIPS10 波調査データより筆者作成.

160

回帰分析結果（韓国）

女　性	全職種対象 B	SE	ホワイトカラー B	SE	ブルーカラー B	SE
年　齢	0.034 ***	0.006	0.033 **	0.012	0.016 *	0.008
年齢二乗	0.000 ***	0.000	0.000	0.000	0.000 †	0.000
学歴（ref: 中学以下）						
高　校	0.204 ***	0.038	0.593 ***	0.120	0.154 ***	0.040
専門大	0.383 ***	0.050	0.791 ***	0.123	0.201 **	0.074
四　大	0.498 ***	0.050	0.876 ***	0.123	0.374 ***	0.086
大学院	0.806 ***	0.076	1.126 ***	0.135	0.523	0.392
企業規模（ref: 1-4人）						
5-9人	0.076 *	0.038	0.121 *	0.060	0.052	0.049
10-29人	0.077 †	0.040	0.149 *	0.060	0.062	0.052
30-299人	0.251 ***	0.036	0.387 ***	0.054	0.148 **	0.048
300-999人	0.365 ***	0.051	0.510 ***	0.069	0.257 ***	0.078
1,000人以上	0.427 ***	0.041	0.593 ***	0.058	0.235 ***	0.061
官公庁	0.409 ***	0.046	0.545 ***	0.060	0.141	0.092
職　種						
管　理	0.923 *	0.406	0.575	0.406		
専　門	0.429 ***	0.056	0.075 *	0.037		
技術・準専門	0.355 ***	0.054	0.004	0.038		
事　務	0.363 ***	0.051	(ref.)			
サービス	0.072	0.048			0.052	0.047
販　売	0.017	0.055			0.043	0.056
農林漁業	-0.056	0.141				
技　能	0.047	0.057			0.026	0.056
操作組立	0.052	0.061			0.044	0.060
単純労務	(ref.)				(ref.)	
その他・DKNA	―					
有期雇用ダミー	-0.169 ***	0.037	-0.259 ***	0.047	-0.023	0.058
時間制雇用ダミー	0.125 **	0.039	0.413 ***	0.079	0.016	0.044
派遣雇用ダミー	-0.063	0.072	0.190	0.236	-0.042	0.075
請負雇用ダミー	-0.113 †	0.066	0.099	0.239	-0.143 *	0.069
定　数	-1.971 ***	0.129	-2.125 ***	0.235	-1.396 ***	0.193
R^2	0.489		0.412		0.129	
N	1,426		771		646	

的な雇用形態にあったとしても，それによって賃金が有意に低下するか否かは，職種や性別によって，あるいはそれらと非正規雇用の下位類型との組み合わせによって異なってくるのである．

さらにいえば，このような非正規雇用の効果の下位類型間での違いは，正規の従業員の待遇改善を受けて生じた「正社員とは待遇面で区別される従業員の利用」が，それぞれの職種において主にどのような形で進んだかによってある程度までは説明されるように思われる．労働者大闘争以降，生産職において生じた「正社員とは区別される従業員の利用」は，主に間接雇用（社内下請工）の増加という形で進行した．また労働運動の結果としての生産職労働者の待遇改善は，主に男性労働者の多い重化学工業を中心に進んだことから，特にこれらの産業において社内下請工がひろく用いられるようになり，その結果，こんにちでも男性ブルーカラー職では，間接雇用の従業員と直接雇用の従業員の間に大きな賃金格差が存在しているものと説明され得よう[21]．

これに対してホワイトカラー職に関しては，金融業を中心に，有期契約の従業員の採用という形をとって「正社員とは待遇面で区別される従業員の利用」が進行した．このような有期契約社員の採用は主に女性従業員を中心としたものであったため，女性のホワイトカラー職において特に有期雇用と無期雇用の間に大きな賃金格差が生じているものと考えられる[22]．しかし「有期雇用であること」が賃金水準にあたえる効果は，同じホワイトカラー職でも男性の場合は有意なものではない．

このように，韓国社会では有期雇用，時間制雇用，間接雇用などの非正規的な雇用形態にあるからといって，必ずしも一様に賃金が大きく低下してしまうわけではないといえる．誤解を恐れずにいえば，人件費節減のために「正社員よりも待遇の劣った従業員」が用いられるようになった際，それぞれの業種や

---

21) また有期雇用と無期雇用間の賃金格差も，前章で確認したように，製造業においてはそれ以前の時期から「有期雇用か否かを基準とした従業員の差別化」が一定程度は生じていたため，と説明され得るかもしれない．

22) これに対して，派遣社員の導入は「正社員との地位・報酬の差異化」という目的よりも，電算職という「専門的技能を持つ人材の確保」という目的がより強い傾向があった．このような導入経緯が，派遣雇用に関しては一部を除いて有意な賃金格差が生じていない一因であるのかもしれない．

職種においていかなる雇用形態を利用しながらこのような「従業員の差別化」が進行したのかに応じて，正規雇用と比べて賃金格差の大きい雇用形態と，そうではない雇用形態との違いが生じているものと考えられる．具体的に述べれば，労働者の待遇が大きく改善されていった1980年代末以降の時期に，女性のホワイトカラー職では有期雇用が，また男性ブルーカラー職では間接雇用がそれぞれ「正社員とは区別される従業員」として主に用いられてきたことで，これらの雇用形態と正規雇用の間には，こんにちでも大きな報酬格差が存在しているものと解釈され得るのである[23]．このように韓国では，非正規的な雇用形態にあれば一律に賃金が下落するのでも，逆にまったく下落しないのでもなく，非正規的な雇用形態と，正規雇用よりも劣った水準の報酬との結び付きが背景条件や経緯に応じて「個別的」に生じているものと結論付けられるだろう[24]．

職場を通じた国民年金加入等に対する雇用形態の影響

では賃金以外の労働条件についてはどうであろうか．ここでは「職場を通じて国民年金等に加入しているか」，さらには「賃金以外の付加給付を受けたり，有給休暇などの制度を利用したりできるか」に関する格差についてみていこう．

まず国民年金に関してであるが，韓国の国民年金制度の下では1カ月以上雇用され，月の就労時間が60時間以上の被雇用者は，職場を通じて国民年金制度に加入し，保険料は労使間で折半されることとなっている．したがって学生アルバイトのようにごく短時間しか就業しない者を除けば，ほとんどの被雇用者が職場を通じて国民年金に加入しているはずである．しかし現実は，必ずしもそのようにはなっていない．これまでも述べてきたように，これらの原則が

---

23) もちろん両者の間の因果関係としては，逆の方向も考えられる．すなわち，それぞれの職種・業種においてもともと正規雇用に比べて報酬の低かった雇用形態が，人件費削減の必要に迫られた際に主に用いられた，という因果関係である．おそらく実際には，この双方向の因果関係が絡み合いながら作用し，正規雇用と特定の雇用形態との間の報酬格差が維持され続けたのではないかと考えられる．
24) 結果表の提示は省略するものの，第3章の分析ならびにこの後に行う日本の事例分析と合わせて，対象年齢を21歳から46歳までに限定した場合にも，やはり非正規雇用の下位類型ごとの賃金下落効果は，以上の分析結果とほぼ同様であることが確認されている．

表 5-10 職場を通じた国民年金加入有無の

男　性	全職種対象		ホワイトカラー		ブルーカラー	
	B	SE	B	SE	B	SE
年　齢	0.085 *	0.037	0.041	0.069	0.133 **	0.046
年齢二乗	-0.001 **	0.000	-0.001	0.001	-0.002 ***	0.001
学歴（ref: 中学以下）						
高　校	0.309 †	0.170	1.383 **	0.519	0.168	0.186
専門大	0.721 **	0.228	1.687 **	0.547	0.541 *	0.274
四　大	0.400 †	0.213	1.434 **	0.507	0.156	0.273
大学院	-0.412	0.302	0.526	0.545	1.626	1.257
企業規模（ref: 1-4 人）						
5-9 人	1.119 ***	0.190	1.434 ***	0.353	0.986 ***	0.232
10-29 人	2.036 ***	0.188	2.383 ***	0.344	1.890 ***	0.230
30-299 人	2.545 ***	0.183	2.642 ***	0.312	2.505 ***	0.232
300-999 人	2.897 ***	0.262	2.672 ***	0.383	3.303 ***	0.387
1,000 人以上	3.267 ***	0.228	3.324 ***	0.367	3.286 ***	0.301
官公庁	-0.558 *	0.241	-0.925 **	0.346	0.313	0.373
職　種						
管　理	1.615 ***	0.397	0.803 †	0.423		
専　門	0.565 *	0.273	-0.198	0.262		
技術・準専門	0.871 ***	0.239	0.066	0.223		
事　務	0.800 ***	0.242	(ref.)			
サービス	-0.505	0.323			-0.620 †	0.323
販　売	0.476	0.313			0.659 *	0.317
農林漁業	-0.476	0.694				
技　能	0.310	0.201			0.376 †	0.203
操作組立	0.856 ***	0.225			0.895 ***	0.227
単純労務	(ref.)				(ref.)	
その他・DKNA	-0.484	0.801				
有期雇用ダミー	0.715 **	0.228	-0.488	0.359	1.242 ***	0.294
時間制雇用ダミー	-2.588 ***	0.443	-3.274 ***	0.974	-2.136 ***	0.511
派遣雇用ダミー	-0.968 *	0.379	1.288	1.412	-1.184 **	0.418
請負雇用ダミー	-0.496	0.325	0.007	1.710	-0.647 †	0.343
定　数	-2.827 ***	0.812	-2.002	1.547	-3.804 ***	1.017
-2LL	2159.419		824.622		1272.737	
Nagelkerke R^2	0.460		0.479		0.429	
N	2,475		1,118		1,325	

***$p<.001$, **$p<.01$, *$p<.05$, †$p<.1$.
注：「—」は有効該当ケースが存在せず推定が行えなかったカテゴリー。
出所：KLIPS10 波調査データより筆者作成。

分析結果（韓国：二項ロジットモデル）

女　性	全職種対象 B	SE	ホワイトカラー B	SE	ブルーカラー B	SE
年　齢	0.018	0.045	0.078	0.090	0.094	0.062
年齢二乗	-0.001	0.001	-0.002	0.001	-0.001 *	0.001
学歴（ref: 中学以下）						
高　校	0.202	0.241	1.227 †	0.688	0.030	0.280
専門大	0.431	0.320	1.215 †	0.722	0.156	0.497
四　大	-0.252	0.320	0.453	0.705	0.558	0.574
大学院	-0.312	0.483	0.896	0.804	—	
企業規模（ref: 1-4 人）						
5-9 人	0.737 **	0.233	0.960 **	0.343	0.608	0.415
10-29 人	1.536 ***	0.245	1.105 **	0.356	2.186 ***	0.390
30-299 人	2.484 ***	0.242	1.995 ***	0.357	3.170 ***	0.383
300-999 人	2.300 ***	0.349	1.588 ***	0.456	3.330 ***	0.549
1,000 人以上	2.446 ***	0.280	2.091 ***	0.403	3.159 ***	0.445
官公庁	-0.882 **	0.295	-1.614 ***	0.364	1.954 **	0.646
職　種						
管　理	—		—			
専　門	0.891 *	0.362	-0.238	0.255		
技術・準専門	0.753 *	0.351	-0.439 †	0.260		
事　務	1.081 **	0.334	(ref.)			
サービス	-0.308	0.319			0.155	0.348
販　売	-0.717 *	0.353			-0.357	0.395
農林漁業	-0.540	1.141				
技　能	0.211	0.350			0.393	0.376
操作組立	0.759 *	0.381			1.052 **	0.407
単純労務	(ref.)				(ref.)	
その他・DKNA	—					
有期雇用ダミー	0.922 ***	0.266	0.283	0.343	1.467 ***	0.419
時間制雇用ダミー	-2.519 ***	0.335	-2.866 ***	0.553	-2.499 ***	0.433
派遣雇用ダミー	0.145	0.429	—		-0.333	0.446
請負雇用ダミー	0.478	0.408	-1.070	1.350	0.319	0.445
定　数	-0.888	0.914	-0.910	1.727	-3.631 *	1.416
-2LL	1286.830		636.091		566.583	
Nagelkerke R^2	0.512		0.490		0.503	
N	1,437		777		651	

徹底した形では守られていないためである．

　表5-10は「職場を通じて国民年金に加入しているか」を従属変数として行った二項ロジットモデルの推定結果である．この表をみると，やはり企業規模ダミー変数には非常に大きな効果が認められ，職場を通じた国民年金加入傾向（オッズ）は，零細企業に比べ中企業・大企業では概して10数倍から20数倍程度高いことがわかる．一方非正規雇用に関する変数をみると，時間制雇用ダミー変数に負の大きな効果が認められるのは当然としても，男性の一部のモデルでは派遣雇用・請負雇用ダミー変数にも負の有意な効果が認められ，これらの間接雇用であることによって，職場を通じた国民年金加入傾向は低下する．

　これに対して，有期雇用ダミー変数は，男女ともに全職種，ならびにブルーカラー職従事者を対象としたモデルにおいて，逆に正の有意な効果を持つ．すなわち雇用契約期間が定められている場合，その定めがない場合に比べて，職場を通じた国民年金加入傾向が有意に高まることになるのである．このような結果は一見予想に反するものではあるが，韓国の有期雇用は書面によって「正式に」雇用契約を交わす傾向が強いという事実を考慮に入れれば納得がいく．書面を通じて雇用期間を明確に定める，というフォーマルな形で雇用契約を結ぶ企業は，労働基準を遵守し，定められた通りに従業員を国民年金に加入させる傾向も強いものと考えられるのである．

　このほか健康保険，雇用保険，産業災害保険（労災）などへの職場を通じた加入の有無についても同様の分析を行った．詳細な結果表の提示は省略するが，これらの分析を通じてもやはり，時間制雇用は職場を通じた加入率が有意に低く，有期雇用は加入率が有意に高い，という同様の結果が示された[25]．有期雇用を捕捉する際，雇用の継続可能性についての主観的判断も基準の1つとして用いていた従来の研究によっては，有期雇用である場合は職場を通じた社会保険加入傾向も低いという傾向が示されることもあった．しかし主観的判断を基準に含めず，雇用契約期間が明確に定められたケースのみを有期雇用として定義した場合，以上のように，それとはまったく異なる結果が現れることにな

25）　間接雇用に関しては，女性の場合請負雇用に正の，男性の場合派遣雇用に負の効果が一部モデルに認められる．ただし，それらの効果は時間制雇用や有期雇用に比べて概して小さい．

るのである．

その他のベネフィットに対する雇用形態の影響

　次に，退職金やその他の付加給付における格差についてみておこう．この KLIPS では勤労基準法によって1年を超えて雇用した場合に支給が義務付けられている「法定退職金」，それに加えて企業が独自に支給する「累進退職金」，さらには「食費補助」「（子どもの）学費補助」「住宅購入積立補助」「慶弔見舞金」などを受け取れるかどうか，あるいは「有給休暇」，「育児休職」，「病気休暇」などを利用できるかどうかが，それらの制度自体の有無とともにたずねられている．ここでは，法定・累進退職金，有給休暇，食事・学費補助に関して，勤め先における制度の有無とその利用可能性を，非正規雇用の下位類型別にみていく（表5-11）．

　この表からまず読み取れるのは，時間制雇用の就業者が「これらの制度自体が存在しない」と答える比率は他の下位類型に比べて高く，また制度が存在する場合もそれらを利用できる比率はあきらかに低い，という事実である．たとえば有給休暇に関してみると，時間制雇用の「制度なし」比率は86.6％と圧倒的に高く，制度がある場合も半数程度しかこの制度を利用できない．時間制雇用は，福利厚生制度が十分に整えられていない（おそらくは零細な）企業において多く用いられているという事実を改めて理解し得よう．

　これに比べれば，有期雇用，派遣雇用，請負雇用の「制度なし」比率は，被雇用者全体の水準とほぼ変わらないか少し低い程度であり，これらの福利厚生制度の整備程度が特段劣るわけではない．ただし，これらの制度の実際の利用可能性は，当該制度がどの程度普遍的な制度であるのかによって，2つのグループに大別できるようである．まず被雇用者全体で半数以上が「制度あり」と答えているような，韓国においてある程度一般化された制度の場合，有期・派遣・請負雇用であるからといって利用可能比率がそれほど大きく劣るわけではない．具体的には「法定退職金」「有給休暇」「食費補助」がこれにあてはまるが，これらの制度が「存在する」と答えた就業者の中での利用可能比率は，有期・派遣・請負雇用のいずれにおいても8割から9割に達しており，被雇用者全体の利用可能比率と比べてほぼ同水準か数ポイント低い程度にすぎない．ま

表5-11 付加給付・福利厚生制度の有無と利用可能性（韓国）

		有期雇用	時間制雇用	派遣雇用	請負雇用	被雇用者全体
法定退職金	制度なし	115 (31.4%)	152 (81.3%)	36 (44.4%)	59 (47.2%)	1,350 (33.7%)
	制度あり	251 (68.6%)	35 (18.7%)	45 (55.6%)	66 (52.8%)	2,653 (66.3%)
	得られる	223 〈89.2%〉	19 〈55.9%〉	38 〈84.4%〉	63 〈95.5%〉	2,543 〈96.4%〉
	得られない	27 〈10.8%〉	15 〈44.1%〉	7 〈15.6%〉	3 〈4.5%〉	95 〈3.6%〉
累進退職金	制度なし	288 (83.2%)	173 (95.6%)	66 (85.7%)	108 (92.3%)	2,815 (74.4%)
	制度あり	58 (16.8%)	8 (4.4%)	11 (14.3%)	9 (7.7%)	967 (25.6%)
	得られる	38 〈65.5%〉	0 〈0.0%〉	7 〈63.6%〉	7 〈77.8%〉	905 〈94.1%〉
	得られない	20 〈34.5%〉	1 〈100.0%〉	4 〈36.4%〉	2 〈22.2%〉	57 〈5.9%〉
有給休暇	制度なし	178 (50.1%)	162 (86.6%)	49 (59.0%)	87 (72.5%)	1,927 (48.6%)
	制度あり	177 (49.9%)	25 (13.4%)	34 (41.0%)	33 (27.5%)	2,034 (51.4%)
	得られる	157 〈89.2%〉	12 〈48.0%〉	29 〈85.3%〉	30 〈90.9%〉	1,938 〈96.2%〉
	得られない	19 〈10.8%〉	13 〈52.0%〉	5 〈14.7%〉	3 〈9.1%〉	76 〈3.8%〉
食事補助	制度なし	154 (41.6%)	106 (55.5%)	27 (32.5%)	69 (54.3%)	1,029 (25.4%)
	制度あり	216 (58.4%)	85 (44.5%)	56 (67.5%)	58 (45.7%)	3,025 (74.6%)
	得られる	201 〈93.5%〉	75 〈88.2%〉	53 〈96.4%〉	52 〈92.9%〉	2,961 〈98.3%〉
	得られない	14 〈6.5%〉	10 〈11.8%〉	2 〈3.6%〉	4 〈7.1%〉	51 〈1.7%〉
学費補助	制度なし	294 (83.1%)	180 (95.7%)	65 (83.3%)	121 (95.3%)	2,872 (73.5%)
	制度あり	60 (16.9%)	8 (4.3%)	13 (16.7%)	6 (4.7%)	1,033 (26.5%)
	得られる	34 〈56.7%〉	0 〈0.0%〉	8 〈61.5%〉	2 〈33.3%〉	900 〈87.4%〉
	得られない	26 〈43.3%〉	8 〈100.0%〉	5 〈38.5%〉	4 〈66.7%〉	130 〈12.6%〉

注：「わからない」「無回答」は除いた．なお（ ）は制度の有無の構成比を示し，〈 〉は「制度あり」のうち，それらを得られるか否かについての構成比を示している．
出所：KLIPS10波調査データより筆者作成．

た表には示していないものの,「病気休暇」と「慶弔見舞金」についても同じことがいえる.

しかし,被雇用者全体の「制度あり」比率が 2-3 割程度かそれ以下の,あまり一般的ではない制度については,被雇用者全体との間に,利用可能比率の大きな格差が生じている.表中では「累進退職金」と「学費補助」がこれにあたるが,これらの制度の有期・派遣・請負雇用の利用可能比率は,被雇用者全体と比べて 20 から 30 ポイント,場合によってはそれ以上に低い[26].有期雇用,派遣雇用,請負雇用の従業員は,非正規的な雇用形態にあることによって,これらの福利厚生制度の対象からは除外されているものと考えられる.

ただしここで注意しなければならないのは,これらの「あまり一般的ではない福利厚生制度」については,正規雇用であったとしても,勤め先に制度自体が存在しないため,その恩恵を享受できない場合も多いという点である.このことは,正規雇用と非正規雇用の間での制度の利用可能性の格差だけではなく,勤め先にこれらの制度が存在しているか否かの格差も同様に大きな意味をもつことを示唆する.後者の格差は企業規模とも強く相関することをふまえれば,韓国ではやはり,正規雇用と非正規雇用の違いのみならず,勤め先の企業規模の違いも就業者間の報酬格差をもたらす要因として重要であることを改めて理解し得よう.

4 ── 韓国との比較を通じてみる日本の正規／非正規雇用間格差

日本の非正規雇用の職種・企業規模別分布

以上の分析を通じ,韓国では非正規雇用の分布や,正規雇用と非正規雇用の間の報酬格差のあり方が,職種,企業規模別に,あるいは非正規雇用の下位類型別に大きく異なっているという事実があきらかになった.このような韓国の事例と比べた場合,日本の非正規雇用にはいかなる特徴を見出せるのであろうか.本節では,日本の非正規雇用の分布,ならびに正規／非正規雇用間の報酬格差について,これまでと同様,非正規雇用の下位類型や職種,企業規模等に

---

[26] このほか「育児休職」や「住宅購入積立補助」にも同様の傾向がみられる.

表 5-12 職種別非正規

	正規の職員・従業員	非正規の職員・従業員	パート	アルバイト
男　性				
管理的職業従事者	93.1%	6.9%	0.1%	0.1%
専門的・技術的職業従事者	87.3%	12.7%	1.0%	2.6%
事務従事者	84.6%	15.4%	1.7%	2.5%
販売従事者	82.0%	18.0%	2.2%	9.5%
サービス職業従事者	55.7%	44.3%	7.5%	25.7%
保安職業従事者	75.8%	24.2%	4.1%	8.1%
農林漁業従事者	58.1%	41.9%	7.1%	11.5%
生産工程従事者	82.4%	17.6%	3.2%	3.5%
輸送・機械運転従事者	76.1%	23.9%	4.0%	6.6%
建設・採掘従事者	81.3%	18.7%	1.2%	6.6%
運搬・清掃・包装等従事者	49.7%	50.3%	13.3%	17.6%
分類不能の職業	61.5%	38.5%	4.3%	16.5%
被雇用者全体	77.9%	22.1%	3.5%	7.5%
女　性				
管理的職業従事者	94.7%	5.3%	0.9%	0.0%
専門的・技術的職業従事者	67.4%	32.6%	16.7%	3.4%
事務従事者	53.8%	46.2%	24.3%	4.2%
販売従事者	31.1%	68.9%	41.0%	18.9%
サービス職業従事者	29.8%	70.2%	44.9%	15.1%
保安職業従事者	70.2%	29.8%	14.4%	7.7%
農林漁業従事者	39.4%	60.6%	26.8%	7.7%
生産工程従事者	31.5%	68.5%	50.0%	6.0%
輸送・機械運転従事者	47.2%	52.8%	31.9%	8.7%
建設・採掘従事者	63.4%	36.6%	12.4%	8.5%
運搬・清掃・包装等従事者	10.6%	89.4%	69.0%	10.1%
分類不能の職業	31.9%	68.1%	37.9%	14.1%
被雇用者全体	42.5%	57.5%	35.2%	9.1%

出所：「就業構造基本調査」平成 24 年データより筆者作成．

よる差異にも十分な注意を払いながら検討することで，この問題を考えていこう．

　まずは就業構造基本調査の 2012 年データを用いて，非正規雇用の分布をその下位類型別に確認してみよう[27]．**表 5-12** は，被雇用者の従業上の地位の分布を性別・職種別に示したものであるが，この表からは，日本ではやはり非正規雇用比率，ならびにその下位類型の分布が男女間で大きく異なっていること

雇用分布（日本：下位類型別）

労働者派遣事業所の派遣社員	契約社員	嘱託	その他	被雇用者合計（役員除く）	N (1,000人)
0.0%	1.8%	4.0%	0.9%	100.0%	219
0.8%	4.0%	2.5%	1.8%	100.0%	4,475
1.1%	4.7%	4.4%	1.0%	100.0%	4,815
0.4%	3.3%	1.9%	0.7%	100.0%	4,017
0.9%	6.6%	1.9%	1.7%	100.0%	1,938
0.0%	7.9%	2.8%	1.4%	100.0%	1,069
1.0%	6.2%	1.7%	14.4%	100.0%	363
3.0%	5.0%	1.7%	1.1%	100.0%	5,557
1.4%	7.3%	3.7%	0.9%	100.0%	2,093
0.0%	4.4%	1.5%	5.0%	100.0%	1,855
3.6%	10.4%	2.9%	2.4%	100.0%	1,920
5.3%	6.5%	2.0%	3.9%	100.0%	974
1.5%	5.3%	2.6%	1.8%	100.0%	29,292
0.0%	2.7%	0.0%	1.8%	100.0%	11
1.1%	5.4%	2.8%	3.1%	100.0%	4,259
5.6%	7.3%	2.5%	2.4%	100.0%	6,811
1.6%	5.4%	0.6%	1.4%	100.0%	3,150
1.1%	4.6%	1.7%	2.7%	100.0%	4,594
0.0%	3.9%	2.3%	1.5%	100.0%	66
1.0%	1.0%	0.3%	23.8%	100.0%	320
4.7%	5.1%	0.8%	2.1%	100.0%	2,275
1.3%	7.3%	2.2%	1.6%	100.0%	63
0.0%	4.8%	0.9%	10.3%	100.0%	44
2.9%	3.8%	1.0%	2.6%	100.0%	1,800
5.9%	5.8%	1.1%	3.3%	100.0%	853
3.1%	5.6%	1.8%	2.8%	100.0%	25,049

がわかる．たとえば男性の非正規雇用比率は2割強と低く，内訳をみても契約社員・嘱託などの有期雇用的なカテゴリーの比率が比較的高いのに対し，女性の非正規雇用比率は5割を超え，パート・アルバイトなど短時間雇用的なカテ

---

27) 第4章でも触れた通り，就業構造基本調査では，職場における呼称を基準として被雇用者の従業上の地位が捕捉されている．

表 5-13　企業規模別非正規

	正規の職員・従業員	非正規の職員・従業員	パート	アルバイト	労働者派遣事業所の派遣社員
男　性					
5-29 人	73.5%	26.5%	4.2%	14.0%	1.0%
30-299 人	76.9%	23.1%	4.2%	6.7%	2.3%
300-999 人	79.6%	20.4%	3.1%	5.0%	2.1%
1,000 人以上	81.6%	18.4%	2.5%	5.9%	1.6%
官公庁	88.7%	11.3%	0.9%	0.9%	0.3%
その他法人	73.6%	26.4%	5.6%	5.0%	0.6%
被雇用者全体	78.3%	21.7%	3.4%	7.2%	1.5%
女　性					
5-29 人	38.2%	61.8%	42.7%	13.1%	1.0%
30-299 人	36.3%	63.7%	42.0%	9.5%	4.9%
300-999 人	37.5%	62.5%	36.9%	9.6%	5.5%
1,000 人以上	35.5%	64.5%	37.0%	11.5%	5.1%
官公庁	59.7%	40.3%	14.9%	3.7%	1.1%
その他法人	56.4%	43.6%	28.2%	3.1%	1.3%
被雇用者全体	43.5%	56.5%	34.7%	8.7%	2.9%

注：規模不明は全体からも除外．
出所：「就業構造基本調査」平成 24 年データより筆者作成．

ゴリーの比率が特に高い．このような男女間の非正規雇用比率の違いは，韓国と比べた場合かなり大きなものといえるだろう．

　また職種別の分布をみると，男性の場合は，管理，専門技術，事務，販売，生産，建設などの正規雇用比率が 8 割を超えて高い一方，サービス，運搬・清掃・包装，農林漁業職では非正規雇用比率が高い．一方女性の場合はいずれの職種でも概して非正規雇用比率が高いのであるが，やはり販売，サービス，農林漁業，生産，運搬・清掃職において特にその比率が高く，職種間の散らばりがかなり大きいことがわかる．また下位類型間での分布の違いについてみると，パート・アルバイトは販売・サービス・運搬職などで多いなど，やはり職種間である程度分布が異なっているといえる．

　さらに企業規模別の分布をみると（表 5-13），男女ともに概して大企業・官公庁よりも中小企業において非正規雇用の比率が 10-20 ポイント程度高いことがわかる．また下位類型別にみると，中小企業においては主に短時間雇用（パ

雇用分布（日本：下位類型別）

契約社員	嘱託	その他	被雇用者合計（役員除く）	N（1,000人）
3.5%	1.6%	2.2%	100.0%	4,919
6.4%	2.7%	0.8%	100.0%	7,086
6.8%	2.8%	0.5%	100.0%	3,276
6.3%	1.8%	0.3%	100.0%	6,963
2.5%	4.5%	2.2%	100.0%	2,853
5.7%	4.9%	4.6%	100.0%	2,444
5.3%	2.6%	1.7%	100.0%	28,852
1.7%	0.5%	2.9%	100.0%	4,292
5.5%	1.0%	0.8%	100.0%	4,687
9.0%	0.9%	0.6%	100.0%	1,999
9.2%	1.1%	0.7%	100.0%	4,215
7.1%	8.1%	5.4%	100.0%	2,180
5.6%	2.6%	2.8%	100.0%	4,658
5.6%	1.8%	2.8%	100.0%	23,755

ート・アルバイト）の比率が高く，大企業・官公庁においては主に有期雇用（契約社員・嘱託）の比率が高いという特徴が認められる．このような企業規模に応じた下位類型の分布の違いは，韓国の場合と類似したものといえよう．

賃金格差分析のデータと方法

　では，正規雇用と非正規雇用の間の報酬格差について検討していこう．ここではまず，第3章でも利用した東大社研パネル若年・壮年調査の第5波（2011年）データを用いて，被雇用者の時間あたり賃金の分析を行う．分析に使用する変数は韓国KLIPSデータの分析とほぼ同じであるが，データの職業コード体系が異なるため，職種に関しては第3章の分析と同じくSSM職業8分類を用いる．

　また非正規雇用の下位類型も，韓国とはやや異なる．他の一般的な社会調査と同様，東大社研パネル調査では対象者の従業上の地位が単一の質問によって

たずねられており，被雇用者に関しては「正社員・正職員」「パート・アルバイト・契約・臨時・嘱託」（以下「パート・アルバイト等」）「派遣社員」の選択肢の中から1つを選ぶ形となっている．このためこの質問では，間接雇用か否かについては「派遣社員」カテゴリーによって捕捉し得るものの，「パート・アルバイト等」というカテゴリーにまとめられた直接雇用の非正規雇用内部の多様性をさらに詳しくとらえることはできない．

しかし東大社研パネル調査には，このほかに，対象者の所定労働時間，ならびに雇用契約期間の有無を問う質問が含まれているため，ここではこれらへの回答を利用し，短時間雇用か否か，有期雇用か否か，という2つの客観的な基準に基づいて直接雇用の非正規雇用の下位分類を行う．まず従業上の地位が「パート・アルバイト等」のうち，所定労働時間が週あたり30時間未満の者，所定労働時間が定まっていない場合は週あたりの実際の労働時間が30時間未満の者を「短時間雇用」とする．さらに「パート・アルバイト等」のうち，雇用契約期間をたずねる質問に対して「定めがある（半年契約，1年契約）」と答えた者を「有期雇用」とする．また本人が従業上の地位を「パート・アルバイト等」と回答しながら，客観的な基準に従うと短時間雇用にも有期雇用にもあてはまらない者を「名目的非正規雇用」とする[28]．なお対象者の年齢は，調査時点で24歳から44歳であり，対象は被雇用者（男性1557人，女性1627人）に限定する[29]．

時間あたり賃金の回帰分析結果

表5-14は，以上のデータと変数に基づいて行った重回帰分析の結果である．

---

28) なお「短時間雇用」と「有期雇用」とでは，「短時間雇用」の方を優先的な分類基準とすることで，正規雇用を含めて，すべてのカテゴリーを相互排反なものとした．もちろんこれら2つの基準を独立的にあてはめることも可能ではあるが，各カテゴリーの該当ケースを十分に確保するため，ここでは上記の方法に従った．

29) 以上のように分類した各カテゴリーの構成比は，男性は正規雇用が87.6%，短時間雇用が2.8%，有期雇用が5.1%，名目的非正規雇用が2.5%，派遣社員が1.9%，女性は正規が51.9%，短時間24.9%，有期12.3%，名目的6.1%，派遣4.7%となっている．またこれらの下位類型の職種別，企業規模別の分布の傾向も，就業基本調査データに基づく前掲表とおおむね一致するが，「名目的非正規雇用」は中小企業（特に従業員4人以下の企業）に多く，大企業・官公庁にはほとんどみられない．

韓国の分析結果と比べた場合，この日本の結果については次の2点が特に注目に値しよう．第1に，それぞれの非正規雇用ダミー変数が時間あたり賃金に及ぼす効果は，概して，職種や企業規模の効果に匹敵する程度に大きい．また以上の傾向は，女性に関して特に顕著である．「日本では，雇用形態の違いが所得に及ぼす効果が相対的に大きい」という第2章の分析結果がここでも裏付けられたものといえよう．

　第2に——ここでのより重要な知見として——短時間雇用，有期雇用，名目的非正規という直接雇用の非正規雇用ダミー変数の効果は，たがいに非常に似通った水準となっており，このような効果の類似性は，性別や職種の違いを問わず共通して認められる．たとえば男性（全職種）についての推定結果に基づけば，短時間雇用であることによる賃金下落程度は19.1%，有期雇用で25.3%，それら以外の名目的非正規雇用で21.9%とその効果に大きな差がない．また女性（全職種）の場合も，これらが順に22.1%，22.5%，19.8%と似通っており，男性の場合とも大きく異ならない．

　職種別にみても，男性ブルーカラー，女性ホワイトカラー，女性ブルーカラーを対象とした場合，これらのダミー変数が賃金にもたらす効果は，全職種を対象とした場合と概して似通っており，以上のような「直接雇用の非正規雇用であることによる賃金下落程度の下位類型間での類似性」は，職種が異なっても共通してみられる現象といえる．男性のホワイトカラーにおいてこそ，有期雇用であることによる賃金下降効果が若干大きく（-0.414），逆に短時間雇用と名目的非正規雇用の効果が有意ではないという違いがみられるものの，後者については，(1)短時間雇用と名目的非正規雇用の該当ケースが少ないため標準誤差が大きく，その効果が有意なものとなっていない，(2)短時間雇用の中には，大学教員・中学教員・個人教師という比較的高賃金の職種にあるものが含まれており，これによって短時間雇用の賃金下降効果がやや小さくなっている，などの事情に起因するものと考えられる．実際，男性のホワイトカラーのうち，事務職のみに限って同じモデルの推定を行うと，短時間雇用ダミー変数にも有意な負の効果が認められ，短時間雇用であることによって約30%賃金が下降するという結果が現れる．以上の結果からは，やはり，直接雇用の非正規雇用であることによる賃金下落効果は下位類型間での差異が小さく，またその傾向

5章　正規雇用／非正規雇用の区分と報酬格差——175

表 5-14 時間あたり賃金の

男　性	全職種対象		ホワイトカラーのみ		ブルーカラーのみ	
	B	SE	B	SE	B	SE
年　齢	0.033	0.021	0.035	0.036	0.047 †	0.027
年齢二乗	0.000	0.000	0.000	0.001	0.000	0.000
学歴（ref: 中学以下，ホワイトカラーは四大）						
高　校	0.101	0.088	-0.069 †	0.037	0.122	0.086
専門学校・短大	0.047	0.098	-0.155 †	0.080	0.069	0.103
四　大	0.157 †	0.090	(ref.)		0.127	0.089
大学院	0.153	0.098	-0.055	0.053	0.259 †	0.147
企業規模（ref: 1-4 人）						
5-29 人	0.106 †	0.060	0.236	0.158	0.084	0.068
30-299 人	0.145 *	0.058	0.324 *	0.153	0.111 †	0.067
300-999 人	0.251 ***	0.061	0.435 **	0.154	0.197 **	0.072
1,000 人以上	0.336 ***	0.059	0.518 ***	0.152	0.294 ***	0.070
官公庁	0.293 ***	0.071	0.439 **	0.158	0.348 †	0.181
職　種						
専　門	0.196 ***	0.053	0.086 *	0.034		
管　理	0.262 ***	0.073	0.107 †	0.064		
事　務	0.116 *	0.052	(ref.)			
販　売	-0.018	0.053			0.003	0.050
熟　練	0.054	0.052			0.059	0.050
半熟練	0.031	0.053			0.039	0.050
非熟練	(ref.)				(ref.)	
農　業	0.270 *	0.136				
DKNA	0.086	0.062				
雇用形態（ref. 正社員）						
短時間雇用	-0.212 **	0.068	-0.127	0.120	-0.267 **	0.083
有期雇用	-0.292 ***	0.049	-0.414 ***	0.089	-0.244 ***	0.059
名目的非正規雇用	-0.247 ***	0.067	-0.243	0.172	-0.274 ***	0.073
派遣雇用	-0.123	0.076	0.035	0.128	-0.217 *	0.098
定　数	5.825 ***	0.373	5.812 ***	0.619	5.714 ***	0.471
R^2	0.366		0.336		0.271	
N	1,110		489		552	

***$p<.001$, **$p<.01$, *$p<.05$, †$p<.1$.
出所：JLPS5 波調査データより筆者作成.

176

回帰分析結果（日本）

女 性	全職種対象		ホワイトカラーのみ		ブルーカラーのみ	
	B	SE	B	SE	B	SE
年　齢	0.062 ***	0.019	0.097 ***	0.024	0.016	0.032
年齢二乗	-0.001 **	0.000	-0.001 ***	0.000	0.000	0.000
学歴（ref: 中学以下）						
高　校	0.105	0.131	0.214	0.291	0.058	0.140
専門学校・短大	0.111	0.132	0.214	0.291	0.110	0.144
四　大	0.219 †	0.132	0.334	0.292	0.143	0.146
大学院	0.362 *	0.144	0.477	0.298	0.217	0.315
企業規模（ref: 1-4 人）						
5-29 人	-0.013	0.052	0.036	0.077	-0.034	0.072
30-299 人	0.023	0.051	0.065	0.076	0.011	0.071
300-999 人	0.050	0.055	0.126	0.078	-0.046	0.087
1,000 人以上	0.149 **	0.053	0.236 **	0.078	0.048	0.075
官公庁	0.184 **	0.065	0.194 *	0.087	0.181	0.175
職　種						
専　門	0.219 ***	0.045	0.115 ***	0.023		
管　理	0.032	0.209	-0.119	0.206		
事　務	0.108 *	0.044	(ref.)			
販　売	-0.004	0.049			-0.020	0.048
熟　練	-0.063	0.058			-0.084	0.057
半熟練	-0.016	0.056			-0.043	0.056
非熟練	(ref.)				(ref.)	
農　業	0.141	0.293				
DKNA	0.077	0.067				
雇用形態（ref. 正社員）						
短時間雇用	-0.249 ***	0.024	-0.222 ***	0.031	-0.253 ***	0.042
有期雇用	-0.255 ***	0.030	-0.261 ***	0.037	-0.229 ***	0.055
名目的非正規雇用	-0.220 ***	0.040	-0.234 ***	0.056	-0.210 ***	0.060
派遣雇用	-0.055	0.047	-0.085	0.056	-0.011	0.082
定　数	5.568 ***	0.349	4.857 ***	0.496	6.600 ***	0.567
R^2	0.340		0.277		0.203	
N	1,033		711		291	

5 章　正規雇用／非正規雇用の区分と報酬格差——177

は性別や職種の違いを問わず共通している,という結論を導き出すことができるであろう.

一方派遣雇用ダミー変数の効果をみると,派遣社員であることによる賃金下降効果は男性ではブルーカラーにおいてのみ有意であり,女性に関してはまったく有意ではない.このデータからみる限り,他の変数を統制した場合,間接雇用であることによる賃金下降の程度はかなり小さいものといえる.

さらに,詳細な結果表の提示は省略するものの,対象を中小企業（300人未満）就業者と大企業・官公庁就業者とに分けた推定も同様に行った.その結果によれば,非正規雇用ダミー変数の効果は男性の中小企業就業者の場合,短時間が-0.169,有期が-0.222,名目的非正規が-0.296であるのに対し,男性大企業・官公庁就業者では短時間が-0.232,有期が-0.338,名目的非正規が-0.015であった.大企業・官公庁に非常に少ない名目的非正規を除けば,概して中小企業よりも大企業・官公庁において効果がやや大きいものの,中小企業においてもやはり正規雇用と非正規雇用の間には大きな賃金の格差が生じていることがわかる.女性の場合もこれは同様であり,短時間雇用で-0.192（中小）,-0.366（大・官）,有期雇用で-0.235（中小）,-0.276（大・官）といずれも有意な効果が認められる.

その他のベネフィットに対する効果

次に賃金以外のベネフィットに対する効果をみておこう.東大社研パネル若年・壮年調査の第5波調査では,被雇用者に対して,「職場を通じた厚生年金・共済年金／雇用保険」加入の有無,ならびに「退職金」「有給休暇」「育児休暇」「ボーナス」制度の勤め先における有無とそれらの制度の利用可能性がたずねられている.これらの質問に対する回答は,正規雇用と非正規雇用間で,あるいは非正規雇用の下位類型間でどのように異なっているのだろうか.

まず年金・雇用保険に関しては,有期雇用と短時間雇用・名目的非正規雇用の間で加入率に大きな違いが存在する.たとえば有期雇用就業者の加入率（年金：78.9％,雇用保険：83.9％）は正社員（年金：91.7％,雇用保険：78.9％）とそれほど大きく変わらない程度に高く,派遣社員についてもこれは同様（年金73.8％,雇用保険80.4％）であるのに対し,短時間雇用（年金11.6％,雇用保

表5-15 付加給付等制度の有無と利用可能性（日本：雇用形態別）

		正社員	短時間雇用	有期雇用	名目的非正規	派遣社員
退職金	制度なし	305 (14.4%)	221 (54.6%)	106 (38.7%)	77 (64.2%)	74 (74.0%)
	制度あり	1,819 (85.6%)	184 (45.4%)	168 (61.3%)	43 (35.8%)	26 (26.0%)
	得られる	1,601 〈97.9%〉	15 〈10.2%〉	40 〈26.3%〉	11 〈34.4%〉	4 〈16.0%〉
	得られない	34 〈2.1%〉	132 〈89.8%〉	112 〈73.7%〉	21 〈65.6%〉	21 〈84.0%〉
有給休暇	制度なし	170 (8.0%)	156 (38.0%)	27 (9.7%)	57 (46.7%)	9 (8.8%)
	制度あり	1,961 (92.0%)	255 (62.0%)	251 (90.3%)	65 (53.3%)	93 (91.2%)
	受けられる	1,774 〈93.9%〉	160 〈69.9%〉	218 〈89.0%〉	30 〈58.8%〉	78 〈91.8%〉
	受けられない	115 〈6.1%〉	69 〈30.1%〉	27 〈11.0%〉	21 〈41.2%〉	7 〈8.2%〉
育児休暇	制度なし	501 (23.9%)	225 (56.3%)	89 (33.1%)	77 (66.4%)	51 (52.0%)
	制度あり	1,597 (76.1%)	175 (43.8%)	180 (66.9%)	39 (33.6%)	47 (48.0%)
	受けられる	1,205 〈91.7%〉	49 〈43.0%〉	78 〈54.9%〉	13 〈54.2%〉	16 〈57.1%〉
	受けられない	109 〈8.3%〉	65 〈57.0%〉	64 〈45.1%〉	11 〈45.8%〉	12 〈42.9%〉
ボーナス	制度なし	213 (10.0%)	188 (46.3%)	64 (23.4%)	63 (51.6%)	64 (64.0%)
	制度あり	1,922 (90.0%)	218 (53.7%)	210 (76.6%)	59 (48.4%)	36 (36.0%)
	受けられる	1,826 〈98.6%〉	83 〈42.3%〉	129 〈64.5%〉	32 〈64.0%〉	11 〈31.4%〉
	受けられない	25 〈1.4%〉	113 〈57.7%〉	71 〈35.5%〉	18 〈36.0%〉	24 〈68.6%〉

注：「わからない」「無回答」は除いた．なお（　）は制度の有無の構成比を示し，〈　〉は「制度あり」のうち，それらを得られるか否かについての構成比を示している．
出所：JLPS5波調査データより筆者作成．

38.1%）と名目的非正規雇用（年金28.1%，雇用保険43.9%）の加入率はきわめて低い．もちろん短時間雇用のうちにはそもそも労働時間の短さゆえに職場を通じた年金・雇用保険加入の対象外となっている者も含まれていようが，名目的な非正規雇用はこの限りではなく，雇用形態の違いに応じて加入率に大きな

差異が生じているものといえるだろう．

　次に表5-15は，「退職金」「有給休暇」「育児休暇」「ボーナス」に関する回答を雇用形態別に示したものである．まずこれらの制度の有無に関してみると，韓国と同様に非正規雇用の下位類型間でやや回答に開きがあり，有期雇用では「制度がある」とする比率が概して正社員と同程度に高いのに対して，短時間雇用や名目的非正規雇用ではその比率が大きく下がることがわかる．ただし雇用形態間，特に正規雇用と非正規雇用の間で大きな差異が生じているのは，やはりこれらの制度の利用可能性においてである．その中でも退職金とボーナスという，法的な根拠を持たない「恩恵的」な給付制度において特にその差が大きく，「制度あり」と答えた対象者中，退職金を受け取れるとした者の比率は，正社員で97.9％ときわめて高い一方で，短時間雇用で10.2％，有期雇用で26.3％，名目的非正規で34.4％，派遣社員で16.0％ときわめて低い．ボーナスの場合はその差がやや縮まるものの，それでも正社員より30数ポイントから70数ポイント低い値となっている．また有給休暇は労働基準法によって取得が義務づけられているにもかかわらず，やはり正規雇用と非正規雇用の間にはある程度の開きがあり，特に名目的非正規では「利用可能」とする比率が58.8％にとどまっている[30]．以上から日本では，これらの制度を利用できるか否かに関して正規雇用と非正規雇用の間にきわめて大きな格差が生じているものと結論づけられよう．もちろん，これらの制度がそもそも存在するのか否かについても格差が生じているのは韓国の場合と同様であるが，韓国のケースと比べると，「制度自体の有無に関する企業間の相違」よりも，「制度の利用可能性に関する雇用形態間での相違」の方が一層大きく，重要な格差になっているといえるだろう[31]．

---

[30] 「名目的非正規雇用」は，労働基準法によって義務付けられている有給休暇制度が「存在しない」と答える比率が高いなど，韓国の零細企業と同様，労働基準自体が遵守されていないために労働条件が劣っている可能性もある．実際この社研パネルデータによれば，名目的非正規雇用の多くが中小企業に分布しており，大企業や官公庁にはほとんどみられない．それでも，これらの就業者は自らの従業上の地位として「パート・アルバイト・契約・臨時・嘱託」という選択肢を選んでおり，これらの勤め先内部において「非正規的」な従業員として位置づけられてはいるものと考えられる．

[31] また韓国と比べると，これらの利用可能性の下位類型間での違いは比較的小さい．

小　結

　本章では，正規雇用と非正規雇用の間の区分に，いかなる報酬の格差がどのように結び付けられているのかを，日韓比較の視点から検討してきた．以上の結果に基づき対比的に述べるならば，韓国の非正規雇用が「多様性」をその特徴として持つのに対して，日本の非正規雇用は「一様性」によって特徴付けられる，とまとめられるのではないだろうか．

　まず韓国では，同じ「非正規雇用」としてくくられていたとしても，その中には，かなり性格の異なる雇用機会が混在している．そのうちの1つが，「都市インフォーマルセクター」とも類似性を持つ，零細企業（零細事業体）における不安定で待遇の劣った雇用機会である．韓国の零細企業は，さまざまな労働基準の適用を除外されている（いた）経緯もあり，また資本の零細性ゆえに経営体力が脆弱で，支払能力も概して低いことから，従業員は突然の解雇のリスクにさらされ，賃金水準も低く，またボーナスや退職金などを期待できない場合が多い．これらの雇用機会は雇用期間が明確に定められてはいないものの，雇用の継続性を期待できないことから，非正規雇用のカテゴリーに含まれる場合も多いのである．しかしこれらの「前近代的」な非正規雇用は，勤めている事業体の零細性ゆえに雇用の不安定さや報酬の低さが生じているという点で，雇用の有期性や短時間性によって「同一企業内における正社員とは区別された従業員」とは性格が異なるものといったん考えるべきだろう．

　一方，文書等によって雇用の有期性・短時間性・間接性が明確に定められた雇用機会としての非正規雇用は，ある程度規模の大きな企業において多くみられるものである．こちらの非正規雇用は，雇用の有期性・短時間性・間接性という点で，同じ企業内の労働条件のより恵まれた従業員（正社員）とは明確に区別された存在であり，こちらの方が日本の一般的な非正規雇用の性格により近いと考えられる．

　しかしながら，このような雇用の有期性・短時間性・間接性が明確に定められた非正規雇用と正規雇用との間の報酬格差のあり方は，日本と韓国とでかなり異なっている．本章の分析結果に基づけば，韓国において非正規雇用である

ことが賃金水準にもたらす効果は，有期雇用・時間制雇用・間接雇用という非正規雇用の下位類型間で大きく異なっており，さらにそのような下位類型ごとの賃金下落程度は，性別や職種によっても大きく異なっている．仮説的に述べれば，このような非正規雇用の下位類型と賃金水準との関連の職種別・性別の相違は，労働者の待遇が急速に改善された1980年代末以降の時期，それぞれの職種においてどのような雇用形態をとりながら「正社員とは区別される従業員」が多く用いられるようになったのかの違いにも対応しているものと考えられる．このように韓国では，有期雇用・時間制雇用・間接雇用としての非正規雇用と正規雇用の間には，報酬格差がまったく生じないわけでもなく，逆に非正規雇用であれば一律に報酬水準が低下してしまうわけでもなく，正規雇用と非正規雇用の間の区分と，報酬格差との結び付きが，背景条件や経緯に即して「個別的」に生じているものと結論付けられるのである．

　このような韓国の状況と比較すれば，日本における正規雇用と非正規雇用の区分と，報酬格差との結び付きははるかに「一様性」の高いものといえそうである．第4章でも言及した通り，日本でも当初は，製造業では主に有期雇用が用いられ，販売・サービス職では時間制雇用が用いられたというように，「正社員とは区別される従業員」の導入の際に主に用いられた雇用形態は業種・職種によって異なる．実際，韓国の場合と同様，現在でも非正規雇用の下位類型の分布は職種によってかなり異なっている．

　しかし韓国の場合とは異なり，日本では直接雇用の非正規雇用と正規雇用との賃金格差は，その下位類型にかかわらず，また性別・職種を問わず，きわめて類似した水準にある．いずれの下位類型の場合でも，性別や職種を問わず，正規雇用と比べて賃金水準が20-30％下落する，というのがほぼ共通した傾向であり，正規雇用との賃金格差に関しては一種の共通した「相場」が形成されているかのようである．日本では，正規雇用と非正規雇用の区分が明確で，それが強く標準化されているのみならず，そのような正規雇用と非正規雇用との報酬格差のあり方も強く標準化されている点が大きな特徴であるといえるだろう．

　このように日本では，正規雇用と非正規雇用との違いが賃金格差に及ぼす効果は「一様性」が高く，またこの効果は——韓国のケースとはかなり異なり

——企業規模や職種の違いがもたらす効果との独立性が高いものといえる．日本の実証的な報酬格差研究にみられる，雇用形態の違いを職種や企業規模と独立，かつ同等の規定要因として扱う傾向は，以上のような「日本では正規雇用と非正規雇用の違いが報酬決定の『独立変数』としての性格を強く帯びている」という状況の反映でもあると考えられるのである．

6章
ポジションに基づく報酬格差の説明枠組み
付与された意味・想定による格差の「正当化」に着目して

はじめに

　本章では，これまでの考察結果をふまえつつ，日本における「ポジションに基づく報酬格差」を社会学的視角から理解するための枠組みを築いていく．そこでの最終的なゴールは，正規雇用と非正規雇用の間の格差に代表される，就業機会というポジションに基づく報酬格差がなぜ，そしてどのように存在しているのかを説明することになるが，実際のところ，そのために利用し得る報酬格差の基礎理論はきわめて限られている．序章と第1章でふれた通り，こんにちの学界では報酬格差の原因をポジションではなく個人の側に帰す視座が主流を占めており，ポジションに基づく報酬格差の説明のためにこれらを利用するのは，やはり難しい．もちろん，補償賃金仮説に代表されるように，一部には就業機会というポジション側の条件に格差の要因を帰す経済学理論も存在するが，それらにおいても「それぞれのポジションにはなぜ，そしてどのように，補償されるべき条件が結び付けられるのか」といった問題にまで踏み込んで議論が展開されることは少ない[1]．しかしこれまで検討してきたように，日本の正規雇用と非正規雇用の間の報酬格差には「そもそも両者の区分体系は社会の

---

[1] 本章で提示する枠組みは，このような経済学理論とまったく相容れないものではなく，むしろそれらが与件としている事柄自体をも説明の対象としようとする点で，それらと補完的な関係にあると考えられる．

構成員自身によって築かれたものである」(第4章),「下位類型の違いや職種の違いにもかかわらず報酬格差の程度が標準化されている」(第5章) など,社会的な要因が強く作用している可能性がうかがえるのであり,これらの点を考慮すれば,就業機会というポジションに基づく報酬格差の説明を試みる際にも,ひとびとの意味付与・想定や規範の効果などを含め,社会的な要因の作用を積極的に考慮に入れていく必要があると考えられる[2]。

しかしそのような視角に基づく報酬の基礎理論が十分に存在しない以上,本章ではそれを築くところから始めなければならない.もちろんその試みは,従来の洗練された経済学的アプローチに比べれば,プリミティブで実験的なものにとどまらざるを得ないかもしれないが,仮にそうであったとしても,従来のアプローチとは異なる視角から「ポジションに基づく報酬格差」の説明を試みることが,日本の,そして他の東アジアの社会経済的不平等を理解していくために有効であり,また必要である,というのが筆者の立場である.

1——ポジションに基づく報酬格差への社会学的アプローチ

1-1 「埋め込み」(embeddedness) の概念

新しい経済社会学と「埋め込み」

従来とは異なる視点から報酬格差の説明枠組みを築いていくための準備作業として,本節では関連する先行研究を整理し,これを通じて「ポジションに基づく報酬格差」に対してどのようにアプローチしていくべきかを考えていく.

このためにまず着目するのは経済社会学,その中でもグラノヴェターによって「新しい経済社会学」として提起されたアプローチである.この新しい経済社会学については,スメルサーとスウェッドバーグによって (Smelser and Swedberg 1994; Swedberg 1997),また日本語でも渡辺深によって (渡辺 2002; 2008) 手際の良い整理がなされているため詳細な紹介はそれらに譲るが,ひと

---

2) このようなアプローチは,佐藤俊樹が行った「社会の一次モデルを記述・分析する理解社会学」(佐藤 1993: 10) に近い.

ことでいえば新しい経済社会学とは，経済学では効用や利潤の最大化という経済的な動機のみによって理解されがちなひとびとの経済行為を，社会的な動機とも関連付け，またそれぞれの社会の構造や背景条件が及ぼす影響にも十分な考慮を払いながら理解しようとする1つのパースペクティブである（Granovetter 1985=1998）．

そしてこのような経済社会学のアプローチにおいてもっとも重要な概念の1つが「埋め込み」（embeddedness）である．この概念は，ポランニーが「人間の経済は（中略）経済的な制度と非経済的な制度に埋め込まれ，編み込まれている」（Polanyi 1957=2003: 373）と指摘したところに端を発する．グラノヴェターは，ポランニーのこのアイディアは現代の資本主義社会についてもあてはまるものととらえ，「埋め込み」の概念を用いて非経済的動機や社会関係の影響を考慮しつつ現代社会の経済行為や経済現象を読み解いていく道を開いたのである[3]（Granovetter 1974=1998; 1985=1998）．

さらに，埋め込み概念に対してはその後，ズーキンとディマジオによってより詳細な考察が加えられた．かれらは経済行為の社会構造への埋め込みを「認知的埋め込み」「文化的埋め込み」「構造的埋め込み」「政治的埋め込み」という4つの下位タイプへと分類する（Zukin and DiMaggio 1990）．このうち「文化的埋め込み」は，ポジションに基づく報酬格差の社会学的な説明枠組みを築いていくうえで特に重要な概念となる．この概念の詳細を，渡辺（2002）の整理にも依拠しながら確認しておこう．

文化的埋め込みと文化としてのカテゴリー体系

ズーキンらによれば，「経済行為が文化的に埋め込まれている」とは，行為主体が経済的な戦略や目標を設定し，それを実行する際，ひとびとに共有された集合的な理解としての「文化」によって何らかの影響を受けていることを意味する．文化は，経済的な合理性を制約するのはもちろんのこと，信念やイデオロギー，当たり前とみなされていることがらや公式的な規則の体系などを通

---

[3] 彼の試みの背景には，従来の経済学が「あまりにも狭く，脆弱な基礎の上にあまりに巨大な上部構造を構築しようとしている」（Granovetter 1992: 4）ことへの反省が存在する．

じて，個々人の行為の戦略を規定したり，だれが経済活動に加わり得るのかその範囲を定義したりもするのである（Zukin and DiMaggio 1990; 渡辺 2002）．

さらにディマジオは文化を多次元的な存在ととらえ，その内容をより細かく分類する．具体的には文化の下位レベルとして，信念・態度・規範・評価などの認知的現象，無意識に行われる行動や問題解決方法のルーティーンとしてのスクリプト，これらのスクリプトや戦略の現れ方を規定する「適切さ」の規則，そして分類のシステムなどが挙げられるが，これらのうちもっとも根源的なレベルの文化とディマジオが考えるのが，分類のシステム，すなわち「思考や評価の対象，比較を行うための土台，物質的・社会的グループの中身を定義するようなカテゴリー体系[4]」（DiMaggio 1990: 114）である．ディマジオは，文化人類学や認知心理学の知見を引用しつつ，ひとびとは世界を二分法的な枠組みで認知しようとする傾向があると指摘し，このような認知枠組みが経済行為に与える影響について論じる．たとえば，ひとびとはしばしば「聖と俗」，「身内とよそもの」といった二分法的な枠組みを用いてものごとを了解するのであるが，現代社会においても「聖なるもの」は没人格的な交換にはなじまないと考えられ，商品化がなされない傾向があったり，「身内」の内部では経済的な自己利益の追求に制限がかけられたりする．このようにひとびとがものごとを分類する枠組み，ならびにその分類が内包する意味や想定が，具体的な経済行為を規定することにもなるのである（DiMaggio 1990）．

前章までにおいて検討してきた日本社会における「正規雇用」と「非正規雇用」の間の区分は，ひとびとに共有された従業員の分類枠組みであるという点で，まさにこのもっとも根源的なレベルの文化としての「分類システム」に相当するものといえる．したがって彼らの議論に基づけば，正規雇用と非正規雇用という分類が，いかなる意味上の対比を伴っており，さらにそれが具体的な経済行為にどのような影響を及ぼしているのかを検討することが，日本社会におけるポジション間の報酬格差の性格をあきらかにしていく上で有益であると考えられる．

---

4) 和訳は渡辺（2002: 61）に基づくが，一部表現を変えた．

1-2　分配の公平性と共有された理解

エバンスによる日本の賃金格差研究

　ディマジオらがその可能性を示したように，ひとびとの持つ認識枠組みや規範が経済行為に何らかの影響を及ぼしていると考えることは，かなり妥当な想定であろう．実際，日本の労働市場における賃金格差の性格を理解する上で，ひとびとの認識や規範，特に分配の公平性への着目の重要性を指摘した先行研究も存在している．賃金決定の日本的な特徴を，日米比較の観点から考察したエバンスの先駆的研究（Evans 1971; 1973）がその例である．

　日本と米国における賃金格差の比較分析を1970年代より行っているエバンスは，日本研究者であると同時に，シカゴ大学で経済学を修めた労働経済学者である．彼は日本と米国における賃金格差に対して，労働力の需給関係に基づくオーソドックスな新古典派経済学的説明に加え，それぞれの社会に存在する「規範」の違いに着目した説明をほどこしている点で注目に値する．

　エバンスは，実証分析を通じて示された「米国では職業（職種）間の賃金格差が大きいのに対して，日本では企業規模や年齢間の格差が大きい」という知見を説明するために，賃金の公平性仮説（equity hypothesis）を提起する．賃金の公平性仮説とは，賃金水準の「適切さに関わる規範や内部的な斟酌（considerations）が，賃金格差の短期的な変化を説明するもっとも重要な要因である」（Evans 1971: 194）と想定するものである．この仮説に基づきエバンスは，日本には「企業が得ている利益の多寡と釣り合う形で，その企業の従業員の賃金は支払われるべき」という規範が存在しており，実際にこの規範に沿う形で賃金が支払われているために，企業間で大きな賃金格差が生じていると説明するのである（Evans 1973）．

　しかし，このような公平性規範に基づく代替的な説明を加えるにあたって，エバンスは，実際にはこれらの要因が賃金決定に果たしている役割はひとびとにそれほど広く認知されていないかもしれない，と注意深く述べる．この点に対して彼は，（市場の需給関係によって決定されるよりも）「高い賃金を払わねばならないという公平性の要求に直面した雇用主が，しばしば『その高い賃金はクオリティの高い労働力を雇用したことの帰結である』という幻想を与えるよ

6章　ポジションに基づく報酬格差の説明枠組み―― 189

うな採用基準を人為的に設けているために，この公平性という要因の強さが部分的に隠されているのかもしれない」(Evans 1971: 179-80)とその理由を説明する．すなわち，本当は公平性規範に基づいて賃金決定がなされているにもかかわらず，表面的には生産性や貢献といったオーソドックスな賃金決定原理に基づいているかのような装いがなされているために，その事実が十分に認知されていない，とするのである．

またエバンスは，このような「公平性に基づいた賃金決定」は，日本のみならず，アメリカでも同様にみられるものであること，しかしながら日本とアメリカではその際に考慮される公平性の基準がたがいに異なっていることを指摘する．この点に関して彼は次のように述べる．

> （アメリカでは：引用者注）公平性を担保するための賃金の比較において「仕事内容の類似性」「過去の履歴の関係性」「仕事の場所の類似性」という3つの要因が重要である．家族に関する条件（年齢や教育段階など）は，担われている仕事の種類と関係しない限り，考慮するのが適切であるとは考えられない．一方日本では，それとはやや異なる公平性の基準が存在している．もっとも重要なのは，例えば，担われている仕事の違いには直結しない学歴差などの過去の履歴である．また家族に関する条件の考慮は，賃金決定の適切な要素であると考えられている．（中略）そして日本では，雇用主や仕事の場所の類似性は，公平性の決定において重要な要因ではない．会社の正規従業員は，臨時雇用の従業員や同じ職場で働く下請従業員よりもかなり多くの報酬を得るのである（Evans 1971: 194-5）．

このようにエバンスは，賃金水準決定の際に考慮すべきと想定されている条件が，日本とアメリカの間で異なることによって，両国における賃金格差の様相も異なるものと説明する．日本では，アメリカとは異なり「雇用主や仕事の場所が同じであれば賃金も同水準であるべき」という公平性規範が存在しないために，正規雇用と非正規雇用の間の賃金格差が大きなものになるとの指摘を，彼はすでに1970年代初頭に行っているのである[5]．

仕事・従業員間の関係性への着目と「共有された理解」

このような「他の仕事や他の従業員の賃金との高低関係が考慮されながらその仕事・従業員の賃金水準が決定される」という発想は，制度派経済学の先行研究にもみられるものである．たとえば賃金の関係的側面に着目したダンロップは，「賃金等高線」（wage contour）という概念を提起しつつ，それぞれの仕事の賃金は，その仕事が他の仕事との関係においてどのような位置を占めるか，またその企業が他の企業との関係においてどのような位置を占めるかによって決定されると論じる（Dunlop 1957）．前述のエバンスの公平性仮説は，賃金決定における仕事間の関係性に焦点を当てたこのダンロップの議論に，新たに「公平性規範」という視点を加えることで，賃金決定時に考慮される仕事・従業員間の関係性の具体的な内容が，公平性規範の違いに応じて社会間で異なる可能性を示したものと位置付けられるかもしれない．

もっとも，賃金の関係的側面に焦点を当てたダンロップ自身も，ひとびとの持つ認識や規範の役割の重要性について言及している．彼は，それぞれの社会における労使関係のシステムを1つにまとめあげる存在として，労使関係のアクターによって共有された考えや信念のセットとしての「イデオロギー」の役割に着目し，たとえ労働者と使用者が激しい対立関係にあったとしても，たがいの役割や位置付けについてはアクター間で一定の認識が共有されており，そのことが労使関係システムそれ自体の安定性をもたらしている，と主張する（Dunlop 1958）．このような事例からもうかがえるように，経済行為の中でもとりわけ労使関係や人事・雇用慣行に関するそれには，純粋な経済的要因のみならず，「ひとびとに共有された理解や認識」をはじめとするさまざまな経済外的要因が影響を及ぼしている可能性が高い，と考えられるだろう[6]．

---

5) ただし，正規雇用に比べて非正規雇用の賃金がなぜ低くなるのかについて，積極的な説明はなされていない．

6) しかし石田光男は，このようなダンロップのアプローチを「研究者にとっては与えられたものである社会通念を反復唱和している者を私たちはけっして社会科学者とは呼ばないように，社会通念のトレースを社会科学の名に値する認識体系であると呼ぶべきではないに違いない」（石田 2003: 6）と厳しく批判する．石田による以上の批判は，現実の雇用関係を支える「社会通念」の内容が完全に言語化され，理解されるに至っているとの前提に立つものであろうが，一方で，社会の構成員に自明視されることにより，社会通念の特徴が必ずしも十分には理解されていない可能性もあり得よう．また大まかにはそれが把握されていたとしても，他の社会との共通性や異

以上でみてきたように，就業機会というポジションに基づく報酬格差を社会学的視点から説明していこうとする場合，まず就業機会自体がどのように区分されているのか，そしてそれらの就業機会間の関係性がどのように考慮されながら報酬が定められているのかを，それを支えるひとびとの認識や規範にも着目しながら検討していくことが必要といえるだろう．以降，このような方向での考察をさらに進めてみよう．

2──正規／非正規雇用間の区分と報酬格差を成り立たせているもの

盛山和夫の制度論とその応用

　このような視角から日本の非正規雇用問題を考えていく上で，盛山和夫による制度研究の成果は非常に重要な手がかりとなる．本節では，盛山の議論を参照しつつ，日本の正規雇用と非正規雇用間の区分[7]と両者間の報酬格差の性格を具体的に検討していこう．

　盛山の制度論においては，社会的な世界はひとびとが有している社会的世界についての日常的な知識である「一次理論[8]」によって構成されている，という立場がとられる．たとえば彼は次のように述べる．

> ある金属片やある印刷された紙片が「貨幣」あるいは「紙幣」として果物や魚と交換されることができるのは，「それらが貨幣ないし紙幣として通用しうる」という一次理論が多くの人々に抱かれているためである．ここで，貨幣とか紙幣とかいう用語の中にすでに「商品と交換しうる」という観念が含まれており，さらに，「商品」「交換」「しうる」という概念もす

質性についての厳密な検討は，これまで必ずしも十分にはなされてこなかったように感じられる．
7)　この後示していくように，日本では各企業内における「正規的な従業員のカテゴリー」と「非正規的な従業員のカテゴリー」との区分が，社会における正規雇用と非正規雇用の区別の本質となっている．以降，正規雇用と非正規雇用という表現は，このような従業員カテゴリーの区分自体の違いを含めて用いる．
8)　盛山は，「行為者自身が自らをとりまく世界について抱いている了解の内容」（盛山 1995: 179）としての「一次理論」に対して，社会科学が求めようとする，超越的な視点に基づく社会的世界に対する知識・認識を「二次理論」と位置付ける．

べて社会的なものであることに注意しなければならない（盛山 1995: 192）.

　盛山はさらにこのような立場に基づき，組織とは何か，また組織の成員とはいかに定義されるのかという問題の考察を行う．以下に引用するのは，雇用関係と組織の成員性について述べられた箇所である．

　　雇用関係を市場的取引と区別するいかなる境界も存在しない．しかし真実はこうである．雇用関係が通常の市場的取引と区別されるのは，まさにそうした区別をもうけている人々の一次理論にあるのである．その区別によって，たとえば常勤の被雇用者と臨時のアルバイトとその時たまたま電気配線工事に来ている外部の職工とは異なる身分関係にあるものとされ，給与・賃金の支払い方，諸施設の利用許可，年金その他において差別化されるのである．「組織の成員」という概念は，このようにして一次理論的に組織の視点から定義される概念であって，二次理論レベルだけで定義しうる概念ではない．組織がその外部と境界づけられるのは，その境界づけを意味あるものと見なしている人々の一次理論によってであり，それ以外の根拠は究極的には何もないのである（盛山 1995: 219）.

　この議論はもともと，雇用関係と市場関係の区別，あるいはそれに基づく企業組織の成員と非成員の区別の根拠を探究するためになされたものである．しかしここで注目すべきは，この文章において盛山が「常勤の被雇用者」と「臨時のアルバイト」という，まさに正規雇用と非正規雇用の区別に対応する，企業組織内部における従業員カテゴリーの区別にも言及している点である．彼によれば，常勤の被雇用者と臨時のアルバイトとは――企業の成員と非成員がそうであるように――社会を構成するひとびとの「社会的世界に対する日常的な知識」としての一次理論上において区別されているために現実の世界でも区別されることとなり，また給与・賃金の支払われ方や企業による福利厚生の受給権など，両者の間に存在する報酬や権利の違いも同様に，ひとびとの一次理論をその究極的な根拠として存在しているものと考えられる．
　こんにちの日本の雇用統計における非正規雇用の定義は，韓国のように雇用

契約期間の定めの有無等の具体的な労働条件に基づいてなされるのではなく，「勤め先における呼称」を通じてなされていた（第4章参照）．この事実を思い起こせば，盛山の以上の指摘は，とりわけ日本の非正規雇用問題を検討する上で重要であると考えられる[9]．「勤め先における呼称」による非正規雇用の把握とはまさに，ひとびとの一次理論上における正規雇用と非正規雇用の区分に依拠した捕捉方法であるためである．

このような方法の採用は「勤め先における呼称」による把握が，現実に存在する正規／非正規雇用間の格差の適切な捕捉のためにもっとも有効であるとの判断に基づくものであった．それは日本における正規雇用と非正規雇用の区分が，単に雇用契約期間の定めの有無といった具体的な雇用の形態の違いのみならず，報酬水準の格差など，それ以外の違いをもはらむものであったためだが，同時にそれは，正規／非正規雇用間の報酬等の格差が，具体的な雇用形態の違いに必然的に随伴するものというよりも，むしろ正規的な従業員カテゴリーと非正規的なそれとを区分するひとびとの一次理論，あるいはそれと不可分の一次理論によって支えられたものであることを示唆する．

そしてこのように，正規雇用と非正規雇用の間の報酬格差と，両者を区分する一次理論との関係を理解するならば，日本社会では正規雇用と非正規雇用という「ポジションの区分」と「それぞれのポジションへのたがいに異なる報酬水準の連結」が，それぞれ独立したメカニズムによって生じているのではなく，双方が分かちがたく結び付いている可能性も高い．逆に報酬の違いに結び付くようなそれぞれのポジションに関する一次理論上の想定を抜きにしては，正規雇用と非正規雇用というポジション自体の区別も難しいのかもしれないのである．

---

[9] 盛山の議論は制度に関する一般理論であり，本来ならばいずれの社会にもひとしくあてはまるものと考えるべきかもしれない．しかし本書では，このような盛山の議論が特によくあてはまるケースが存在するという現実的な判断に立った上で，日本社会における正規雇用と非正規雇用の間の報酬格差はまさにこのようなケースに相当すると考える．
　さらに本書では，制度の成り立ち自体にはひとびとの「一次理論」が決定的な役割を果たしているとしても，その後はその一次理論が強くは意識されなくなったり，社会の実情に十分に適合しないものになったとしても，形式的な制度自体はそのまま自律的に存続し続ける，という可能性も認める．

ポジションの区分を支える意味・観念とそれによる格差の正当化

　このようにひとびとの一次理論において,「正規雇用と非正規雇用の区分」が「正規／非正規雇用間の報酬格差につながるような想定や意味付与」と表裏一体のものであり，同様にそのような一次理論を基に成り立っている現実においてもそうであるとすれば，ウィーデンの研究（Weeden 2002）で用いられていたような「ポジションの分化が（それに結び付けられる報酬の違いとは独立して）まず生じ，その後それぞれのポジションに異なる水準の報酬が結び付けられる」という従来の二段階型の視角は，日本の正規／非正規雇用間の報酬格差を検討する上では適切ではないのかもしれない．これらのポジションはそもそも,「たがいに異なる報酬水準が結び付けられることを理由付けるような想定や意味付け」そのものを根源的な基準として区分されている可能性も高いためである．そうである以上，このような報酬格差の性格を適切に理解していくためには，ウィーデンが行ったように「ポジションの分化を与件とした上で，各ポジションにいかなる報酬が結び付けられるのか」を考察するのみならず，問題の構図を少し変え,「そもそも（それが結果的に報酬の格差に結び付くような）いかなる想定を伴ってポジションの区分がなされているのか」を考察することも必要と考えられる．

　これまでも触れてきたように，このような検討を行うためには必然的に，たがいに区別されるポジションに付与された「意味」の考察が要される．ある金属片や紙片を貨幣や紙幣と呼ぶ際，そこにはすでに「商品と交換し得る」という観念が含まれる，と盛山が述べたように（盛山 1995），企業内において正規的な従業員カテゴリーと非正規的なカテゴリーとを区分する際，ひとびとの一次理論において，結果的に報酬の格差を理由付けることになるいかなる意味や観念がそこに含まれているのかを検討していくことが，まさにこの作業の本質となるためである．もちろんこのためには，それぞれの従業員カテゴリーの外形的な区別のために用いられている基準や名称——たとえば「パート」や「契約社員」といったそれ——に着目し，それらが各従業員カテゴリーに対する「想定」の構築にどのように寄与しているのかを考察することも，重要なアプローチの1つとなるだろう[10]．以上が，次節以降で検討する課題の1つである．

　以降で取り組むべきもう1つの課題は，各ポジションに付与された意味や観

念が，それぞれのポジションに異なる水準の報酬が結び付けられることをどのように理由付けているのか，言葉を替えていえばどのように報酬格差を「正当化[11]」しているのか，という問いの考察である．平等性の観念が広く浸透したこんにちの社会においては，格差が存在してしかるべき理由（＝正当化のロジック）が，報酬分配に関するひとびとの規範意識に沿う形で設けられてはじめて，ポジションに結び付けられた報酬格差が安定的に存在し得るものと考えられる（Costa-Lopes et al. 2013）．このように考えれば，正規雇用と非正規雇用という従業員カテゴリー間の報酬格差に関しても，それぞれの従業員カテゴリーに対する「想定」に基づいた格差の正当化ロジックを，それが依拠しているより上位の規範等も考慮に入れつつ丹念に検討していくことが，正規／非正規雇用間の報酬格差の本質を理解するために必要な作業となるだろう[12]．

---

[10] これらの例が示すように，非正規的な従業員カテゴリーの具体的な名称は，労働時間の違いや雇用契約期間の定めの有無を表すものとなっているが，前にも確認した通り，名称が「パート」であってもフルタイムの従業員と変わらないほど長時間働いているケースなども存在する．労働時間等の具体的な雇用条件は，こんにちでは，これらのポジションに対して与えられ，結果的に報酬格差を生み出すことになる何らかの「想定」の根拠として機能している側面も強いと考えるべきなのかもしれない．

[11] 本書における「正当化」とはこのように，何らかの論理や規範に基づいて報酬格差の存在を理由付ける，という意味で用いており（Tyler 2006; Costa-Lopes et al. 2013など参照），それぞれの報酬格差が本来そのように存在すべきものであると規範的立場から主張しているのではない．このためこの語はカッコ付きの「正当化」と表記するのが適当ではあるが，以降煩項を避けるため原則的にカッコをはずす．

[12] たとえば，日本の賃金実務に大きな影響を及ぼした楠田丘の回顧録（楠田 2004）からは，賃金設定に際して従業員を含めた当事者の「納得」が重視されている事実が浮かび上がってくるが，このような当事者の「納得」とは，賃金の具体的な水準や他との格差が適切に「理由付け」られてはじめて可能になるものと考えられる．また Evans（1971）に挙げられていた「仮に公平性の観点から高い賃金を払っていたとしても，その高い賃金を労働力の質の高さによって説明することができるような採用基準が人為的に設けられる」というケースも，公平性規範に従った結果生じた賃金格差が，「経済学」というより強力な理論的根拠に基づいて（さらに）正当化された事例ととらえられる．

　さらに近年の正規／非正規雇用間の報酬格差の「納得」や「妥当性」に関する研究（篠崎ほか 2003; 永瀬 2003; 高橋 2012など）や正規／非正規雇用間の「合理的格差」に関する研究（水町 2011など）もこれと近い論点を扱っているといえる．また後述の通り，今井順も日本の労働市場における報酬格差の正当化メカニズムの重要性を指摘している（Imai 2011a; 2011b）．なお報酬格差の正当化に対する着眼の必要性は，今井氏との個人的な議論を通じて気付くことができた．

3 ── 正規／非正規雇用間報酬格差の正当化ロジック：日本型雇用システムと生活保障

正規雇用と非正規雇用の区別とその根拠

　以上の方針に基づき本節では，日本社会において，正規雇用と非正規雇用のそれぞれにいかなる意味や想定が結び付けられており，それらが両者間の報酬格差をどのように正当化しているのか，という問いを検討していく．これまでの考察結果に基づけば，日本における正規雇用と非正規雇用の区分の本質は，企業内に設けられた，「正社員」をはじめとする正規的な従業員カテゴリーとそれ以外の非正規的な従業員カテゴリーとの区分に求められるため，本節の考察も，これらの従業員カテゴリー間の区分の問題に焦点を当てて進めていく[13]．

　この問題を考える上で，日本において「雇用」の持つ意味と役割をあきらかにした先行研究は大きな助けとなる．たとえば日本社会では，雇用は組織の「構成員であること」（メンバーシップ）を意味するという事実が多くの研究において指摘されており（Gordon 1985=2012; 二村 1994; 禹 2003; 盛山 1998 など），このような観点から濱口は，勤めている組織のメンバーシップを持つ正社員に対しては長期雇用と年功賃金が与えられるものの，メンバーシップを持たないそれ以外の従業員には長期雇用制度や年功賃金制度も適用されない，と両者の違いを位置付ける（濱口 2009）．これらの議論に基づけば，正規雇用と非正規雇用との根源的な相違は，組織へのメンバーシップを有しているか否かという点にあり，その違いが，勤め先が提供するベネフィットを受け取れるか否かの違いを正当化している，ということになるだろう．

　また今井は「企業別シチズンシップ」（company citizenship）の観点から，両者の区別を説明する．彼はゴードンの研究（Gordon 1993）などを引用しつつ，日本においては個々の企業組織へのメンバーシップに基づいて従業員と雇用主

[13) この問題は結局，人的資源管理論が扱う「雇用区分」の問題とも近い性格を持つ．ただし人的資源管理論では，雇用区分の「設定」の側面に焦点があてられがちであるが，設定された雇用区分が従業員に受け入れられ，実際に機能するためには，それが従業員の側からみても「正当」なものと認められる必要があるだろう．以降で行う考察は，そのような従業員側，あるいは社会の側からみた雇用区分とそれが随伴する報酬格差の正当性の検討作業として位置付けられよう．

間の権利と義務の関係が形作られるとした上で，企業組織へのメンバーシップの有無に応じて，十分な権利（と義務）が認められる正規雇用と，それが認められない非正規雇用という区別がなされるものと考える（Imai 2011b）．

　これらの研究が指摘しているように，いわゆる日本型雇用慣行の形成・定着過程において，企業の正規の従業員に対してある種の権利とそれと対になる義務が付与されていったことが，正規雇用と非正規雇用の区分を生み出す重要な背景要因となっているといえよう．すなわち，日本型雇用システムの中で企業組織へのメンバーシップを持ち，一定の権利と義務を持つ「正社員」が生み出されたことによって，「正社員」という正規的な従業員カテゴリーと，これらの権利と義務を持たない非正規的な従業員のカテゴリーとの区分が現実的に重要な意味を持つようになったものと考えられるのである．

　実際，日本の非正規雇用の性格を理解するためには，それと対比される正規雇用，すなわち正社員の性格をまず理解すべき，という観点からの研究もなされつつある．たとえば久本憲夫は，日本の正社員は「長期安定雇用」「査定付き定期昇給賃金」「昇進機会」が提供される一方，不明確な職務をこなしつつ（職務の包括性），企業のその時々の要望に応じて，日常的な残業や配置転換・転勤を拒否しないという働き方が求められる存在であると論じる（久本 2010）．また日本の正社員の性格を多方面から検討した小倉（2013）も，正社員には長期間の安定的な雇用や高い賃金，昇給・昇進機会，ボーナス・退職金などが提供される一方，残業が多く，厳しいノルマの達成が期待される点がその特徴であるとしている．また同様の指摘は，今野（2010）などにおいてもなされており，これらはいずれも，企業の正社員に対して求められる義務と与えられる権利（あるいはベネフィット）がセットとして存在することを示しているといえる．

日本と韓国における正規／非正規雇用区分の特徴

　以上の研究はいずれも，日本における正規雇用と非正規雇用との性格の違いを鋭く指摘したものであるが，本書のこれまでの考察結果をふまえれば，日本社会における正規／非正規雇用の区分の特徴として，さらに次の3点を挙げることができるだろう．第1に，以上で述べてきたような正規雇用と非正規雇用それぞれの役割や働き方，さらには与えられるベネフィットの違いは，多くの

場合，明文化された規則によるものというよりも，実際の人事措置の積み重ね，あるいはそれによって形成されたひとびとの期待をもとにした「慣行」である．第2に，そのような性格を持つにもかかわらず，これまでも触れてきたように，正規雇用と非正規雇用の具体的なあり方は，それぞれに結び付けられた役割・働き方の違いや報酬の格差を含めて，日本社会において強く標準化されているといえる．第3に，「パート」や「契約社員」など，非正規雇用として位置付けられる従業員カテゴリーの具体的な名称自体も，日本社会において強く標準化されている．このような強い「標準性」は，日本社会における正規／非正規雇用間の区分の大きな特徴といえるだろう．

そしてこんにちの日本社会においては，このように標準化された正規雇用と非正規雇用の区分がともすれば自明の存在にさえなっていることによって，1つの企業の直接雇用の従業員内部に，雇用が安定し報酬水準の高い従業員（正規的なカテゴリーの従業員）と，雇用の安定性が乏しく報酬水準の低い従業員（非正規的なカテゴリーの従業員）を同時に存在させ，その両者に——報酬が異なるにもかかわらず——似通った職務を担わせることが可能になっているものと考えられる．このために日本の企業は，人件費の削減や雇用のフレキシビリティ確保のため，正規雇用の従業員を，同じく直接雇用の非正規雇用の従業員で代替する，という方法をとることができるのである．

これに比べれば韓国社会では，1つの企業の直接雇用の従業員を，雇用の安定性と報酬水準の高い正規の従業員と，それらの低い非正規の従業員とに区分するという発想が——まったく存在しないわけではないものの——日本ほどに強く浸透しているわけではなく，また存在している場合でも，その区分が職種の違いなどとは完全に独立した形で適用されることは少ない．前章で指摘したように，人件費削減と雇用のフレキシビリティ確保の要求に直面した韓国の製造業企業は，直接雇用の非正規雇用よりも，そもそも雇用主が異なることによって待遇の格差が理由付けられた従業員（社内下請）を用いる傾向がみられるのである．もちろんこれは，韓国では労働基準の監督が十分に徹底した形では行われておらず，間接雇用の従業員であっても直接雇用の従業員に近い形で用い得ることがその一因ではあるが，それでも近年では社内下請の違法性が指摘されるようになっており，日本的な感覚をもってすれば，直接指示を与えるこ

6章　ポジションに基づく報酬格差の説明枠組み——199

とができる直接雇用の非正規雇用への転換圧力が高まっているともいえる.

しかし現実には,管見の限り,そのような転換が目立った形で進んでいるわけではない.誤解を恐れずにいえば,韓国では直接雇用従業員の内部における待遇の差別化が,直接雇用の従業員と間接雇用の従業員の間での差別化ほど容易でないことがその一因ではないかと考えられる.

前述のようにエバンスは,「それぞれの社会において,いかなる条件が同じであれば賃金も同じ水準であるべきと考えられているか」に着目しつつ,日米間の賃金格差のあり方の違いを説明した(Evans 1971; 1973).同様の視点に立って考えてみると,労働組合の組織のされ方等を反映して,そもそも同一の産業内では勤め先の違いを問わず,同じ職務に就く労働者の賃金は同一水準であるべき,と考えられるような社会も存在しよう.しかし韓国は,日本と同様に,あるいはそれ以上に企業規模に応じた報酬の格差が大きい(第2章・第3章)という事実からもわかるように,同一産業の同じ職務に就いていても,雇い主が異なれば報酬水準も異なることが許容されやすい社会である.直接雇用の正社員と間接雇用の社内下請工の間の報酬の差別化は,このような雇い主の違いを根拠として正当化されているといえよう.

しかしながら,似通った職務に就いている同一企業の直接雇用従業員の内部に,あからさまな待遇の格差を伴う従業員の区分を設けることは,韓国では日本におけるほどには容易でないといえよう.直接雇用の従業員内部においてそのような「差別化」を実現させるためには,それを支えるためのより強い条件,たとえば待遇の格差を正当化するロジックや,それを伴ったカテゴリー区分の標準化などが必要であろうが[14],これまでの考察結果をふまえれば,韓国にはそこまでの条件は整っていないものと判断される[15].韓国において,社内下請の従業員を直接雇用の非正規雇用へと転換しようとするめだった動きはみ

---

14) 正規の従業員と非正規の従業員との区別が企業組織へのメンバーシップの有無に基づくとしても,「直接雇用の従業員にはメンバーシップを認めるが,雇い主の異なる間接雇用の従業員には認めない」というように雇用主の違いに応じてその区別を行う場合に比べれば,「同じ直接雇用の従業員の間で,一部の従業員カテゴリーにはそれを認めるが,他の一部には認めない」という形で区別を行う方が本来はるかに難しいはずである.
15) このような日韓間の相違は,企業の人事管理制度や労働組合のあり方の違い等に起因するものと考えられる.

られないのも，このためではないかと考えられるのである．正規の従業員と有期雇用・パートタイムの従業員との区別や，近年金融業界で導入されている分離職群制度（終章において詳述）などはこのような直接雇用従業員内部における「差別化」の例であるが，それでもこれらの区分の導入は，日本に比べれば部分的なものにとどまっており，また導入された場合も，それは職種の違いと明確に対応付けられた形で運用されることが多い．

このような韓国の事例との比較を通じて改めて注目されるのは，日本では，同じ企業において似通った職務に就いている直接雇用の従業員間での「差別化」さえもが比較的容易に実現されてしまうという事実である．なぜ日本ではこのような正規雇用と（直接雇用の）非正規雇用の間の区別が可能なのであろうか．またそれを支える「正当化のロジック」が存在するとすれば，それはいかなるものなのであろうか．

企業内における従業員の区別を正当化する思想：企業による生活保障

これまでの議論に基づけば，そのような正当化のロジックとして，まず「企業組織のメンバーシップの有無」を挙げることができるだろう．しかし韓国との比較の視点に立てば，なぜ日本では，同じ企業に直接雇用された従業員の間にメンバーシップ（やシチズンシップ）を有する従業員とそうではない従業員の区別が存在し，なぜそれが許容されるのか，という点こそが問題となる．この点については，もう少し踏み込んだ説明が必要であろう．

このような直接雇用の従業員間での区別を支える正当化のロジックとして，「企業による従業員の生活保障と性別・年齢によるその受給権限の違い」に着目することは有益であるだろう．この問題は，これまで女性パート労働者問題の考察に際して掘り下げられてきた論点でもある．ここでは大沢真理の議論に基づいて，その中身を確認しておこう．

大沢は日本の労働市場における男女間賃金格差の性格を解明していく作業の中で，日本の年功賃金の本質を「年齢別の生活費保障」に求めた小野旭や野村正實の議論（小野 1989; 野村 1992）に着目する（大沢 1993）．従業員の賃金はその生活が支えられる水準であるべき，という発想に基づく生活費保障型の賃金体系は，戦時体制下において萌芽し，戦後の「電産型賃金体系」と呼ばれる生

活給の発想の強いシステムに引き継がれ，その後それが春闘等を通じて定着していった．しかしこのような賃金体系は主に男性を念頭に置いたものであり，女性に関しては「"妻子を養う"男の生活費にみあう賃金に，女をあずからせるということ自体が論外」（大沢 1993: 68）と考えられた．日本の企業は，この家父長制的なジェンダー関係に基づく「男性稼ぎ主モデル」を前提として，従業員とその家族の生活保障を担ってきたのであるが，同時に「この賃金体系を前提とするかぎり，女性正社員の勤続へのインセンティブをくじき，『若年で退社』させることは，企業にとってほとんど至上命題」（大沢 1993: 68）となってしまう[16]．日本のパートタイムとは，こうして結婚や出産を契機として退社した女性が，再び労働市場に参入する際の従業員カテゴリーとして位置付けられるものなのである．

　大沢はさらに，このような企業による男性中心主義的な生活保障システムが，正社員とパートタイマーとの賃金格差の発生要因となっている可能性を示す．彼女は，日本の年功賃金制度を，男性社員に対して家族の扶養を組み込んだ生計費を保障する賃金制度とみる中田（1997）などを参照しながら，性別と年齢によって決定される家庭内での地位の違いに基づいて，正社員とパートタイム労働者との労働市場の分断が生じ，さらに賃金の格差も生じている，という可能性を注意深く指摘するのである（大沢 1997）．

　これらの議論に基づけば，正社員とパートタイマーという直接雇用の従業員間での「差別化」が可能となるメカニズムについては，次のように理解することができるだろう．まず前提として，日本では企業が従業員の生活保障を担うべきという発想が強く，実際日本の賃金システムは，その家族を含めた従業員の生活費保障という側面が強い．また日本では家父長制的なジェンダー関係を前提として，男性に稼ぎ主としての役割が，そして女性には家事労働の担い手としての役割がそれぞれ付与される．これら両者が結び付いた結果として，日本の企業組織には，世帯の稼ぎ手たる男性が主に就くことが期待され，家族全

---

[16] 大沢も言及しているように，生活給的賃金は男性に対してのみ与えられ，女性は年齢を問わず低い賃金が支払われるという事実は，1950年代においてすでに氏原正治郎によって指摘されていた（氏原 1956）．

体の生活がまかなえるほどに高い報酬が与えられる「正社員」という従業員カテゴリーと，主に既婚女性が就くことが期待され，家事労働の合間に働ける代わりに，家計の補助的収入程度の報酬しか与えられない「パート」という従業員カテゴリーとの区別が設けられている，ということになる．本章の枠組みに基づけば，「正社員」と「パート」の区分には，両者を分ける外形的な基準となっている時間制労働であるか否かをその根拠として，「世帯の稼ぎ主としての役割を持つ者のための就業機会」と「その役割を持たない者のための就業機会」という想定がそれぞれ付与されており，このような想定が，生活給規範のもとで両者の間の報酬格差を正当化している，と考えられる．

パートとアルバイトが区別される理由

以上の議論は，ジェンダー論の視点から，正社員とパートの間の報酬格差を説明したものであるが，その対象をさらに広げ，パート以外の非正規雇用について同様の説明を施すことも可能だろう．たとえば「アルバイト」について考えれば，そもそもパートとアルバイトは短時間労働という雇用形態の面では非常に似通っており，両者を厳密に定義し分けることはかなり困難である[17]．結局両者の相違は，パートは壮年女性が多く，アルバイトは学生を中心とする若年者が多いという，労働供給側の人的属性の違いに求めざるを得ないのであろうが（仁田 2011），「正規雇用と非正規雇用との区分は，両者間の報酬格差の正当化ロジックと不可分の関係にある」という本書の視角に基づけば，このような主な労働供給の担い手の属性の違いこそが，パートとアルバイトを区別する条件として重要であることが理解できる．すなわち，パートは主に中高年女性が担う従業員カテゴリーであり，アルバイトは主に学生を中心とする若年者が担う従業員カテゴリーであるという事実が，「世帯の中心的な稼ぎ主を通じた世帯全体の生活費保障」という報酬規範のもとで，それぞれの低い賃金を正当化するのである．

---

17) 特に海外のオーディエンスには，両者がどのように区別されているのかを理解してもらうのが非常に難しい．韓国には，従業員カテゴリーとしての「パート」と「アルバイト」が区別される例もあるが（キムスニョン 2006），この場合の「アルバイト」は主に派遣社員からなるカテゴリーであり，短時間労働である「パート」とは具体的な雇用形態において異なっている．

前述のとおりパートに関しては，これを主に担う中高年女性が，（既婚である限り）世帯内において家事労働の担い手という役割を付与されており，中心的な稼ぎ手たる配偶者の稼得に対して補助的な収入のみを得ればよい，と考えられることによって，家族を養うべき正社員との報酬格差が理由付けられる．これに対しアルバイトの場合は，学生の本分は学業であり，基本的には親によって扶養されているため，補助的な収入のみを得ればよい，と考えられることによってその低賃金が正当化され得る．このようにパートとアルバイトとは，共に「世帯の中心的な稼ぎ主を通じた生活保障」という報酬規範に基づいて正社員とは区別され，その報酬水準の低さが正当化されるものの，それぞれの従業員カテゴリーの主な担い手がなぜ「世帯の中心的な稼ぎ主」とならないのかについての想定が異なるといえるだろう．日本社会におけるパートとアルバイトという従業員カテゴリーの区別は，以上のような「それぞれの主な担い手が世帯の中心的な稼ぎ主とならない理由」の相違――パートの場合は「家事労働の担い手であるため」，そしてアルバイトの場合は「学業がその本分であるため」という相違――によって支えられており，逆に両者を区別することによって，それぞれと正社員との報酬格差の正当化ロジックが一層明瞭になっているものと考えられる[18]．

　以上，パートとアルバイトの事例について考察してきたが，他の非正規雇用カテゴリーについても同様の正当化ロジックを考えることができよう．たとえば「嘱託」は主に定年退職後の従業員が就くべきカテゴリーであり，従来，老齢年金や同居する子どもの稼得に頼り得ることがその報酬の低さを正当化してきたと考えることができる．またそこまで年齢・性別との関連は強くないものの，「契約社員」や「臨時職員」は（あるいは「派遣社員」も）主に若年女性が

[18) また前に指摘したような想定とそれによる日本社会における従業員カテゴリーの区分とその内容に関する強い「標準化」も，以上のような正当化のロジックが存在してはじめて可能であったのではないかと考えられる．仁田は，政府の雇用統計が職場における呼称を通じてなされているという事実に対して，「『パート』『アルバイト』『契約社員』が，単なる呼称にとどまらず，なんらかの制度・慣行の裏付けをもって社会的に確立したカテゴリーとなっており，それらについて人々が共通したイメージをもっていること，そして，それを基準としてこの設問に解答していることを示している」（仁田 2011: 10）と述べているが，これはまさに以上のような状況の一面を指摘したものといえる．

結婚までの時期に就くべき就業機会と想定されていることにより、同様の正当化ロジックを持ち得るものと考えられる。

報酬格差を正当化するより洗練されたロジック

ただし、日本における正規雇用と非正規雇用の区分と両者間の報酬格差が以上のような「世帯の中心的な稼ぎ主を通じた生活費保障」という規範に支えられて形作られてきたとしても、こんにち両者間の報酬格差の正当化のために利用されるのは、もう少し「洗練」されたロジックであることが多い。それが、それぞれの従業員カテゴリーに期待される義務・責任の違いに基づく補償賃金仮説的な正当化ロジックである。

正規雇用と非正規雇用の間に想定されている「世帯内における役割の違い」は、さらにそれぞれの従業員カテゴリーに期待される義務や責任の相違にも反映されているものとみることができる。これまでも指摘されているように（水町 1997; 今野・佐藤 2009; 久本 2010; 小倉 2013 など）、たとえば正社員には残業や休日出勤など、企業の都合に合わせて規定外の時間にも働くことが期待される一方、そもそも家事労働の合間の短時間就業の機会として想定されているパートの場合、それらの義務から免除されると考えられることが多い。また正社員には、転居を伴う転勤であってもそれを拒否しないことが期待されるのに対して、「稼ぎ主」ではないパートには通常そこまで求められない。これらの義務や責任の相違は、それぞれの主な担い手に対して想定されている「世帯内における役割の違い」から派生したものであり、また以上のような「正社員には期待される義務・責任の免除」は、他の非正規的な従業員カテゴリーに対しても概して同様にあてはまるものといえよう。

このように正規雇用と非正規雇用のそれぞれに期待される義務や責任がたがいに異なっている場合、「それらの相違は報酬の相違によって補われるべき」というロジックによって両者間の報酬格差が正当化され得ることとなる。このようなロジックは「義務や責任の軽い仕事は、より多くの求職者に選好されるため、労働市場において賃金が下落する」という経済学の補償賃金仮説の主張に近いものといえる。もちろんそれが市場メカニズムの作動の結果としてとらえられているか否かは別としても、「それぞれの仕事の義務や責任の重さに応

じて賃金も異なるべきである」という発想自体は，こんにちの日本社会に強く浸透しているといえる．このようなひとびとの公平性観念に依拠することで，それぞれの「世帯内における役割の違い」を基礎とした「期待される義務・責任の違い」が，正規雇用と非正規雇用の間の報酬格差を正当化し得ると考えられるのである．

　以上のように，日本における正規雇用と非正規雇用の間の報酬格差は，そもそもは企業が，その家族を含めた従業員の生活を保障しようとする上で，世帯全体の生活費に相当する高い報酬を支払うべき従業員とそうではない従業員との区別の結果として生じたものと考えられるが，こんにちではそれらの格差は，「それぞれの従業員カテゴリーの義務や責任の重さの違いは報酬の格差によって補償（compensate）されるべき」というロジックによって正当化されているものといえるだろう．「根本的にはひとびとの公平性規範に従って賃金が決定されているにもかかわらず，実際の賃金の格差は『労働力のクオリティの高低』という経済学的な根拠を用いて正当化される」という前述のエバンスの指摘にも如実に示されているように，こんにちでは，経済学的な裏付けを持つロジックの方がそれを持たないロジックに比べてより「有効」であるため，このような補償賃金仮説的なロジックが報酬格差の正当化のためにより広く利用されているのではないかと考えられる．

　しかしこのロジックが経済学的な裏付けを持つとしても，根本的にはそれはやはり，それぞれのポジションに対するひとびとの意味付けや想定が存在してはじめて成り立つものであることは再度強調しておきたい．以上の補償賃金仮説的な正当化ロジックの場合も，「正規雇用には義務や責任が強く課されるが，非正規雇用はそれから免れ得る」との想定がなされてはじめて，そのような義務や責任の違いに基づく正当化が可能となるのである．また誤解を恐れずにいえば，いったんそれぞれのポジションに付与された意味や想定は，それに基づいて成り立つ正当化ロジックが実際に広く用いられるにつれて，さらに補強され，再生産されていくものなのかもしれない．

残された課題

　正規雇用と非正規雇用の区分を，その主な担い手の世帯内における役割の違

いと，企業による生活保障の対象の区別という観点から理解しようとする以上の議論は，これまで多くの論者によって展開され，また支持されてきたものであり，現実的な妥当性を備えた説得的な説明であると思われる．しかしここで留意しなければならないのは，このような議論に依拠して正規雇用と非正規雇用の区分と報酬格差を説明しようとしたとしても，1つの大きな問いが答えられないまま残ってしまうという点である．すなわちそれは，仮に日本の企業が従業員の生活保障を重視し，家計を担う必要度合いに応じて報酬を支払う意思があるとしても，なぜ個々の従業員が直面している実際の家計支持の必要性に直接応じた形で生活給を支払うのではなく，その必要性をきわめて大雑把にしか反映しない従業員カテゴリーの違いに従って報酬の差異化を行うのか，という問いである．

　たとえば扶養手当などは，「個々の従業員ごとに異なる家族扶養の必要性に直接応じた生活給」の例といえよう．しかし正規雇用と非正規雇用という従業員カテゴリーの違いに基づいて報酬を差異化させる場合――「パートとして働くシングルマザー」の例のように――それぞれの従業員カテゴリーの主な担い手の性別と年齢から判断される「平均的」な家計支持の必要度合いは，個々の従業員の実際のそれから大きくかけ離れてしまうおそれがある．これらの点を考慮にいれれば，以上の議論に従うとしても，なぜ生活給としての報酬が，個人ではなく，従業員カテゴリーを単位として支払われるのかについては，十分な説明が与えられていないことになる．

4――正規／非正規雇用間の報酬格差を支えるもうひとつの論理

考えられるいくつかの可能性とその限界

　本書全体を貫く問いでもある，この「なぜ報酬が個人にではなく，（従業員カテゴリーという）ポジションに結び付けられるのか」という問題は，正直なところなかなか手ごわいものではある．ここではいくつかの答えの可能性を考えるところから考察をはじめてみよう．

　この問いに対する答えの1つとしてまず，「情報の不完全性」を挙げることができるだろう．企業が各従業員の家計支持の必要性に応じて報酬を支払うと

しても，そのニーズを個別に正確に測定するのは容易ではない．そのために，男性稼ぎ主モデルという特定の家族観のもと，年齢・性別の違いと強く関連する従業員カテゴリーの違いに基づいて報酬を差異化させている，という可能性である．しかしながら前述のとおり，扶養手当に関しては，世帯の被扶養者数など，より精度の高い形で家族扶養の必要性が捕捉され得ている．であるならば，企業による生活保障も，同様の方式で個人の実際のニーズにより近い形で行うことは十分に可能なはずであり，あえて従業員カテゴリーの違いに基づく必然性はそれほど高くないとも考えられる[19]．

このほかに考えられる答えの1つとして，組織の「官僚制」を挙げることができるかもしれない．従業員の事情を個別に斟酌して給与を定めるよりも，家計支持の必要性と大まかに対応している従業員カテゴリーを根拠として，より「規則的」に給与水準を定めようとする組織原理が働いた結果，個人にではなく，従業員カテゴリーというポジションに基づく報酬決定がなされるようになった，という可能性である．しかしこの場合でも，前述のように世帯の被扶養者数などの客観的情報に基づいて機械的に規則を適用することも可能であろうし，何よりも一般に官僚主義の強いとされる大企業のみならず，中小企業においても大きな正規／非正規雇用間賃金格差が存在している（第5章），という事実をうまく説明できない．

もちろん従業員カテゴリーと報酬水準との結び付きは，日本のこれまでの労使関係の下で徐々に形作られてきたものであり，労使関係の具体的な形成過程や経緯の中にこそその答えを見つけるべき，という考え方もあるだろう．しかし仮にそれらが発端であるとしても，報酬の格差構造がある程度安定的に再生産されている以上，こんにち的な観点からは，それを支える何らかの（一次理論上における）理由付けが必要であるように思われる[20]．やはり，相互に異なる報酬水準が，個人にではなく，従業員カテゴリーに結び付けられることを理

---

19) このほか，性別や年齢それ自体に基づいて報酬を差異化させることはあからさまな差別であるため，という理由も考えられるが，その代わりに実際の被扶養者数に基づいて差異化させないのはなぜか，という問いがやはり残る．

20) 国際比較の視点に基づき，格差を正当化するロジックや，それを支える意味や想定に着目する本書では，このような歴史的視角からの考察は十分に行えていない．具体的な歴史的経緯と関係付けながらこれらの「想定」自体の成り立ちをあきらかにする作業が今後は必要であろう．

由付けるような，何らかのロジックがほかに存在していると考えるべきではないだろうか．

報酬格差の正当化に利用し得るポジション属性は何か

　ここで，問いの形を少し変えてみよう．仮に「報酬の水準が（個人にではなく）ポジションに結び付けられる」ことを正当化するようなロジックが存在するとすれば，それはたがいに差異化された報酬を支払うことが，ポジションそれ自体の何らかの属性——いささか譲ったとしても，ポジションそれ自体と疑いなく同一視されているような，各ポジションに就いているひとびとの属性——によって「正当」なものとして理由付けられる，という形をとるだろう．このような形をとって報酬の格差を正当化し得るようなポジションそれ自体の属性として，いかなるものが存在するであろうか．

　この問題を考える上で参考になるのは，本章においてこれまで何度も参照してきたエバンスの議論である．エバンスは，従業員の賃金水準がひとびとに共有された公平性規範にそって定められたとしても，実際にはこの点が表だって語られることはない，と指摘する．前にも引用したように，彼はその理由として，「高い賃金を払わねばならないという公平性の要求に直面した雇用主が，しばしば『その高い賃金はクオリティの高い労働力を雇用したことの帰結である』という幻想を与えるような採用基準を人為的に設けているために，この公平性という要因の強さが部分的に隠されているのかもしれない」(Evans 1971: 179-80) と述べる．すなわち，公平性規範に従った結果として生じる報酬の格差は，実際には「労働力のクオリティの違い」，より正確にいえば「労働力のクオリティの違いを結果的に生み出すものと想定される（それぞれの就業機会の）採用基準の違い」によって正当化されている，と考えられているのである．

　それぞれの就業機会の採用基準とは，確かにポジションそれ自体が持つ属性である．そして以上のような「採用基準の違いがそれぞれのポジションに就いている労働力のクオリティを異ならせ，それに応じて報酬水準も異なる」という説明は，ここで検討している問題に対しても，1つの適切な答えとなるように思われる．すなわち日本では，正社員とそれ以外の非正社員との間で採用枠が異なっており，概して正社員の方が非正社員よりも採用が難しく，採用基準

も高い．したがってエバンスが指摘したように「正規雇用に就いているのは，より高い基準の選抜を通過した，より能力の高い従業員である」と想定することは十分に可能であり，また実際に，こんにちの日本社会ではそのような想定が広く流通しているといえよう．このため，正規的な従業員カテゴリーと非正規的なカテゴリーの間では「採用時の選抜度と採用基準」が異なることによって，それぞれのカテゴリーに就いている就業者の能力自体も異なる——それが事実であるかどうかはひとまず別として——と想定され，さらにそれが正規雇用と非正規雇用の間の報酬の違いを正当化している，と考えられることになる．

以上のロジックは，報酬水準が個人にではなく，それぞれの従業員カテゴリーに結び付けられることを理由付けているロジックとして，かなり妥当かつ重要なものではないかと思われる．このようなロジックによる正当化の可能性を，関連する理論も視野に入れつつ，もう少し詳しく検討しておこう．

能力の社会的構築論

それぞれの従業員カテゴリーの「採用時の選抜度と採用基準の違い」が，それぞれに就いている従業員の能力の違いとして理解され，さらにそれが報酬の違いに結び付くという以上のメカニズムは，ローゼンバウムの「能力の社会的構築論」（Rosenbaum 1986）と根本的な発想を同じくするものといえる．ローゼンバウムは「能力は個人の属性である」とする伝統的な能力観[21]に対して，「個人の能力とは，過去の選抜の結果に基づいて推測（infer）されるものである」という見方を提起する．この議論の前提となっているのは，スクリーニング（シグナリング）理論が想定するような個人の能力についての情報の不完全性である．

スクリーニング理論を提唱したアローやスペンスは，主に従業員を採用する際の情報の不完全性に焦点を当てたが（Arrow 1973; Spence 1974），ローゼンバウムは，このような情報の不完全性は採用時のみならず採用後にも一定程度あてはまり，個々の従業員がどれほどの能力を有しているのかを正確に判断する

---

21) その代表例として挙げられているのが人的資本論である．人的資本論は人的資本の中心的な構成要素である「能力」を測定不可能なやり方でしか定義しておらず，その実体についての考察を十分に行っていない，とローゼンバウムは批判する（Rosenbaum 1986）．

のはそれほど容易なことではないと考える．通常企業においては，従業員はそれぞれ異なる種類の仕事に就いており，仕事ぶりを評価する上司も異なる場合が多い．そのため，従業員の能力や業績を比較し，その中から少数の昇進対象者を選抜する，という判断は非常に難しいものとなる．このような状況において，過去の達成（attainment）の結果が個人の能力の重要な代理指標として機能することになる，とローゼンバウムは考える．すなわち，以前の選抜にパスしたもの，あるいは以前の選抜を早くパスしたものが，過去に成功的に選抜を通過したという事実それ自体によって，能力があるものとみなされ，昇進対象者に選ばれる，と彼は主張するのである（Rosenbaum 1986）．

このようにローゼンバウムの議論においては，ひとびとの能力とは，個人の持つ属性というよりも，評価者や同僚によって生み出される「社会的構築物」であると考えられる．またローゼンバウムの議論はスクリーニング理論の発想に近いものの，経済学的なスクリーニング理論とは異なり，過去の選抜結果という情報は，あくまで「能力」の推論や解釈の材料として適当であると考えられているために利用されるにすぎない，とされる．過去の選抜を成功的に通過したものは実際の能力も高い——もちろん客観的な能力というものが実在しての話であるが——とは必ずしも考えられていないのである[22]．

能力の社会的構築論に即してみる正規／非正規雇用間報酬格差

ローゼンバウムによる能力の社会的構築論は，これまで日本において非常に多くの関心を集め，実際多くの適用の試み（竹内 1995 など多数）がなされてきたものであるが，この理論は，本章の中心的な課題である「就業機会というポジションへの報酬水準の結び付き」を説明するためにも有効な視角を提供してくれる．先に検討したローゼンバウムの議論において主に扱われていたのは，昇進機会の配分の事例であった．しかし彼の議論は，正規的な従業員カテゴリ

---

[22] 彼は「精神医学，心理学，社会科学の概念と方法の導入を通じて行われる学校システムの理論付けは，生徒の能力とパフォーマンスの『客観的』指標を解釈する上で個人的・社会的要因を持ち出すことの適切さを正当化する」という Cicourel and Kitsuse（1963=1980: 203）の一節を引用しながら，さまざまな理論や概念によって「過去の選抜結果は本人の能力を適切に示している」という想定が正当化される可能性を示している．

ーと非正規的な従業員カテゴリーの間の報酬格差に,「採用時の選抜度と採用基準の違い」という視点からアプローチしていくために援用することも可能であろう.

　従業員の報酬水準を定める基準として，こんにちでは個々の従業員が「どのような能力を持ち，どのような成果をあげているか」が重要といえるが，ローゼンバウムが――さらには彼が引用したシクレルとキツセ (Cicourel and Kitsuse 1963=1980) も――強調しているように，従業員の能力の正確な把握はそれほど容易ではなく，またその厳密な形での把握には大きなコストが要される．このため個々の従業員の能力は，結局「過去にどの程度難易度の高い選抜を経てきたか」に基づいて判断されている部分も一定程度存在するものと考えられる．そして前述のとおり，日本の企業では一般に，正規的な従業員カテゴリーの採用プロセスと非正規的なカテゴリーのそれとがたがいに異なっており，採用時の選抜度と採用基準に大きな相違が存在する．このような選抜度と採用基準の相違が，正規の従業員と非正規の従業員とはたがいに「能力が異なる」という想定を生み出し，結局そのような想定が両者間の報酬格差を正当化している，という可能性をローゼンバウムの議論は強く支持するといえよう．もちろん，このような正当化のロジックは，従業員の能力の十分に正確な測定が難しい状況において，「採用時の選抜結果が本人の能力を適切にふるいわけている」というスクリーニング理論的な一次理論がひとびとに広く共有されてはじめて機能するものである．

　またここで，ひとびとの一次理論が人的資本論的なものである場合にも，同様のロジックが成り立ち得る点に注意すべきであろう．すなわち，同じく従業員の能力の十分に正確な測定が難しい状況において，「非正規の従業員に比べて正規の従業員には，社内外での訓練機会をはじめ，能力や技能向上のための機会が多く与えられる」とみなされており，さらにそれらの機会が職務遂行能力の向上のために決定的な役割を果たす，と考えられている場合には，それらの機会の相違ゆえに「正規雇用の方が非正規雇用よりも能力が高い」と想定されることになる．この場合，「採用後の訓練機会の違い」が正規雇用と非正規雇用の間の「能力の相違」についての想定を生み出し，さらにそれが両者間の報酬の格差を正当化することになるのである．

正規／非正規雇用間報酬格差を支える一次理論とその背景条件

　以上をまとめていえば，日本の正規／非正規雇用間の報酬格差は，たがいに性格の異なる2つの正当化ロジックを持つものと考えられる．1つは，「正規雇用と非正規雇用とでは，果たすべき責任や義務の重さが異なっているために，報酬水準も異なる」という補償賃金仮説的な正当化ロジックである．このロジックはもともと，企業による世帯の稼ぎ主を通じた生活保障規範とそれが前提とした男性稼ぎ主モデルに起因するものといえる．そしてもう1つが「正規雇用と非正規雇用とでは，採用時の選抜度と採用基準が（あるいはその後の訓練機会も）異なることによって職務遂行能力が異なり，そのために報酬水準も異なる」というスクリーニング理論的（あるいは人的資本論的）なロジックである．以上2つのロジックはいずれも「正規雇用の従業員が果たすべき責任・義務は，非正規雇用の従業員よりも重い」，あるいは「採用時の選抜度と採用基準が（あるいはその後の訓練機会も）異なっているため，正規雇用の従業員は非正規雇用の従業員より職務遂行能力がすぐれている」というひとびとの「想定」が存在してはじめて成り立つものである点は改めて強調しておこう[23]．

　こんにちの日本では，正規雇用と非正規雇用の違いは「働き方の違い」として理解されることが多く，両者間の報酬格差も以上2つのロジックのうちの前者，すなわち補償賃金仮説的なロジックによって説明されるケースが少なくない．しかし仮に両者間の報酬格差が，義務や責任の重さの違い（に関する想定）のみに起因するものであり，報酬の格差によってその義務や責任の重さが十分に補償されているとすれば，報酬水準まで含めると，雇い主にとっても実際の就業者にとっても正規雇用と非正規雇用とは無差別であり，両者の間に「望ましさの差」は存在しないことになる．もしそうであるならば，正規雇用と非正規雇用の間での就業機会選択や転職はかなり自由に行われ得ると考えてもおかしくはない．しかし実際には，非正規雇用から正規雇用への移動は概して難し

---

23) これら2つの正当化ロジックを支える「想定」は，非正規雇用の「柔軟な働き方」を肯定的にとらえる見方と，その技能レベルの低さを否定的にとらえる見方（佐藤 1998; 篠崎ほか 2003）のそれぞれに対応するものといえる．本書では，それらが現実の正確な反映ではない可能性も認めつつ，この両者が正規雇用と非正規雇用とを区分するひとびとの一次理論に共に含まれるものと考える．

く，そのために厳しい選抜が課されることが多い．

　このような非正規雇用から正規雇用への移動の難しさは，やはりもう1つの想定，すなわち「採用時の選抜度と採用基準が異なっているため（あるいはその後の訓練機会も異なっているため）正規の従業員は非正規の従業員より能力が高い」という想定が存在してはじめて，適切に説明され得るものだろう．このような想定が存在しているがゆえに，正規雇用と非正規雇用の間に（双方向の自由な移動が認められないなどの）「垂直的」な関係性が生じてくるものと考えられるのである[24]．

　企業による生活保障の受恵対象であるか否かに基づく従業員カテゴリーの区分は確かに日本に独自のものと考えられるが，以上のような「技能や能力の高低」の想定を伴う従業員カテゴリーの区分もやはり，職務よりも職能に基づく人事管理が一般的な日本型雇用システムにおいて特に生じやすいものといえよう．濱口桂一郎は，定年までの長期安定雇用や年功賃金などの日本に特徴的な雇用制度は，「職務」の概念が乏しいために職務の特定を欠いた形で雇用契約が結ばれる[25]という，日本の雇用状況の論理的帰結であるととらえる（濱口2009）．同じ視点に立てば——訓練等を通じたその将来の上昇分も含めて——従業員の職能を区別し，それぞれを異なる従業員カテゴリーに属させるという人事管理の方式は，職務が明確に特定され，職務の違いに基づく従業員の区分と管理が可能な（たとえば米国のような）社会においては，それほどの必要性を持たないであろう．仮に従業員の区分とそれに基づく人事管理が必要であったとしても，それを職務の違いに基づいて行うことが容易であるためである．逆に考えれば日本のように，職務の違いに基づく人事管理を容易には行い得ない状況においてはじめて，採用時の選抜度やその後の訓練機会の差異を根拠とし，「技能や能力の差異」の想定を内包した従業員カテゴリーの区分が，人事管理上の手段として大きな意味を持つものと考えられる．

24）　このような前提に立つと，非正規雇用から正規雇用への登用に際して企業内で行われる選抜は，その選抜を通過して正規雇用に就くものが，それに値する高い技能・能力を持っていることを示すための「儀礼」（Meyer and Rowan 1977）としての性格を持つ，と考えることもできよう．

25）　本書の枠組みに引き付けていえば，日本では「職務」の区分が，正規雇用と非正規雇用の区分ほどには当事者に明確な形でなされておらず，またその区分の体系の標準化の程度もそれほどには高くない，ということになるだろう．

しかしこのような「職務を遂行するための技能や能力の高低」の想定を伴った従業員カテゴリーの区分が必要であるとしても，工職間の区分が廃止され，従業員間の平等意識が比較的強いこんにちの日本の企業においては，同一企業内で，技能や能力の高低のみに基づく従業員カテゴリーの区分をあからさまな形で可視化させるのは，やはりはばかられることなのかもしれない．正規的な従業員カテゴリーと非正規的なそれとの区分も，その本質が「技能や能力の高低」についての想定に基づくものであったとしても，同時に「責任や義務がたがいに異なる従業員カテゴリー区分」としても位置付けられていることによって，このようなあからさまな差別化に対する忌避感を薄められ，その分安定的に存在し得ている，とも考えられるのである．あるいは，メリトクラシーの再帰性が高まる後期近代社会では，選抜を通過した者が本当に高い「能力」の持ち主であるのかが不断に問い直されるようになる，という中村高康の議論（中村 2011）に基づけば，正社員と非正社員の間の「能力」差が本当に存在するのかが常に問われてしまうことによる負担を避けるために，報酬格差を正当化するような，能力差以外の別の想定が同時に存在しているとも考えられる．いずれにしてもこのように，「技能・能力の相違」に基づくロジックと，「責任・義務の相違」に基づくロジックは，たがいに補い合いながら，こんにちの日本における正規雇用と非正規雇用の間の報酬格差を正当化し，その再生産を支える要因として機能しているものといえるだろう．

5 ── ポジションに基づく報酬格差と雇用上の身分論

雇用上の身分論再考

　本章では正規雇用と非正規雇用との区分，ならびに両者間の報酬格差を説明する上で，それぞれのポジションに対するひとびとの想定や意味付与，ならびにそれらによる報酬格差の正当化のメカニズムに着目し，考察を行ってきた．その結果に基づけば，こんにちの日本の正規／非正規雇用の間の区分と報酬の格差は，それぞれの従業員カテゴリーに属する従業員の「果たすべき責任・義務」や「職務を遂行するための技能・能力」が異なる，というひとびとの想定によって支えられているものと考えられる．日本社会における正規／非正規雇

用間の格差は，ひとびとの「想定」の産物であるともいえるだろう．

　このようにして成立する，報酬格差の結び付けられた従業員カテゴリーの体系とは，本書でも随所で言及しているように，先行研究（氏原 1951; 1959a; 藤田 1961; 二村 1987; 1994; 大沢 1993; 1994; 禹 2003; 野村 2007 など多数）が雇用上の「身分」（あるいは会社身分）ととらえてきたものと，その内容が大きく重なる．その点で本書は，社会学の視点からのこんにち的な雇用身分論とも位置付けられようし，実際，それらの先行研究から問題意識を大きく引き継いでもいる．たとえば正規雇用と非正規雇用を区分し，そこに報酬の格差を結び付ける要因は何であるのか，という本書の問題関心は，本工・臨時工・社外工の間の区分と差別は何に基づくものか，という氏原正治郎の問いに端を発するものであり，またそれらの差別の根拠として「採用条件の違い」に着目する氏原の議論（氏原 1951; 1959a; 1959b）から，さらには女性パート労働を「身分」と位置付け，その性格をジェンダー論の視点からあきらかにした大沢真理の議論（大沢 1993; 1994）などから，本書は大きな示唆を得ている[26]．

身分と身分論の日韓比較

　しかし本書においては，あえて「身分」という語の使用を最小限にとどめた．正規的な従業員と非正規的な従業員の区分を身分と称すると，その区分は何か「所与のもの」，あるいは「はじめから定まっているもの」という語感を伴ってしまうためである．確かに，前近代の日本社会における身分には，法制的に定められた「所与のもの」という性格が強くみられたことは事実であろう．しかし同じ東アジアであっても，朝鮮半島における身分の性格はこれとはかなり異なっている．たとえば前近代の朝鮮においてもっとも高い身分であった「両班」の性格について，ソンジュンホ（宋俊浩）は次のように述べる．

　　朝鮮時代に1つの特権層として存在していた両班に関して，その概念を正確に規定するというのはきわめて困難なことである．しかしここで1つだけ明確に言い得ることは，それが法制的な手続きを通じて制定された階層

---

[26] 野村（2007）も，会社身分制の本質を学歴と性別の違いに求めている．

ではなく，社会慣習を通じて形成された階層であり，したがって両班と非両班との限界の基準がごく相対的であり，主観的なものであったという事実である．（中略）しかし両班と非両班の限界基準が相対的であり，主観的であったからといって，それが曖昧模糊としたものであったと考えるならば，それは誤りである．実際においては至極明確な基準があった．ただその基準は成文化された，そしていつ，どこででも適用されうる客観的なものではなく，与えられた状況により異なって設定される，すなわち，ある特定の地域の特定の状況の下で，関係するひとびとの意識構造上に設定される，主観的かつ相対的な基準であった[27]（ソンジュンホ 1987: 37. 傍点は引用者）．

内容の標準化の程度こそ異なってはいるものの，このような社会的な関係において形成される身分とは，まさしく本章で示した日本社会における正規雇用と非正規雇用の区分の性格に近いことが理解できるだろう．

またこのような前近代社会の身分の性格を反映してか，韓国の学界には，身分の体系を所与のものととらえるのではなく，それが社会的に形成・再生産されていく側面に着目し，身分の定義と成立条件自体を検討しようとする社会学の研究も多い．たとえばキムピルドン（1991）は，「法制的規範としての身分と社会的通念上の身分を区別すべき」というキムソクヒョン（1957=1960）の指摘に基づきつつ，このような社会的身分が存立するための条件について考察を行い，その条件として差別性に関するメンタリティとそれを支える身分イデオロギーの重要性を指摘する．このような研究が示すように，身分には法制的身分のみならず社会的身分としての側面も存在することを考慮すれば，ある種の社会的カテゴリーの体系を「身分」であると規定したとしても，なぜ，そしてどのように，それが身分として成立しているのかをさらに深く考察する余地が残されているといえよう[28]．

---

27) 基本的には宮嶋博史による和訳（宮嶋 1995: 19-20）を引用しているが，一部表現を変えている．
28) 本書において「地位」や「身分」という言葉を使わず，あえて「ポジション」というやや耳慣れない言葉を使ったのも，議論の初期段階ではできる限り純粋な形で「人が占めるべき社会経

しかし日本では，何らかの従業員カテゴリーが「身分」と措定された後に，さらにその身分としての成立／再生産の条件を詳細に検討した研究は少ない[29]．その中で，禹宗杬による研究は貴重な例外といえるだろう．禹は国鉄における雇用身分と労使関係についての実証分析を行うに先立ち，次のような分析枠組みを示す．

　　身分は経営体における人の地位である．それには権限と責任と報酬とふさわしい振る舞いが一体化して組み込まれる．人と経営体との関係を表す身分は，二つの側面に分けて考えることができる．一つは，経営体の成員かそうでないかということ，即ち成員性（メンバーシップ）である．もう一つは，経営体内のどこに位置するかということ，即ち経営的地位である．（中略）身分は人の位置づけと直接かかわるが故に，それを正当化するイデオロギーを必要とする．これを正当化観念と名づけよう．本書は，成員性との関係においては貢献，経営内地位との関係においては能力という観念が，日本における典型的な正当化観念であったと把握する（禹 2003: 28）．

　このように禹は，雇用上の身分とは「権限と責任と報酬とふさわしい振る舞い」が結び付けられた地位であり，それらの違いを正当化するイデオロギーが必要とされる点まで鋭く指摘している．本書ではここまで先験的な形で雇用上の身分の性格を規定しはしなかったものの，結果的には，正規雇用と非正規雇用というポジションに対するひとびとの一次理論上での想定（責任・義務や能力・技能の違い），ならびにそれが報酬格差を正当化するメカニズムの重要性など，禹の指摘と相通ずる主張も多い．日本のいわゆる雇用上の身分は，ひとび

　　済構造上の位置」を概念化した上で，それらに対してどのような意味付与がなされ，どのように報酬格差が結び付けられるのかに焦点を当てたかったためである．
　　ただし，もちろん日本でも，法制的でも階級的でもない「社会的な」身分についての検討がまったくなされなかったわけではない（e.g. 川島 1954 など）．
29) この理由は，前近代の日本社会における身分の性格，ならびにそれを受けた身分論のあり方の特徴に帰すことができるかもしれないが，やはり雇用上の「身分」という語は，従業員カテゴリー間の報酬格差が経済学的に非合理なものであることを示すために主に用いられてきたことが，その大きな理由と考えられる．

との相互行為によって形作られ，再生産されており，そのためにそれを正当化するための観念が必要であるという禹の指摘は，禹が韓国出身であり，韓国社会における身分と身分論の状況を知悉していたからこそ可能であった，と考えることもできよう[30]．

このような社会構成員の相互行為によって構築される従業員カテゴリー間の位階的な秩序とは，別の表現を用いれば就業機会の「格」のようなものにあたるといえるかもしれない．玄田有史は，正規雇用と非正規雇用の間の格差を主題の1つとする著書のタイトルを『人間に格はない』（玄田 2010）と名づけた．これは直接には恩師石川経夫の言葉に基づくものとされるが，実際に扱われているトピック等から推測すれば，「正規雇用と非正規雇用という就業機会には格の違いが存在するように考えられているけれども，それぞれの仕事に就く『人間』に格はない」という含意もそこには込められているように感じられる．本書を通じて筆者が行ってきたのは，この言明の前半部分，すなわちひとびとが想定する「就業機会の間の格の違い」とは，どのように生み出され，再生産されているものなのかを，社会学と日韓比較の視点から検討する試みであったとも位置付けられよう．

小　結

本章では，正規雇用と非正規雇用の間の格差に焦点を当て，日本社会における，就業機会というポジションに基づく報酬格差を説明するための社会学的な枠組みの構築を試みてきた．これまでの章であきらかにしてきたように，正規雇用と非正規雇用との区分は，こんにちの韓国では雇用契約期間の有無などの客観的な労働条件に基づいて行われるのが一般的であるが，日本では，社会の構成員自身によって築き上げられた「正規的な従業員カテゴリーと非正規的な

---

30)　ただし日本の従業員カテゴリー間の格差と，前近代社会の身分とは，その単位の性格が異なる．前近代社会における身分は，血縁集団をその基礎単位としているのに対して，正規雇用と非正規雇用の区分の場合は「人事制度上の従業員カテゴリー」をその単位としており，その実体性は一層低い．それがどのように実体化され，そこにさまざまな条件が結び付けられるようになったのかについては，一般的な身分論とは異なる独自の考察が必要であろう．

従業員カテゴリーの区分」に依拠して行われることが多い．このような事実は，日本社会における正規雇用と非正規雇用の区分の根源が，客観的な労働条件の違いにではなく，当事者たちが共有している「想定」の中にこそ存在することを示している．

本章ではこのような立場から，こんにちの日本社会において，正規雇用と非正規雇用という「ポジション」に対してどのような想定がなされつつ両者が区分されているのか，またそのような想定がどのように両者の間の報酬格差を正当化しているのかを検討した．本章の考察を通じ，日本における正規的な従業員カテゴリーと非正規的なカテゴリーの区分は，家計支持の必要性の相違，さらには仕事上の義務・責任の相違についての想定を伴っていること，そしてこれらの従業員カテゴリーは採用時の選抜度・採用基準やその後の訓練機会も異なっているため，それらに就いている従業員間での技能や能力の違いも想定されていることが指摘された[31]．さらにこれらの想定が，正規／非正規雇用間の報酬格差を，それぞれ補償賃金仮説的なロジック，あるいはスクリーニング理論（または人的資本論）的なロジックを通じて正当化しているものと考えられた．これら2つのロジックが，たがいに補いながら，正規／非正規雇用間の報酬格差を正当化する役割を果たしている，という点が本書の考察を通じて得られた重要な知見である．このような正規雇用と非正規雇用の間の区分は，これまで日本の労働市場において雇用上の身分と称されてきたものと近い性格を持つが，そのような（報酬格差を内包した）従業員カテゴリーの区分を成り立たせ，その再生産を支える社会的なメカニズムを，「正当化のロジック」に焦点を当てつつ考察した点が本章の議論の特徴といえるだろう．

本章においては主に，正規雇用と非正規雇用の間の格差の問題を対象として考察を進めてきたのであるが，以上の説明枠組みは，日本における他の「ポジションに基づく報酬格差」にもある程度あてはまるものと考えられる．たとえば，女性の従業員に関してみられる「総合職と一般職の区分」の問題を考えてみよう．両者は従来の「基幹業務を担い，昇進可能性の開かれた男性社員」と

---

31) ローゼンバウムの議論からも示唆されるように，これらの想定は，必ずしも現実の正確な反映ではない可能性もある．

「補助業務を担い，昇進可能性の限られた女性社員」との間の区分が，男女雇用均等法制定後に改編された際，主に女性従業員の内部に，従来の区分に対応するものとして生み出された．一般職も正社員であるため——結婚等を契機とした暗黙の退職圧力を除けば——雇用の安定性が劣っているわけではないが，報酬の水準には総合職との間にかなりの格差がある．もちろんこのような総合職と一般職の区分は実際にそれぞれが従事する職種の違いと強く結び付いたものであるため，両者の間の報酬格差は，そのような職種の違いによって生じているものと理解されることも多い．

　しかし，総合職と一般職の間には責任・義務の相違が想定されるケースもしばしばみられる．すなわち総合職は（従来の男性正社員と同様に）企業組織に強いコミットメントを持ち，配置転換や転勤等の命令にも従わなければならないと考えられる一方，一般職にはそこまでの期待がなされないことが多い．さらに総合職と一般職は，同一の選考によって採用された後それぞれに割り当てられるのではなく，そもそもの採用枠が異なっており，当然採用時の基準も異なっている．これらの事実を考慮すれば，総合職と一般職というキャリアコースの違いを前提とした従業員カテゴリーの区分，ならびに両者の間の報酬格差は，「それぞれの義務・責任の相違と，（採用条件の差異等による）技能・能力の相違に対する想定」を基に成り立っている部分もあるといえるだろう．

　このほか，官公庁におけるキャリア職員とノンキャリア職員の区分と両者の間の報酬格差も，部分的には同様の枠組みによって説明され得るかもしれない．逆に以上をふまえれば，これまで日本の企業や官公庁に存在していた，採用枠ならびにその後期待される昇進スピードや担うべき職務の相違，さらには実際の報酬水準の格差まで内包する「キャリアコースの違いを前提とした従業員カテゴリーの区分」に，雇用の安定性等の違いまで結び付けたものが，こんにちの日本における正規雇用と非正規雇用の区分であると考えることもできるだろう．

　ここまで同一企業・組織内における従業員の区分と報酬格差の問題を検討してきたが，さらに大胆に視野を広げれば，本書の枠組みは企業・組織間に存在する報酬格差の説明にも一定程度援用できるかもしれない．企業規模間の報酬格差は，正規／非正規雇用間の格差と同様に，日本社会におけるきわめて重要

な格差の1つである．企業規模間の格差に対しては，もちろんこれまでも労働市場の分断という視点から多くの説明がなされてきたのであるが，本書の枠組みを用いれば，これらの構造論的な説明に加えて，「大企業の方が中小企業に比べて入社時の選抜度が高い」という想定，あるいは「大企業の方が中小企業よりも入社後の訓練機会が多い」という想定が企業規模間の報酬格差を正当化していると考えることもできるだろう．もっとも企業規模間の報酬格差に関しては，このほかにエバンスの指摘した「従業員の報酬は企業の利益の大小と釣り合う形で支払われるべきである」という公平性規範，さらには「子会社よりも資本関係において上位にある親会社の方が，報酬水準も（子会社より）高くあるべきである」といった規範意識が，その正当化に作用している可能性も高い．以上のような就業機会に基づく報酬格差の性格を理解していくためには，やはり，それぞれのポジションに対してひとびとが与えている意味や想定を丹念に読み解いていくことが重要であるだろう．

終章
日本社会の格差問題の理解と解決に向けて

　本書の結びとなるこの章では，はじめに，本書で示された報酬格差の社会学的な説明枠組みに基づきながら，日本の報酬格差と社会階層構造の特徴を，韓国との比較の観点から整理する．さらに本書を通じて得られた知見に依拠しつつ，こんにちの日本において大きな社会問題となっている正規雇用と非正規雇用の間の格差問題の性格を検討するとともに，その解決のためにはいかなる方法が考えられるのか，またその際いかなる点に注意しなければならないのかについて試論的な考察を行っていく．

1——日本の報酬格差とその特徴：本書の考察結果の整理

報酬格差の社会学的説明枠組み

　まずは本書の考察結果を簡単に整理しておこう．本書では，近年十分に顧みられなかった「報酬が（個人にではなく）就業機会というポジションに結び付けられている」という視角に基づきつつ，日本の報酬格差と社会階層構造の特徴を，韓国との比較を通じて考察した．その結果をふまえて最終的に築かれたのが，それぞれのポジションに対する意味付与や想定に着目した報酬格差の説明枠組みである．

　本書で行った非正規雇用の日韓比較分析を通じ，日本の正規雇用と非正規雇用の間の報酬格差に関しては，それぞれのポジションに付与された意味・想定が両者間の報酬格差を「正当化」している，というメカニズムがとりわけ重要

であることが示された．平等性や公平性の観念がそれなりに発達した現代社会において，そのような正当化のロジックを備えてこそ，ある種の人為性をもって設定された大きな報酬格差が長期間にわたって存続し得ると考えられるのであり，またそうである以上，「ポジションに結び付けられた報酬の格差」の性格（特にその再生産過程）を理解するためには，当該社会においてそれぞれのポジションに付与された意味・想定やそれによる格差の正当化のロジックを解明していくことが重要となるのである．

このような報酬格差の正当化のロジックとしてはさまざまなものがあり得よう．しかし，こんにちの産業社会においてはやはり，「経済合理性」をその根拠として備えたロジックが特に強力であり，ひとびとにもっとも広く受容されやすいものと考えられる．日本における正規雇用と非正規雇用間の報酬格差の場合も，もともとは「雇い主が（家族を含めた）従業員の生活を保証すべき」という生活給規範が，主に世帯の「稼ぎ主」が就くべき正規雇用と，補助的な稼得者が就くべき非正規雇用との間の報酬格差を正当化する機能を果たしていた．しかしこんにちでは，以上のような世帯内での役割の違いを受け，正規雇用と非正規雇用の間では「それぞれに期待される職務上の義務や責任」が異なるものと想定され，そのような想定が両者の間の報酬格差を——補償賃金仮説的に——理由付けているといえよう．さらに正規雇用と非正規雇用の間では，入職時の選抜性や訓練機会などの違いによって「職務遂行能力」も異なるものと想定され，このような想定も——スクリーニング理論的に，あるいは人的資本論的に——両者間の報酬格差を正当化する機能を担っていると考えられる．

ここで改めて強調されるべきは，このような経済学的ロジックによる正当化も，それぞれの就業機会に対するひとびとの意味付けや想定といった営みが存在してはじめて可能となるという事実である．また，日本社会における正規雇用と非正規雇用の区分の本質である，正規的な従業員カテゴリーと非正規的な従業員カテゴリーという「ポジション」の区分自体も，それらのポジションに対する（必ずしも現実の正確な反映ではないかもしれない）意味付けや想定を伴いながら，ひとびとの意識上においてなされているものといえる．

さらに，それらの意味付けや想定の内容，あるいはそれによって形作られる実際の「ポジション」のあり方は，社会が違えば大きく異なる可能性があり，

それぞれのポジション間の報酬格差の程度や性格も，それに応じて当然異なり得る．これらの事実は，この問題を検討する上で，国際比較の視点，ならびに社会学の視点がとりわけ有効であることを示唆するものといえよう[1]．

日本社会の階層構造とそれを眺める視角の特徴

次に，このような説明枠組みに基づきながら，本書の具体的な考察結果をとらえ直しておこう．本書の分析を通じては，日本では他の変数を統制した場合でも，雇用形態と企業規模がひとびとの所得や主観的地位評価に及ぼす影響が相対的に大きく，これらの変数の持つ独自の効果の強さは日本の社会階層構造の大きな特徴であることが示された（第2章・第3章）．また日本では，社会の格差を眺める視角においても同様に，雇用形態と企業規模の両変数が，他の変数の代理変数としてではなく，それら自体が独立的な形でひとびとの報酬に直接影響を及ぼすものと想定されやすいことが確認された（第1章）．

社会の格差を眺める視角のこのような「日本的特徴」は，雇用形態と企業規模がひとびとの報酬水準に実際に大きな影響を及ぼしている，という現実の反映であるとまず考えられよう．しかしもう少し踏み込めば，このような視角の特徴は，前述した格差の正当化ロジックの存在ゆえに生じているものと考えることもできる．日本では，それぞれのポジションに付与された意味・想定やそれらによる格差の正当化ロジックに基づいて，雇用形態，あるいは企業規模そのものが報酬決定の際の「基準」として実際に参照され，その結果報酬の差異化がなされているとすれば，雇用形態・企業規模と報酬水準との関係は，他の要因を媒介とした間接的な因果関係や，別の要因によってもたらされた疑似的な相関関係などではなく，雇用形態や企業規模自体が原因となって生み出された，まさに直接的な因果関係ということになる．そして当の研究者自身も，このような因果関係を生み出す一次理論，すなわち各ポジションに対して付与された意味・想定とそれによる格差の正当化ロジックを共有しており，「雇用形態や企業規模を直接の基準として報酬が差異化される」という報酬決定メカニ

---

1) 本書もまさに，これらの視点を生かして，就業機会というポジション間の報酬格差の性格とメカニズムを，ひとびとの意味付けや想定に着目しつつ理解しようとする試みであった．

ズムに十分なリアリティを感じられたことが，日本の格差研究において，雇用形態や企業規模が，報酬水準に直接影響を及ぼす，ある種特権的な独立変数として位置付けられてきた要因ではないかと考えられるのである．

　蛮勇をふるってさらに踏み込めば，同じことは欧米の研究に対してもあてはまるのかもしれない．第1章でみた通り，欧米の研究では，(被雇用者の)就業機会に関する諸条件のうち，格差が生じる単位として「職種」が強く重視されており，それ以外の条件は十分に考慮されない傾向がある．このような視角は，もちろん理論的な根拠に基づいて生じたものとまず考えるべきであろうが，同時に，それらの研究が前提としている現実の欧米社会において，職種の違いが報酬決定の基準として実際に参照されていること，すなわち職種の違いに対応する形で就業機会がたがいに明確に区分され，また職種の違いを直接の基準とした報酬配分を正当化するロジックが存在し，実際にそれに沿って報酬決定がなされているという事実が，そのような視角の特徴を生み出している一因であるとも考えられるのである．もしこれが真実であるならば，職種の違いに強く焦点を当てた欧米の階層理論や階層分類枠組みを日本や他のアジア社会に当てはめる際，それらの理論や枠組みのうち，どこまでがすべての産業社会に普遍的にあてはまるものであり，どこまでが欧米社会の現実の投影にすぎないのかをしっかりと見極めることが重要といえよう．

日本と韓国における「非正規雇用」とは何か

　先にも述べたように，「ポジションに基づく報酬格差」は，それぞれのポジションに対するひとびとの意味付与や想定によって支えられている部分も大きいため，ポジションの区分のなされ方を含め，その具体的な様相は社会間で大きく異なる可能性がある．本書で行った日本と韓国との比較（第4章・第5章）からは，一見似通っているようにみえる両国の「非正規雇用」も，その性格は日韓間でかなり異なっているといえる．

　本書の考察結果に基づけば，韓国における正規雇用と非正規雇用の区分，ならびに両者間の報酬格差は，同一企業・組織内における従業員（カテゴリー）の区別の結果というよりも，そもそも直接の雇い主が異なっていることの結果として生じている側面の方がかなり強い．たとえば韓国における正規雇用と非

正規雇用の違いは，労働基準が（概して）守られる大企業と十分には守られない零細企業との違いに相応する部分が大きく，また同じ企業で働いている「正規雇用」と「非正規雇用」の違いも，結局は，直接雇用された従業員と，請負業者に雇われた社内下請従業員との違いである場合が多い．もちろん直接雇用の従業員内部で無期雇用と有期雇用等の区別がなされる場合もあるが，その区別は職種の区分と重ねられるケースが多くを占める．このように，韓国において「非正規雇用」として位置付けられている雇用機会の中には，かなり多様な性格のものが混じっているといえよう．

　以上のような韓国のケースと比較すれば，日本における正規雇用と非正規雇用の区分，ならびに両者間の報酬格差は——派遣雇用等の間接雇用の例を除き——同一企業・組織内部において，職種の区分とはある程度独立してなされている「従業員カテゴリーの区別」の結果である側面が強い．雇用の有期性や短時間性を外形的な基準としつつ，報酬水準や昇進機会等の大きな格差をも内包するこのような（直接雇用の）従業員カテゴリーの区分は，以前の日本企業でみられた「雇用上の身分」とも近い性格のものと考えられる（第4章，第6章）．日本の雇用統計調査や社会調査が，非正規雇用を捕捉する上で「職場における呼称」を基準としているのも，まさにこのような社会的に築かれた従業員カテゴリーの区分，すなわち「正規の従業員」と考えられている従業員カテゴリーとそれ以外のカテゴリーの間の（ある種垂直的な）区分を，このような区分を構築している当事者自身の判断を通じてとらえるためのものと位置付けられる．

　もちろんこのような職場における呼称を通じた捕捉が可能となった要因として，日本ではこれらの従業員カテゴリーの区分が，(1)外形的には，非正規雇用を捕捉するための一般的な基準である雇用の有期性・短時間性・間接性という条件の違いに基づいてなされていること，(2)その捕捉の必要性を疑う余地のないほど重要かつ大きな報酬格差をはらんでいること，さらに，(3)それが随伴する格差を含めて社会において強く標準化されていること，という3つの事実が重要であろう．逆に韓国では，以上のような条件が満たされない状況で，日本と同様の枠組みによる非正規雇用の把握が目指されたために，分類枠組みと現実との不整合が生じ，これが激しい論争を生み出す要因となったものと考えられる．

また「非正規雇用」の性格の以上のような日韓間の相違は，それぞれの社会において正規／非正規雇用間の報酬格差を正当化するロジックがたがいに異なっていることを意味してもいよう．韓国では，直接の雇用主が異なっているという事実，すなわち企業規模間格差の正当化ロジックと同じロジックによって正規／非正規雇用間の報酬格差が正当化される部分が大きいのに対して，日本では，それらとはまったく別個の正当化ロジック，すなわちそれぞれの従業員カテゴリーに対する意味付与・想定に基づく独自の正当化ロジックがその役割を担ってきたといえるのである[2]．

　以上のように韓国では，職種の違いなど他の変数とは完全に独立させた形で同一企業・組織内の従業員を区別するのは――官公庁や公企業などのように「従業員定員」が設定されており，定員内の職員と定員外の職員の区別に対応させる場合を除いては――日本のように容易ではない．「雇用の有期性や短時間性を外形的な基準としながら，報酬の格差も結び付けられた直接雇用の従業員カテゴリーの区分体系」は日本のように根強くは浸透していないのである[3]．このように，同じ雇い主に雇われた従業員の内部に，大きな報酬格差をはらんだ従業員カテゴリーの区分を設けることは本来それほど容易ではないはずであるが，日本では，ときに当然視されるほどにそれらの区別が一般化するに至っている．日本社会において「正規雇用と非正規雇用の違い」としてとらえられる従業員カテゴリーの区分（とそれを支える正当化ロジック）はそれほどに強固なものなのであり，そしてまさにこのために，日本における正規／非正規雇用間の報酬格差が，批判を受けつつも再生産され続けてきたものと考えられる．

　以上が，本書の考察を通じて得られた主要な知見の簡単なまとめである．

---

[2]　日本では非正規雇用への就業傾向が年齢や性別と強く関連しているのに対し，韓国ではそこまで強い関連はみられない．この事実も，日本で作動しているような正規／非正規雇用間格差の正当化ロジックが，韓国では強くは働いていないことを示すものといえよう．

[3]　このために韓国では，雇用の有期性や短時間性などの客観的な労働条件を基準として非正規雇用の捕捉がなされるようになったものと考えられる．ただし韓国では，有期雇用や短時間雇用であることが，同一企業内の通常の従業員との賃金等の（日本におけるほどの）大きな格差には結び付かないケースも多い．

2 ──── 社会問題としての日本の非正規雇用

日本の非正規雇用はなぜ社会問題化したのか?

　ここからは，本書で得られた知見を現実の社会問題としての非正規雇用問題に適用することで，その性格を理解し，問題解決の方向を考えていくこととしたい．そのためにここでまず検討するのは，日本の非正規雇用は，形としてはそれ以前から存在していたにもかかわらず，なぜ近年ここまで深刻な社会問題となったのか，という問いである．

　本書では，ポジションに付与された意味・想定とそれによる格差の正当化のメカニズムに着目してきたのであるが，これまでこの「正当化」という語は，「報酬格差の存在にまったく疑いを持たせない」というほどに強い意味においてではなく，「何らかの根拠に基づいて報酬格差の存在を理由付ける」という程度の意味において用いてきている．したがってポジションに結び付けられた報酬格差が正当化のロジックを備えていたとしても，それらの格差に対して疑問が提起され，それが社会問題化することは十分にあり得る．ただし，以前はそれほど重大な問題とはみなされていなかった格差が，時間が経つにつれて深刻な社会問題として浮上してきた，という場合に関しては，やはり「従来それなりに機能してきた正当化のロジックが状況の変化によって十分に機能しなくなってしまった」という可能性をまず考えてみるべきであろう[4]．

　正規／非正規雇用間の報酬格差についてもこのような可能性が考えられる．もちろん臨時工の問題は以前から大きな社会問題であり続けてきたが，それでもその本工化が進んだ高度経済成長期以降，非正規雇用の問題は，総じて，こんにちほどに深刻な問題とはとらえられてこなかったといえよう．しかし現在では，この問題が「格差社会」の代表的な格差と目されるまでに至っている．もちろんその主な要因は，何よりもまず，非正規雇用の著しい拡大それ自体に求めるべきであろうが，本書の考察結果に基づけば，非正規雇用の拡大や，あ

---

[4] 正当化のロジックが十分に機能しなくなったとしても，制度自体の自立性ゆえに，形式的な制度のあり方には（短・中期的に）大きな変化が生じない可能性もあるものと考えられる．

るいはそれ以外の社会の変化によって，従来それなりに働いていた格差の正当化ロジックが十分に作動しなくなったことで，問題がいっそう深刻化したとも考えることができる．

正当化ロジックの機能を低下させた社会的変化

日本における正規雇用と非正規雇用間の報酬格差を正当化してきたのは，もともとは「男性稼ぎ主モデルを前提とした生活給規範」であった．これに関していえば，次の2つの変化がこのロジックによる格差の正当化機能を低下させた要因として重要であろう．

第1に，従来想定されていた「年齢と性別を判断基準とした平均的な家計支持の必要性」から実際の必要性が乖離するケースが増えてきたことである．離別による母子世帯の増加などによって母親が全的に家計を支えねばならない世帯が増えており，従来の男性稼ぎ主モデルの「女性は補助的な稼得のみ得られればよい」という想定が当てはまらないケースがますます多くなっているといえる．しかし依然として，子どもを育てる年代の女性が正規雇用の機会を得るのは容易ではなく，家族を養うには報酬の不十分な非正規雇用の機会しか得られず，生活が困窮してしまう場合も少なくない．

第2に，非正規雇用に就いている就業者の年齢・性別構成の変化である．非正規雇用の大幅な増加と正規雇用の相対的な減少に伴い，従来ならば正規雇用に就き得ていたひとびと，特にすでに学業を終えた若年者が正規雇用に就けないケースが増加している．こうして，将来家庭を持ち，家族を養う可能性を持つ若年男女の多くが，学卒後も非正規雇用にとどまらざるを得なくなっている．以上2つの変化はいずれも（潜在的なそれをも含めた）就業者の実際の家計支持の必要性と，その必要性に関する想定を組み込んだ従業員カテゴリーの区分とのズレを拡大させるものであり，それが結果的に「男性稼ぎ主モデルを前提とした生活給規範」による正規／非正規雇用間の報酬格差の正当化機能の低下へとつながってきたものと考えられる[5]．

---

5) これらは，日本における生活保障システムの機能不全（大沢 2007）と称されてきた状況でもある．

もちろん，このほかの「経済学的」な正当化ロジックに関しても，その機能を妨げるような変化がこの間生じてきた可能性は大きい．正規／非正規雇用間の報酬格差はそれぞれに期待された義務や責任の重さを反映している，という補償賃金仮説的な正当化ロジックに関しては，各従業員カテゴリーに期待される義務・責任の変化が重要なものとして挙げられよう．「パートタイマーの基幹労働力化」（本田 1999; 武石 2003; 脇坂 2003 など）として指摘されているように，近年非正規の従業員に，正社員とあまり変わらない仕事内容や責任が課せられる場合が多くなっており，もはや正社員との義務・責任の違いは両者の間の報酬格差を説明するほど大きくないと感じられるケースも増えているものと思われる．当然このような変化は，正規／非正規雇用間の報酬格差の補償賃金仮説的な正当化ロジックの機能低下へとつながっていくものであろう．さらに近年，就職難のため，新規学卒者の非正規雇用就業が増えているという変化，あるいは非正規雇用であっても高い能力が要される基幹的な業務に携わることが増えているといった変化は，いずれも正規雇用と非正規雇用の「能力」の分布に関する想定を変化させ，スクリーニング理論・人的資本論的な正当化ロジックの有効性の低下をもたらす可能性があるだろう．

　以上をふまえると，日本における正規雇用と非正規雇用の区別，ならびにその間の報酬格差の正当化は，明文化されていない「想定」に基づくものであるために，その分問題の解決が難しくなっている，といえるのかもしれない．これらの想定は，明文化されておらず，かつ十分に言語化されてもいないために，社会の変化に応じて意図的にその内容を変化させたり，あるいは想定自体の変化に即座に対応させて報酬格差の水準を変更したりすることがきわめて難しくなる．このようにして，十分な「理由付け」がなされない報酬格差が残されてしまうことにより，それがいっそう深刻な社会問題となってしまうのではないかと考えられる[6]．

---

[6] 近年のいわゆる「ブラック企業」の問題も，同様の観点から理解され得るかもしれない．もちろん労働基準法違反はそれ自体が違法行為であるため論外であるが，このほかの「正社員であるのにキャリアアップの機会も与えられないまま，使い捨てにされる」といった問題は，「（本来ならば）正社員は，企業内部でキャリアアップの機会を十分に与えられ，長い期間働けるはずである」という明文化されていない想定に背いていることに起因するものと位置付けられる．そしてこれらの明文化されていない想定に反したとしても，その責任を問うのは容易ではない．

ふたつの正当化ロジックの都合の良い使い分け

　さらに日本社会における非正規雇用問題は，それが複数の正当化ロジック——具体的には義務・責任の違いに基づく正当化ロジックと選抜度・訓練機会の相違によって生じる職務遂行能力の違いに基づく正当化ロジック——をあわせ持っており，これらが状況に応じて都合良く使い分けられることによって，問題の解決がさらに難しくなっているという側面を，是非とも指摘しておかねばならない．

　たとえば，正規雇用に比べて待遇が劣る非正規雇用の近年の増加に対しては，雇用環境の悪化であるとの批判が多く生じている．しかしこの批判に対しては，「働き方の多様化」という観点からの反論が可能となる．すなわち非正規雇用は，労働時間などの面で正規雇用に比べてよりフレキシブルで，また重い義務や責任を課せられることなく働ける就業機会であるため，このような非正規雇用の増加は多様な働き方が認められるようになるという点で望ましい，という主張がなされ得るのである．

　このような主張は，補償賃金仮説的な格差の正当化ロジックを前提とするものであろう．このロジックに基づけば，たとえ非正規雇用の報酬が正規雇用より低いとしても，それは非正規雇用に期待される責任・義務が軽いことや，労働時間がフレキシブルであることを補う（compensate）ためのものであり，報酬水準まで含めれば就業者にとっても雇用主にとっても正規雇用と非正規雇用の間に「望ましさ」の差は存在しないことになる．このような前提ゆえに，非正規雇用の増加に対して肯定的な立場をとることが可能になっているものと考えられるのである．

　このような立場をさらに推し進めて考えれば，正規雇用と非正規雇用とが無差別である（＝望ましさの差がない）以上，就業者が両者のうちどちらに就くかを自由に選択できたとしても，雇用主の側にそこまで大きな差し障りはないはずである．しかし実際には，非正規雇用から正規雇用への転換は容易には認められないことが多く，仕方なく非正規雇用にとどまるケースも少なくない．

　しかし，このような非正規雇用から正規雇用への移動の困難さに対して批判が生じたとしても，もう1つのスクリーニング理論・人的資本論的な正当化ロジックに基づくことで反論が可能となる．すなわち「正規雇用と非正規雇用と

は入職時の採用基準が異なっており，またその後の能力開発機会も異なっているため，正規雇用の従業員と非正規雇用の従業員との間では職務遂行能力が異なる」と，正規雇用への転換の難しさを理由付けられるのである．もちろん，このような立場をさらに推し進めて考えると，「では社会全体における非正規雇用の増加は，本当に就業者全体の能力分布の実態を，あるいはその望ましいあり方を適切に反映したものなのか」という問いが提起されてもおかしくないはずであるが，非正規雇用の増加は「働き方の多様化」の名のもとに正当化され，このような問いが真剣に考慮されることはない．

以上のように，日本における正規雇用と非正規雇用との区分は，単純に（報酬の格差によって補われた）雇用のフレキシブルさや責任・義務の程度の「水平的な相違」であるのみならず，職務遂行能力の違いに応じた「垂直的な相違」である部分も大きく，それぞれに対応する正当化ロジックのどちらかが，批判の内容に合わせて都合良く用いられるようになっている[7]．このような「複数の正当化ロジックの都合の良い使い分け」によって，日本の非正規雇用問題はいっそう複雑なものとなり，またその「問題性」が指摘されながらも，それが容易には解決されづらい状況に陥っているものと考えられる．

3 ── 韓国における非正規雇用問題への取り組み

非正規職保護法の制定とその後の人事改革

一方韓国では，非正規雇用の問題が重要な社会問題として浮上するにつれて，この問題の解決に向けて注目すべき試みがなされつつある．いわゆる「非正規職保護法」の成立とそれを受けた企業の人事制度改革がその代表例である．これらの事例の詳細については日本語でもすでに多くの紹介がなされているものの[8]，ここでは本書の考察結果と重ね合わせながら，これらの試みの特徴を再

---

[7] 第3章では，日本の男性の場合，正規雇用から非正規雇用へと移動すると賃金が下落する一方，その逆向きの移動を果たしても（少なくともその直後は）賃金が上昇しないという結果が示されたが，本書の考察結果に従って再度述べれば，このような賃金変化の非対称性は──前者については義務・責任の相違が，後者については職務遂行能力の不変性がそれぞれ根拠とされるというように──これら2つのロジックが「都合良く用いられた結果」であるとも考えられる．

[8] 崔（2008），高安（2010; 2012）のほか，『東洋文化研究』第13号（2011）特集「韓国『準正

度簡単に確認しておきたい．

　2006年に制定され，翌年より施行された「期間制および短時間労働者の保護等に関する法律」では，(1)有期雇用労働者の最長雇用期間を2年とし，それを超えて雇用した場合，期間の定めのない労働者へと転換したものとみなすこと，また，(2)有期雇用労働者（あるいは短時間労働者）であることを理由として当該事業又は事業場で同種又は類似した業務に従事する期間の定めのない（あるいは通常の）労働者との間で差別的処遇を行ってはならないこと，などが定められている．ここでの差別的処遇とは，「賃金その他の労働条件等において合理的理由なく不利に処遇すること」（2条3号）であり，この法では，有期雇用と無期雇用の間の実際の待遇における差別の禁止も規定されていることになる[9]．

　さらにこの法律の制定を受けて，韓国ではそれまで有期雇用を多く用いていた金融業界などで，人事制度を大きく改編する動きが生じた．ウリ銀行が導入した「分離職群制度」は，その代表例である．

　他の多くの銀行と同様に，ウリ銀行も1990年代末の通貨危機以降，窓口業務を中心に有期雇用の行員（その多くが女性行員）を多く雇用していたのであるが，非正規職保護法成立直後の2006年12月，これらの有期雇用の行員を正規職の行員として包摂する新たな人事制度の導入を発表し，翌年よりそれを実施した．この制度は，有期雇用の行員を雇用期間の定めのない無期雇用へと転換するものの，正規の行員とは異なる「職群」に属する行員として位置付ける，というものである．具体的には，主に有期雇用の行員に担われていた窓口業務，事務支援業務，コールセンター業務それぞれに対応する職群を，従来の正規の行員用の職群とは分離して設け，それまでの有期雇用の行員を，これらの職群に属する無期雇用の行員へと転換するという措置であった．この措置の導入によって，それまでの有期雇用の行員は契約期間満了の心配なく働けるようになり，また正規の行員と同一内容の企業福利を享受できるようになった．ただし

規職」の法的問題」，『労働法律旬報』No. 1767（2012）特集「日韓労働法フォーラム」，同誌 No. 1789（2013）特集「韓国の非正規職保護法と社会的企業育成法」など多数．

9）　また，実際に労働者がこのような差別的処遇を受けた場合は，労働委員会に対して差別是正の申し立てを行える制度も同時に整備された．

それぞれが担う職務の違いを反映する形で,報酬水準や昇進機会は,従来の正規行員に比べて劣るものとなっている（イテヨン 2007; チョンギュン 2008）.

このほか釜山銀行などでは,1級から6級までとなっていた従来の正規行員の職級体系に,7級という最下級の職級を新たに設け,従来の有期雇用の行員をこの職級に一括転換することで非正規行員の正規雇用転換を行った.7級に配置された行員は,数年間勤続した後は従来の正規行員が就いていた6級への昇級も可能となるため,このような改革は,非正規雇用の正規雇用転換をより徹底して進めた事例として位置付けられよう.

またこのような独自の人事措置を施さない銀行もあったが,その場合も,非正規職保護法の施行とともに——あるいは法の適用をまたず自主的に——2年を超えて雇用された有期雇用の行員を「無期契約職」へと転換していった.無期契約職とは,雇用契約期間の定めのない従業員のカテゴリーであり,無期契約職へと転換されても業務や報酬水準はそのままであることが一般的であったが,なかには正規の行員と同一に扱いこそしないものの転換に伴って賃金を上昇させたり,一部の企業福利を認めるなどの措置を施すケースもみられた（チョンギュン 2008）.

改革を可能にした背景要因

非正規職保護法の制定・施行とこれを受けた正規雇用転換の動きは,有期雇用従業員の雇い止めや,社内請負をはじめとする間接雇用の増加といった副作用を生じさせはしたものの,概して有期雇用の就業者の雇用安定化には貢献したものと評価される.ただし韓国において,このようにラディカルな法律の施行と企業側の積極的な人事制度改革が可能となった背景要因として,次の3点には留意する必要があるだろう.

第1に,本書でみてきたように韓国では,有期雇用や時間制雇用などの直接雇用の非正規雇用と正規雇用との「身分」的な区分は,日本ほどに強く,また標準化された形では浸透していなかった.さらに製造業などでは,社内下請などの間接雇用の形をとった非正規雇用も広く用いられており,直接雇用の非正規雇用への依存度はそれほど高くない.このために,直接雇用の正規雇用と非正規雇用の間の,雇用契約期間という面での区分の撤廃は,そこまで難しいも

のではなかった可能性がある．

　第2に，韓国の企業では1990年代半ばより，職務の明確な区分とそれに基づく人事管理制度（職務給など）を導入しようとする動きがみられていた（明 1999など）．このために韓国では，従来の正規雇用と非正規雇用の区分を職務の違いとして位置付け直し，両者の間の報酬格差も職務の違いに起因するものとして正当化することが比較的容易であった．ウリ銀行において導入された「分離職群制度」に基づく正規雇用転換は，まさにこのような事例といえよう．

　第3に，非正規職保護法の制定を受けて積極的な人事制度改革を行った金融機関は，通貨危機時の公的資金注入の結果，政府系機関である預金保険公社が最大の株主となっていた．このために，これらの金融機関は，「非正規雇用の正規雇用転換」という政府の雇用政策に呼応した人事管理を行うことが，政府から強く期待されていたのである．

　韓国の金融業におけるドラスティックな非正規雇用の正規雇用転換は，以上のような背景条件のもとでなされたものであった．日本では近年，これらの韓国の試みが非正規雇用問題解決のための参考事例として注目を集めているが，これらはあくまで以上のような条件が存在してこそ可能であったこと，そして韓国でも，製造業における非正規雇用の典型である社内下請工と正規の従業員との格差の問題は，やはり解決がそこまで容易ではないという事実には，十分に留意しておくべきであろう．

4────日本の非正規雇用問題の解決の方向：可能性と留意点

日本における非正規雇用問題解決の試み

　もちろん日本においても，非正規雇用問題を解決するための試みは着実に重ねられつつある．たとえば労働契約法の改正によって，有期契約の雇用が5年を超えた場合，本人の申し出によって期間の定めのない無期契約へと転換されることとなり，さらに有期雇用と無期雇用との間での「不合理な労働条件の格差」も禁止されることとなった．またパートタイム労働法の改正により，パートタイム労働者と正社員の間の差別的取り扱いも禁止された．

　しかし本書の知見をふまえれば，有期雇用と無期雇用との間の，あるいはパ

ートタイムとフルタイムとの間の「合理的な労働条件の格差」として認められる格差の範囲は，日本では他の社会に比べてより広いものとなってしまう可能性が高い．従業員カテゴリーの区分がそれぞれのカテゴリーに対するさまざまな想定を含む形で強く標準化されており，有期雇用と無期雇用との区分が「期待される義務や責任の違い」に関する想定まで標準的に伴ってしまう日本では，より大きな報酬の格差が，期待される義務や責任の違いを補うための「合理的な格差」として認められる余地が生じてしまうためである．またこれと同じことは，両者間に想定される「職務遂行能力の違い」をもとにした場合も同様に生じ得よう．このように日本では，有期雇用・パートタイムの就業機会と，無期雇用・フルタイムの就業機会の間の区分が，単なる雇用契約期間・就業時間の相違以上のさまざまな想定を伴っているために，「格差の合理化（正当化）」のメカニズムがより広範に働いてしまう可能性があるのである．

　また日本では近年，個々の企業レベルにおいても，非正規雇用の問題に関してさまざまな試みがなされつつある．そのうち特に注目すべき試みの1つが，限定正社員制度の導入であろう．限定正社員とは「従来の正社員とは異なり，包括的な人事権に服することを前提としない正社員」（労働政策研究・研修機構 2013: 49）であり，具体的には，転勤のない勤務地限定正社員，職種転換のない職種限定正社員，残業のない所定勤務時間限定正社員などがこれにあたる．従来このような勤務地等の限定は，非正規雇用の従業員に対してなされていたものであったが，雇用期間の定めのない従業員にもこれを適用することで，勤務地・職種・勤務時間は限定されてはいるものの，原則的には定年まで働き続けられる新たな正社員カテゴリーを設ける，というのがこの制度の趣旨である．また限定正社員の賃金は，限定のない通常の正社員に比べれば低いものの，概して非正規従業員より高く，また通常の正社員と同等の福利厚生を享受することができる（労働政策研究・研修機構 2013）．この制度は，「雇用が安定し，報酬水準も高い正規雇用」と「雇用が不安定で，報酬水準も低い非正規雇用」の間の二極化を乗り越えるための方策として期待されているものである．

　このような限定正社員制度は，先にみた韓国金融業における非正規雇用の正規雇用転換事例に似通ったものといえる．ただし韓国の事例では，従来の正規雇用と新たに転換された正規雇用とを区別する条件として主に職種の違いが利

用されていたが，日本の限定正社員の場合，職種の違いのほか，職種・勤務地の変更可能性や勤務時間の限定性などもその基準として用いられる（佐藤ほか 2003）という点が大きく異なる．このような事実からも，日本における正規雇用と非正規雇用の区別には，単に雇用契約期間や労働時間の違いにとどまらず，さらにさまざまな条件の違い（についての想定）が結び付けられていることを改めて理解し得よう[10]．

非正規雇用問題の解決の方向：カテゴリー区分自体の撤廃

以上の点もふまえた上で，日本社会における非正規雇用問題の解決の方向性，ならびにその留意点について，試論的な検討を行ってみよう．これまでの考察からあきらかになったように，日本における非正規雇用問題の本質は，さまざまな意味や想定が付与された従業員カテゴリーの区分にあると考えれば[11]，ここから生じる問題を解決するための試みは，「従業員カテゴリーの区分自体をなくしてしまう」という方向と，「従業員カテゴリーの区分は残しながら格差を是正していく」という方向の大きく2つを考えることができよう．

前者の，正規的な従業員カテゴリーと非正規的なカテゴリーの区分自体をなくす，あるいは無意味なものとするという方向の試みは，従業員の処遇を，それぞれが属する「従業員カテゴリー」に基づいて決定するのではなく，あくまで「個人」に基づいて決定することが，その具体的な内容となるだろう．また，正規雇用の従業員に認められている終身雇用や年功的な賃金・昇進機会など「日本型雇用慣行」のベネフィットを廃止することで，実質的に正規雇用と非正規雇用の区分を無効化しようとする主張も，結果的にはこちらに属するものといえようが[12]．しかし個人に基づいて処遇を決定する場合でも，具体的な報酬決定の基準として，労働力の価格という側面のみならず，個人や世帯の生活

---

10) このような事実は同時に，職種以外のさまざまな条件に基づいて区分を設定し得るという点で，日本における従業員カテゴリー区分（雇用区分）の融通無碍さを示すものともいえる．
11) もちろん日本には，このような「企業内における従業員カテゴリーの区分の結果」とは異なる，韓国の零細企業のそれとも近い性格の非正規雇用も存在していよう．この問題については，そのメカニズムを適切に理解した上でまた別の解決策を講じることが必要となるだろう．
12) このような主張が「すべての正規雇用を非正規雇用の待遇に近づける」ものだとすれば，その対極にはもちろん「すべての非正規雇用を正規雇用の待遇に近づける」という主張もあり得る．

保障の側面を含めることは十分に可能なはずである．

　非正規雇用問題の解決策として，「従業員カテゴリーにではなく，個人に基づいて処遇を決定する」という方向は，もちろん理念としては大変望ましいものといえる．仮にそれが適切に実現できるのであれば，従業員カテゴリーという「ポジション」に付与された意味・想定と，実際の「個人」の置かれている状況とのズレに起因して生じている問題の多くが解決するものと期待される．しかし，そのような報酬決定における参照単位の完全な転換は，現実的にはやはり，かなり困難なものとなってしまうかもしれない．

　第1に，これまでと同様の配分原理に基づきつつ，従業員カテゴリーの違いも参照した報酬配分から，個人のみを参照単位とする配分へと完全に転換する場合，従業員の資質・能力や家計支持の必要性，さらにはその従業員個人が負っている仕事上の義務・責任の水準などを，すべて個別に把握しなければいけないことになる．そのためのコストはきわめて大きなものになるという点が，まず挙げられる困難の1つである．

　第2に，この転換に以上のような困難が伴うとすれば，「正規雇用と非正規雇用との区分をなくす」という方針のもとに推し進められる人事改革は，結局のところ，従来の従業員カテゴリー区分とはまた別の「ポジション」に基づいた報酬配分を帰結してしまう可能性も否定できない．正規雇用と非正規雇用の区分を廃止し，職務の違いに対応する別の従業員カテゴリーを基準として報酬を差異化させるという韓国ウリ銀行の試みは，この一例といえよう．もちろん，このような「別のポジションに基づく報酬配分」が常に好ましくないというわけではないであろうが，この方向での問題解決のためには，まず職務体系自体の整備が必要となるであろうし，さらに職務というポジションに基づく報酬の「新しい」格差が正当なものであるとひとびとに受け入れられる必要がある．また，職務というポジションに基づく報酬配分の徹底は，日本社会の持つ「格差の多次元性」（第2章・第3章）という特徴を喪失させ，職種の違いが社会におけるひとびとの地位を決定的に左右する「階級社会」へと日本を導く可能性にも注意する必要があるだろう．

　第3に，仮に正規雇用と非正規雇用の区分をなくすという試みが，従来正規雇用の従業員に認められてきた日本型雇用慣行のベネフィットを撤廃するとい

う方向でなされる場合，これまで企業が担ってきた従業員の生活保障機能を代替するシステムを同時に築かない限り——たとえそれが正規雇用と非正規雇用の間の格差をなくしたとしても——日本社会にまた別の，大きな混乱をもたらしてしまうおそれがある．このような生活保障システムの構築という課題に労使政の三者が協力してあたってはじめて，これまで「雇用」が果たしてきた役割の変更が安定的になされ得る，と考えるべきであろう．

カテゴリー区分を残したままでの解決の方向

以上のように，「正規雇用と非正規雇用の区分自体をなくす」という方向は，理念的には望ましい部分もあるものの，現実的にはかなりの時間とコストが要されるだろう．では，もう1つの「従業員カテゴリーの区分は残しながら格差を是正していく」という方向はどうであろうか．

この方向での問題解決は，従来の従業員カテゴリー間の報酬格差を「適正」な水準へと変更していくことが，その核心となるだろう．もちろん前述の限定正社員制度のように，従来のものとは異なる新たな従業員カテゴリーを設けることによってこれを試みることも可能だろう．

このような従業員カテゴリーの区分を前提とした問題解決の試みの成否は，全的に，カテゴリー間の報酬格差を，それぞれのカテゴリーに結び付けられた条件——雇用のフレキシビリティのみならず，責任・義務や能力についての想定まで含めたそれ——に見合った水準のものへと改編し得るか否かにかかっている．いわゆる「雇用区分間の均衡処遇」と呼ばれる課題（佐藤 2008; 両角 2008 など）がまさにこれにあたる．

しかし従業員カテゴリー間の報酬格差がどの程度であれば，均衡処遇，すなわち「合理的」な格差といえるのか，という判断は——これまでも指摘されてきた通り——非常に難しいものではある．このような困難さの一因はまず，それぞれの従業員カテゴリーに結び付けられている条件の多くが十分に明文化されていないという事実に起因しよう．したがって，従業員カテゴリー間の均衡処遇を実現するためには，それぞれの従業員カテゴリーに対する役割の期待や想定をできる限り言語化し，それを共有していくことが何よりも重要となるだろう．ただしそれらの言語化とその共有が完全になされたとしても，さらなる

困難が待ち受ける．すなわち，それらの条件の違いに見合った「適正な」報酬水準の格差とはいったいどの程度のものかを判断するという課題の困難さがそれである．

　いうまでもなく，「一定の労働量あたりの報酬水準を等しくする」という均等処遇の場合とは異なり，均衡処遇の場合，それぞれのポジションに結び付けられた諸条件（たとえば責任・義務の重さや職務遂行能力の違いなど）と具体的な報酬の多寡とは，本来別のものさしで測られるべきものであるため，両者の間の均衡水準が一義的に定まることはない．結局それは社会の「判断」に基づくほかなく，その妥当性については常に議論の余地が生じ得よう．

　しかしここで経済学の発想を生かして考えるならば，このような従業員カテゴリーの均衡的な報酬水準とは，従業員カテゴリー間の移動が就業者の選択に従って完全に自由に行われるような状況において，市場メカニズムを通じて決定される報酬水準ということになるだろう．このようにして定まった報酬水準こそが，結び付けられたさまざまな条件の相違を完全に補償（compensate）するものと考えられるためである．したがって，正規雇用と非正規雇用間の「合理的な報酬格差」を実現するためには——フルタイム就業とパートタイム就業との間の自由な選択が可能なオランダのように——本人の希望に従って正規雇用と非正規雇用のどちらに就くかを自由に選べるような仕組みを整えることがもっとも有効な手段となるだろう．

　しかし前述のとおり，現実的には，このような自由な選択が認められることはまずない．両者の区分とその間の報酬格差が「職務遂行能力の違い」によっても理由付けられている日本では，採用時の選抜度が低く，訓練機会も少ない（と想定される）非正規雇用から，採用時の選抜度が高く，訓練機会も豊富である（と想定される）正規雇用へと誰もが自由に移動できるようにするなどもってのほか，と考えられてしまうためである．

　このような自由な選択が難しいとすれば，市場メカニズムを通じた均衡処遇の達成は期待できない．にもかかわらず，結果的に存在している正規／非正規雇用間の報酬格差が，それぞれの従業員カテゴリーに結び付けられた責任・義務の違い，あるいは能力や資質の違いを反映した「正当な格差」として解釈されてしまうことも実際には多いように感じられる．永吉（2012）は，スウェー

デンにおける移民への差別禁止措置が限界をはらんでしまう理由を,「実際の格差が『能力』の違いによるものと主張された場合,その反証が難しいため」と鋭く指摘しているが,正規／非正規雇用間の報酬格差の場合もこれと同様に,それが「能力」の違いの反映として位置付けられてしまった場合,能力の測定の難しさともあいまって,格差の是正は非常に難しいものとなってしまうのである.

「従業員カテゴリーの区分を残しながら格差の是正を行う」ためには,やはり就業者による従業員カテゴリーの自由な選択を認めることがもっとも有効な措置となるであろうが,それが難しい場合には,それぞれのカテゴリーに対していかなる想定や期待がなされているのかをできる限りつまびらかにし,それらのうちどこまでが就業者が自由に選択できる「水平的な相違」で,どこまでがそうではない「垂直的な相違」であるのかを腑分けしていく作業を,根気強く行うしかないように思われる.そして後者の「垂直的な相違」に関しては,どのような条件が満たされれば上昇的な移動が可能となるのか,あるいはそれらの「垂直的な相違」は本当に個人ではなく従業員カテゴリーという「ポジション」を基準として設定されなければならないものなのかをできる限り明確にすること,さらにこのような作業を通じて,正当化ロジックの「都合の良い使い分け」を阻んでいくことも同様に重要であるだろう[13].あくまで試論的なものではあるが,本書の考察結果に基づけば,日本の非正規雇用問題の解決の方向性,ならびにその留意点については,以上のように考えることができる.

われわれは社会的な事物に対してさまざまな意味を付与した上で,社会生活を営んでいる.こうして築かれた社会における格差の問題を検討し,その解決の方向を模索していくためには,やはり,ひとびとによる意味付けや想定まで視野に入れたアプローチが有効,かつ必要であることを改めて強調しつつ,本書を閉じることとしたい.

---

13) このような試みは社会のさまざまな場において行い得ようが,労使間交渉は,やはりそのための特に重要なものの1つとなるだろう.

参 考 文 献

【日本語】

有田伸，2006，『韓国の教育と社会階層――「学歴社会」への実証的アプローチ』東京大学出版会．

有田伸，2008，「東アジア社会における職業と社会階層――日本・韓国・台湾の階層構造の同質性と異質性」有田伸編『2005年SSM調査シリーズ13　東アジアの階層ダイナミクス』2005年SSM調査研究会，pp. 1-24．

有田伸，2009，「比較を通じてみる東アジアの社会階層構造――職業がもたらす報酬格差と社会的不平等」『社会学評論』59 (4): 663-81．

有田伸，2011a，「非正規雇用概念の適用過程からみる韓国労働市場の『格差』――日本との比較を通じて」『社會科學研究』62 (3・4): 77-97．

有田伸，2011b，「東アジアの社会階層構造比較――報酬・地位の違いを生み出す変数は何か？」石田浩・近藤博之・中尾啓子編『現代の階層社会2　階層と移動の構造』東京大学出版会，pp. 273-87．

有田伸，2013a，「変化の向き・経路と非変化時の状態を区別したパネルデータ分析――従業上の地位変化がもたらす所得変化を事例として」『理論と方法』28 (1): 69-85．

有田伸，2013b，「パネルデータを用いた正規職／非正規職間賃金格差の社会学的分析――『観察されない異質性の統制』の陥穽を超えて」東京大学社会科学研究所パネル調査プロジェクトディスカッションペーパーシリーズ68，19p．

李旼珍，2000，『賃金決定制度の韓日比較――企業別交渉制度の異なる実態』梓出版社．

石川経夫，1989，「賃金二重構造の理論的検討」土屋守章・三輪芳朗編『日本の中小企業』東京大学出版会，pp. 117-40．

石田浩，2003，「社会階層と階層意識の国際比較」樋口美雄・財務省財務総合政策研究所編『日本の所得格差と社会階層』日本評論社，pp. 105-26．

石田浩・近藤博之・中尾啓子編，2011，『現代の階層社会2　階層と移動の構造』東京大学出版会．

石田光男，2003，『仕事の社会科学――労働研究のフロンティア』ミネルヴァ書房．

今野浩一郎，2010，「雇用区分の多様化」『日本労働研究雑誌』597: 48-51．

今野浩一郎・佐藤博樹，2009，『人事管理入門』［第2版］日本経済新聞出版社．

禹宗杬，2003，『「身分の取引」と日本の雇用慣行――国鉄の事例分析』日本経済評論社．

禹宗杬編，2010，『韓国の経営と労働』日本経済評論社．
氏原正治郎，1951，「所謂『常用工』と『臨時工』について」『社會科學研究』3 (2): 24-44（氏原正治郎，1966，『日本労働問題研究』東京大学出版会，pp. 457-71 に再所収）．
氏原正治郎，1956，「女子労働者の賃金問題」大河内一男・磯田進編『労働問題と労働法 6　婦人労働』弘文堂，pp. 92-104．
氏原正治郎，1959a，「戦後日本の労働市場の諸相」『日本労働協会雑誌』1 (2): 2-14．
氏原正治郎，1959b，「本工・臨時工・社外工」『社會科學研究』10 (6): 1-9．
氏原正治郎，1966，『日本労働問題研究』東京大学出版会．
呉学殊，2006，「日韓労使関係の比較――非正規労働者を中心にして」『大原社会問題研究所雑誌』576: 1-20．
大沢真知子・金明中，2009，「労働力の非正規化の日韓比較――その要因と社会への影響」『ニッセイ基礎研所報』55: 55-87．
大沢真理，1993，『企業中心社会を超えて――現代日本を〈ジェンダー〉で読む』時事通信社．
大沢真理，1994，「日本の『パートタイム労働』とはなにか」『季刊労働法』170: 34-51．
大沢真理，1997，「『パートタイム』労働と均等待遇原則――経済学的アプローチ」『日本労働法学会誌』90: 95-110．
大沢真理，2007，『現代日本の生活保障システム――座標とゆくえ』岩波書店．
大宮五郎，1952，「毎月勤労統計調査の改正について」『労働統計調査月報』4 (2): 6-10．
奥井めぐみ，2000，「パネルデータによる男女別規模間賃金格差に関する実証分析」『日本労働研究雑誌』485: 66-79．
小倉一哉，2002，「非典型雇用の国際比較――日本・アメリカ・欧州諸国の概念と現状」『日本労働研究雑誌』505: 3-17．
小倉一哉，2013，『「正社員」の研究』日本経済新聞出版社．
尾高煌之助，1984，『労働市場分析』岩波書店．
乙部由子，2006，『中高年女性のライフサイクルとパートタイム――スーパーで働く女たち』ミネルヴァ書房．
小野旭，1989，『日本的雇用慣行と労働市場』東洋経済新報社．
金子良事，2013，『日本の賃金を歴史から考える』旬報社．
鹿又伸夫，2001，『機会と結果の不平等――世代間移動と所得・資産格差』ミネルヴァ書房．
苅谷剛彦，1991，『学校・職業・選抜の社会学――高卒就職の日本的メカニズム』東京大学出版会．
川島武宜，1954，「農村の身分階層制」小椋広勝編『戦後日本の政治と経済 8　国民生活と平和経済』岩波書店，pp. 405-33．
吉川徹，2006，『学歴と格差・不平等――成熟する日本型学歴社会』東京大学出版会．

金鎔基, 1997,「1950年代韓国企業の経営管理と労働者——大韓造船公社の事例分析」『大原社会問題研究所雑誌』469: 1-22.
金鎔基, 2001,「韓国勤労基準法の特質とその起源」『商学討究』52 (2・3): 153-85.
金鎔基, 2002,「韓国造船産業の立ち上がりと技能人材形成—— 1960年代大韓造船公社の事例分析」『商学討究』53 (2・3): 117-42.
楠田丘, 2004,『賃金とは何か——戦後日本の人事・賃金制度史』中央経済社.
玄田有史, 1996,「『資質』か『訓練』か？——規模間賃金格差の能力差説」『日本労働研究雑誌』430: 17-29.
玄田有史, 2001,『仕事のなかの曖昧な不安——揺れる若年の現在』中央公論新社.
玄田有史, 2010,『人間に格はない——石川経夫と2000年代の労働市場』ミネルヴァ書房.
小池和男, 1966,『賃金——その理論と現状分析』ダイヤモンド社.
小池和男, 1982,「内部労働市場」今井賢一・伊丹敬之・小池和男『内部組織の経済学』東洋経済新報社, pp. 79-102.
小林大祐, 2008,「階層意識に対する従業上の地位の効果について」轟亮編『2005年SSM調査シリーズ8 階層意識の現在』2005年SSM調査研究会, pp. 53-66.
斎藤友里子・三隅一人編, 2011,『現代の階層社会3 流動化のなかの社会意識』東京大学出版会.
佐藤俊樹, 1993,『近代・組織・資本主義——日本と西欧における近代の地平』ミネルヴァ書房.
佐藤俊樹, 2000,『不平等社会日本——さよなら総中流』中央公論新社.
佐藤俊樹, 2008,「階層帰属意識の意味論——帰属分布と地位指標の弱い紐 weak tie」轟亮編『2005年SSM調査シリーズ8 階層意識の現在』2005年SSM調査研究会, pp. 103-30.
佐藤博樹, 1998,「非典型労働の実態——柔軟な就業機会の提供か？」『日本労働研究雑誌』462: 44-53.
佐藤博樹, 2008,「人材活用における雇用区分の多元化と処遇の均等・均衡の課題」『組織科学』41 (3): 22-32.
佐藤博樹・木村琢磨, 2002,「第1回構内請負企業の経営戦略と人事戦略に関する調査〈報告書〉」SSJ Data Archive Research Paper Series 20, 63p.
佐藤博樹・佐野嘉秀・原ひろみ, 2003,「雇用区分の多元化と人事管理の課題——雇用区分間の均衡処遇」『日本労働研究雑誌』518: 31-46.
佐藤嘉倫, 2007,「格差社会論と社会階層論——格差社会論からの挑戦に応えて」『季刊経済理論』44 (4): 20-28.
佐藤嘉倫, 2008,「分野別研究動向（階級・階層）——研究の展開とフロンティアの拡張」『社会学評論』59 (2): 388-404.

佐藤嘉倫・尾嶋史章編，2011，『現代の階層社会1　格差と多様性』東京大学出版会．
篠崎武久・石原真三子・塩川崇年・玄田有史，2003，「パートが正社員との賃金格差に納得しない理由は何か」『日本労働研究雑誌』512: 58-73.
女子パートタイム雇用に関する専門家会議，1969，「女子パートタイム雇用の現状と当面の諸対策について」『日本労働協会雑誌』11 (5): 61-65.
白波瀬佐和子，2002，「日本の所得格差と高齢者世帯――国際比較の観点から」『日本労働研究雑誌』500: 72-85.
白波瀬佐和子，2009，『日本の不平等を考える――少子高齢社会の国際比較』東京大学出版会．
菅山真次，2011，『「就社」社会の誕生――ホワイトカラーからブルーカラーへ』名古屋大学出版会．
鈴木宏昌，1998，「先進国における非典型的雇用の拡大」『日本労働研究雑誌』462: 15-26.
盛山和夫，1995，『制度論の構図』創文社．
盛山和夫，1998，「主体か達成か――近代における階級・階層の構図」与謝野有紀編『1995年SSM調査シリーズ21　産業化と階層変動』1995年SSM調査研究会，pp. 135-48.
盛山和夫・都築一治・佐藤嘉倫，1988，「社会階層の移動と趨勢」1985年社会階層と社会移動全国調査委員会編『1985年社会階層と社会移動全国調査報告書1　社会階層の構造と過程』1985年社会階層と社会移動全国調査委員会，pp. 11-49.
瀬地山角，1996，『東アジアの家父長制――ジェンダーの比較社会学』勁草書房．
総理府統計局，1950，『労働力調査解説』総理府統計局．
園田茂人編，2005，『東アジアの階層比較』中央大学出版部．
宣在源，2006，『近代朝鮮の雇用システムと日本――制度の移植と生成』東京大学出版会．
高橋康二，2012，「非正規雇用者からみた妥当な賃金格差とは何か」労働政策研究・研修機構編『非正規就業の実態とその政策課題――非正規雇用とキャリア形成，均衡・均等処遇を中心に』労働政策研究・研修機構，pp. 268-90.
高安雄一，2010，「韓国における雇用の非正規化について」佐藤仁志編『雇用の非正規化と国際貿易』アジア経済研究所．
高安雄一，2012，「韓国の非正規職保護法の効果に関する考察――銀行の事例を中心に」『経済論集』98: 147-69.
武石恵美子，2003，「非正規労働者の基幹労働力化と雇用管理」『日本労務学会誌』5 (1): 2-11.
竹内洋，1995，『日本のメリトクラシー――構造と心性』東京大学出版会．
竹ノ下弘久，2013，『仕事と不平等の社会学』弘文堂．
橘木俊詔，1998，『日本の経済格差――所得と資産から考える』岩波書店．

太郎丸博, 2009, 『若年非正規雇用の社会学』大阪大学出版会.
太郎丸博編, 2014, 『東アジアの労働市場と社会階層』京都大学学術出版会.
崔碩桓, 2008, 「韓国における期間制（有期契約）・短時間労働者保護法の制定」『日本労働研究雑誌』571: 53-67.
中央公論編集部, 2001, 「『論争』を交通整理する」「中央公論」編集部編『論争・中流崩壊』中央公論新社, pp. 3-12.
筒井淳也・平井裕久・秋吉美都・水落正明・坂本和靖・福田亘孝, 2007, 『Stataで計量経済学入門』ミネルヴァ書房.
永瀬伸子, 1994, 「既婚女子の雇用就業形態の選択に関する実証分析──パートと正社員」『日本労働研究雑誌』418: 31-42.
永瀬伸子, 2003, 「非正社員と正社員の賃金格差の納得性に関する分析」『国立女性教育会館研究紀要』7: 3-19.
中田喜文, 1997, 「日本における男女賃金格差の要因分析──同一職種に就く男女労働者間に賃金格差は存在するのか？」中馬宏之・駿河輝和編『雇用慣行の変化と女性労働』東京大学出版会, pp. 173-205.
中村圭介, 1991, 「生産分業構造と労働市場の階層性──下請制への新たな視点（2・完）」『武蔵大学論集』39 (1): 21-48.
中村圭介, 2000, 「本工・社外工・臨時工」高梨昌・花見忠編『事典・労働の世界』日本労働研究機構, 330-34.
中村高康, 2011, 『大衆化とメリトクラシー──教育選抜をめぐる試験と推薦のパラドクス』東京大学出版会.
中村高康・藤田武志・有田伸編, 2002, 『学歴・選抜・学校の比較社会学──教育からみる日本と韓国』東洋館出版社.
永吉希久子, 2012, 「スウェーデンの反差別法運用とその限界」『東北大学文学研究科研究年報』62: 187-208.
西成田豊, 1995, 「日本的労使関係の史的展開（下）── 1870年代─1990年代」『一橋論叢』114 (6): 975-95.
仁田道夫, 2008, 「雇用の量的管理」仁田道夫・久本憲夫編『日本的雇用システム』ナカニシヤ出版, pp. 27-71.
仁田道夫, 2011, 「非正規雇用の二重構造」『社會科學研究』62 (3・4): 3-23.
二村一夫, 1987, 「日本労使関係の歴史的特質」『社會政策學會年報』31: 77-95.
二村一夫, 1994, 「戦後社会の起点における労働組合運動」坂野潤治ほか編『日本近現代史 構造と変動4 戦後改革と現代社会の形成』岩波書店, pp. 39-78.
二村一夫, 2000, 「工員・職員の身分格差撤廃」高梨昌・花見忠編『事典・労働の世界』日本労働研究機構, pp. 350-54.
野村正實, 1992, 「日本の生産システムとテイラー主義」『社會政策學會年報』36: 55-76.

野村正實，2007，『日本的雇用慣行——全体像構築の試み』ミネルヴァ書房．
朴昌明，2011，「請負労働の日韓比較——労働関係法の『死角地帯』」春木育美・薛東勲編『韓国の少子高齢化と格差社会——日韓比較の視座から』慶應義塾大学出版会，pp. 281-306．
橋本健二，1999，『現代日本の階級構造——理論・方法・計量分析』東信堂．
橋本健二，2006，『階級社会——現代日本の格差を問う』講談社．
橋本健二，2009，『「格差」の戦後史——階級社会 日本の履歴書』河出書房新社．
服部民夫・船津鶴代・鳥居高編，2002，『アジア中間層の生成と特質』アジア経済研究所．
濱口桂一郎，2009，『新しい労働社会——雇用システムの再構築へ』岩波書店．
原純輔，1981，「職業経歴の社会学的研究——到達点と課題」雇用職業研究所編『職業の社会学的研究（その3）』雇用促進事業団職業研究所，pp. 2-31．
原純輔・盛山和夫，1999，『社会階層——豊かさの中の不平等』東京大学出版会．
春木育美・薛東勲編，2011，『韓国の少子高齢化と格差社会——日韓比較の視座から』慶應義塾大学出版会．
樋口美雄・財務省財務総合政策研究所編，2003，『日本の所得格差と社会階層』日本評論社．
久本憲夫，2007，「労働者の『身分』について——工職身分格差撤廃と均等処遇」『日本労働研究雑誌』562: 56-64．
久本憲夫，2010，「正社員の意味と起源」『季刊政策・経営研究』2: 19-40．
平沢和司，2005，「大学から職業への移行に関する社会学的研究の今日的課題」『日本労働研究雑誌』542: 29-37．
平田周一，2008，「非正規雇用の増加と格差の拡大——流動化と多様化は本当か」佐藤嘉倫編『2005年SSM調査シリーズ15 流動性と格差の階層論』2005年SSM調査研究会，pp. 133-52．
藤田若雄，1961，『日本労働協約論』東京大学出版会．
法政大学大原社会問題研究所，1953，『日本労働年鑑 第26集 1954年版』時事通信社．
本田一成，1999，「小売業・飲食店におけるパートタイマーの基幹労働力化」『調査季報』48：20-43．
水町勇一郎，1997，『パートタイム労働の法律政策』有斐閣．
水町勇一郎，2011，「『格差』と『合理性』——非正規労働者の不利益取扱いを正当化する『合理的理由』に関する研究」『社會科學研究』62（3・4）: 125-52．
宮嶋博史，1995，『両班——李朝社会の特権階層』中央公論社．
明泰淑，1999，『韓国の労務管理と女性労働』文眞堂．
両角道代，2008，「均衡待遇と差別禁止——改正パートタイム労働法の意義と課題」『日本労働研究雑誌』576: 45-53．

安田三郎，1969，『社会調査ハンドブック』［新版］有斐閣．
安田三郎・原純輔，1982，『社会調査ハンドブック』［第3版］有斐閣．
尹辰浩，2005，「IMF経済危機以降の韓国労働市場の柔軟化——非正規職労働者を中心に」塚田広人編『雇用構造の変化と政労使の課題——日本・韓国・中国』成文堂，pp. 12-48.
横田伸子，2003，「韓国における労働市場の柔軟化と非正規労働者の規模の拡大」『大原社会問題研究所雑誌』535: 36-54.
横田伸子，2012，『韓国の都市下層と労働者——労働の非正規化を中心に』ミネルヴァ書房．
横田伸子・塚田広人編，2012，『東アジアの格差社会』御茶の水書房．
労働週報編集部，1955，「臨時職員・臨時工の実態調査——労働条件，福利施設，その他について」『労働週報』761: 14-17.
労働省雇用調査課，1954，「製造業における臨時及び日雇労働者について」『労働統計調査月報』6 (2): 13-18.
労働省情報解析課，1980，「パートタイマーに関する考え方」『労働統計調査月報』32 (12): 4-20.
労働省情報解析課，1981，「パートタイマーの就業実態」『労働統計調査月報』33 (3): 4-19.
労働省情報解析課，1982，「統計調査におけるパートタイム労働者の把握について」『労働統計調査月報』34 (1): 4-12.
労働政策研究・研修機構編，2010，『契約社員の人事管理——企業ヒアリング調査から』労働政策研究・研修機構．
労働政策研究・研修機構編，2013，『「多様な正社員」の人事管理——企業ヒアリング調査から』労働政策研究・研修機構．
労働大臣官房労働統計調査部，1954，『労働統計調査月報 6巻2号』日本労政協会．
脇坂明，2003，「パートタイマーの基幹労働力化について」社会政策学会編『雇用関係の変貌』（社会政策学会誌第9号）法律文化社：26-43.
脇田滋，2010，「違法派遣・偽装請負をめぐる韓国・大法院の一連の判決と関連資料」『龍谷法学』43 (2): 845-82.
渡辺深，2002，『経済社会学のすすめ』八千代出版．
渡辺深，2008，「新しい経済社会学の概念枠組み」渡辺深編『新しい経済社会学——日本の経済現象の社会学的分析』上智大学出版，pp. 1-35.
渡辺深，2014，『転職の社会学——人と仕事のソーシャル・ネットワーク』ミネルヴァ書房．

【欧米語】

Arrow, Kenneth J., 1973, "Higher Education as a Filter," *Journal of Public Economics*, 2 (3): 193-216.

Baltagi, Badi H., 2008, *Economic Analysis of Panel Data 4th ed.*, Chichester: John Wiley and Sons.

Beck, Ulrich, 1986, *Risikogesellschaft*, Frankfurt am Main: Suhrkamp Verlag (=1998, 東廉・伊藤美登里訳『危険社会』法政大学出版局).

Becker, Gary S., 1964, *Human Capital: A Theoretical and Empirical Analysis, with Special Reference to Education*, New York: Columbia University Press.

Blau, Peter M. and Otis D. Duncan, 1967, *The American Occupational Structure*, New York: Free Press.

Brinton, Mary C., ed., 2001, *Women's Working Lives in East Asia*, Stanford: Stanford University Press.

Cicourel, Aaron V. and John I. Kitsuse, 1963, *The Educational Decision-makers*, Indianapolis: Bobbs-Merrill (=1980, 潮木守一訳「選抜機関としての学校」J. カラベル・A. H. ハルゼー編, 潮木守一・天野郁夫・藤田英典編訳『教育と社会変動（上）――教育社会学のパラダイム展開』東京大学出版会, pp. 185-203).

Cole, Robert E., 1979, *Work, Mobility, and Participation*, Berkeley: University of California Press.

Costa-Lopes, Rui, John F. Dovidio, Cícero Roberto Pereira, and John T. Jost, 2013, "Social Psychological Perspectives on the Legitimation of Social Inequality: Past, Present and Future," *European Journal of Social Psychology*, 43 (4): 229-37.

Davis, Kingsley and Wilbert E. Moore, 1945, "Some Principles of Stratification," *American Sociological Review*, 10 (2): 242-49.

DiMaggio, Paul, 1990, "Cultural Aspects of Economic Action and Organization," Roger Friedland and Alexander F. Robertson, eds., *Beyond the Marketplace: Rethinking Economy and Society*, New York: Walter de Gruyter, pp. 113-36.

Doeringer, Peter B. and Michael J. Piore, 1971, *Internal Labor Markets and Manpower Analysis*, Lexington: Heath.

Dunlop, John T., 1957, "The Task of Contemporary Wage Theory," Frank C. Pierson and George W. Taylor, eds., *New Concepts in Wage Determination*, New York: McGraw-Hill, pp. 117-39.

Dunlop, John T., 1958, *Industrial relations systems*, New York: Holt.

Edgell, Stephen, 1993, *Class: Key Concept in Sociology*, London: Routledge (=2002, 橋本健二訳『階級とは何か』青木書店).

Erikson, Robert, John H. Goldthorpe and Lucienne Portocarero, 1979, "Intergenerational

class mobility in three Western European societies: England, France and Sweden," *British Journal of Sociology*, 30 (4): 415-41.
Evans, Robert Jr., 1971, *The Labor Economics of Japan and the United States*, New York: Praeger Publishers.
Evans, Robert Jr., 1973, "The Rediscovery of the Balkans," *Keio Economic Studies*, 10 (1): 33-38.
Giddens, Anthony, 1973, *The class structure of the advanced societies*, London: Hutchinson (=1977, 市川統洋訳『先進社会の階級構造』みすず書房).
Goldthorpe, John H., 1980, *Social Mobility and Class Structure in Modern Britain*, Oxford: Clarendon Press.
Goldthorpe, John H., 2000, *On Sociology*, Oxford: Oxford University Press.
Goldthorpe, John H. and Abigail McKnight, 2006, "The Economic Basis of Social Class," Stephen L. Morgan, David B. Grusky and Gary S. Fields, eds., *Mobility and Inequality*, Stanford: Stanford University Press, pp. 109-36.
Goodman, Roger and Ito Peng, 1996, "The East Asian Welfare State: Peripatetic Learning, Adaptive Change, and Nation-building," Gøsta Esping-Andersen, ed., *Welfare State in Transition: National Adaptation in Global Economies*, London: Sage, pp. 192-234.
Gordon, Andrew, 1985 *The evolution of labor relations in Japan: Heavy industry, 1853-1955*, Cambridge: Harvard University Asia Center (=2012, 二村一夫訳『日本労使関係史 1853-2010』岩波書店).
Gordon, Andrew, 1993, "Contests for the Workplace," Andrew Gordon, ed., *Postwar Japan as history*, Berkeley, CA: University of California Press, pp. 373-94.
Granovetter, Mark, 1974, *Getting a Job: A Study of Contacts and Careers*, Chicago: The University of Chicago Press (=1998, 渡辺深訳『転職——ネットワークとキャリアの研究』ミネルヴァ書房).
Granovetter, Mark, 1981, "Toward a Sociological Theory of Income Differences," Ivar Berg, ed., *Sociological Perspective on Labor Markets*, New York: Academic Press, pp. 11-47.
Granovetter, Mark, 1985, "Economic Action and Social Structure: The Problem of Embeddedness," *American Journal of Sociology*, 91 (3): 481-510 (=1998, 渡辺深訳「経済行為と社会構造——埋め込みの問題」マーク・グラノヴェター著, 渡辺深訳『転職——ネットワークとキャリアの研究』ミネルヴァ書房, pp. 239-80).
Granovetter, Mark, 1992, "Economic Institutions as Social Constructions: A Framework for Analysis," *Acta Sociologica*, 35 (1): 3-11.
Green, David A., 2007, "Where Have All the Sociologists Gone? An Economist's Perspec-

tive," *American Behavioral Scientist*, 50: 737-47.
Grusky, David B. and Kim A. Weeden, 2001, "Decomposition Without Death: A Research Agenda for the New Class Analysis," *Acta Sociologica*, 44 (3): 203-18.
Grusky, David B. and Kim A. Weeden, 2006, "Does the Sociological Approach to Studying Social Mobility Have a Future?" Stephen Morgan, Gary Fields and David B. Grusky, eds., *Mobility and Inequality: Frontiers of Research from Sociology and Economics*, Stanford: Stanford University Press, pp. 85-108.
Hamilton, Gary G. and Nicole Woolsey Biggart, 1988, "Market, culture, and authority: A comparative analysis of management and organization in the Far East," *American Journal of Sociology*, 94 (S): 52-94.
Hirsch, Paul, Stuart Michaels and Ray Friedman, 1987, "'Dirty Hands' versus 'Clean Models': Is Sociology in Danger of Being Seduced by Economics?" *Theory and Society*, 16 (3): 317-36.
Hodson, Randy and Robert L. Kaufman, 1982, "Economic Dualism: A Critical Review," *American Sociological Review*, 47 (6): 727-39.
Hsiao, Michael Hsin-Huang, ed., 1999, *East Asian Middle Classes in Comparative Perspective*, Taipei: Academia Sinica.
Imai, Jun, 2011a, *The Transformation of Japanese Employment Relations: Reform without Labor*, Basingstoke: Palgrave Macmillan.
Imai, Jun, 2011b, "The Limit of Equality by 'Company Citizenship': Politics of Labor Market Segmentation in the Case of Regular and Non-Regular Employment in Japan," Yoshimichi Sato and Jun Imai, eds., *Japan's New Inequality: Intersection of Employment Reforms and Welfare Arrangements*, Melbourne: Trans Pacific Press, pp. 32-53.
International Labour Office (ILO), 1957, *The Ninth International Conference of Labour Statisticians*, Geneva: International Labour Office.
Ishida, Hiroshi, 1993, *Social Mobility in Contemporary Japan: Educational Credentials, Class and the Labour Market in a Cross-National Perspective*, London: MacMillan.
Israeli, Osnat, 2007, "A Shapley-based Decomposition of the R-square of a Linear Regression," *Journal of Economic Inequality*, 5: 199-212.
Jackson, Robert M., 1998, *Destined for Equality: The Inevitable Rise of Women's Status*, Cambridge: Harvard University Press.
Kalleberg, Arne L. and Ivar Berg, 1987, *Work and industry: structures, markets, and processes*, New York: Plenum Press.
Kalleberg, Arne L. and Ivar Berg, 1988, "Work Structures and Markets: An Analytic Framework," George Farkas and Paula England, eds., *Industries, Firms, and Jobs: Sociological and Economic Approaches*, New York: Plenum, pp. 3-17.

Kalleberg, Arne L. and James R. Lincoln, 1988, "The Structure of Earnings Inequality in the United States and Japan," *American Journal of Sociology*, 94 (S): 121-53.

Kariya, Takehiko and James E. Rosenbaum, 1995, "Institutional Linkages between Education and Work as Quasi-Internal Labor Markets," *Research in Social Stratification and Mobility*, 14: 99-134.

Lieberson, Stanley, 1985, *Making it Count: The Improvement of Social Research and Theory*, Berkeley: University of California Press.

Lindbeck, Assar and Dennis J. Snower, 1986, "Wage Setting, Unemployment, and Insider-Outsider Relations," *American Economic Review*, 762: 235-39.

Lindbeck, Assar and Dennis J. Snower, 2002, "The Insider-Outsider Theory: A Survey," IZA Discussion Paper 534, 51p.

Marx, Karl, 1894, *Das Kapital, band 3* (=1967, 向坂逸郎訳『資本論』(第3巻) 岩波書店).

Merton, Robert K., 1957, "The Role-Set: Problems in Sociological Theory," *The British Journal of Sociology*, 8 (2): 106-20.

Meyer, John W. and Brian Rowan, 1977, "Institutionalized organizations: Formal structure as myth and ceremony," *American journal of sociology*, 83 (2): 340-63.

Mincer, Jacob, 1974, *Schooling, Experience, and Earnings*, New York: Columbia University Press.

Parkin, Frank, 1979, *Marxism and Class Theory: A Bourgeois Critique*, London: Tavistock Publications.

Polanyi, Karl, 1957, "The Economy as Instituted Process," Karl Polanyi, Conrad M. Arensberg and Harry W. Pearson, eds., *Trade and Market in the Early Empires. Economies in History and Theory*, Glencoe: Free Press, pp. 243-70 (=2003, 玉野井芳郎・石井溥・長尾史郎・平野健一郎・木畑洋一・吉沢英成訳「制度化された過程としての経済」カール・ポランニー著, 玉野井芳郎ほか訳『経済の文明史』筑摩書房, pp. 361-413).

Rosen, Sherwin, 1974, "Hedonic Prices and Implicit Markets: Product Differentiation in Pure Competition," *Journal of Political Economy*, 82 (1): 34-55.

Rosenbaum, James E., 1986, "Institutional Career Structures and the Social Construction of Ability," John G. Richardson, ed., *Handbook of Theory and Research for the Sociology of Education*, New York: Greenwood Press, pp. 139-71.

Sakamoto, Arthur and Daniel A. Powers, 1995, "Education and the Dual Labor Market for Japanese Men," *American Sociological Review*, 60: 222-46.

Sato, Yoshimichi and Shin Arita, 2008, "Globalization, Local Institutions, and Middle Classes: A Comparative Study of Social Mobility of Middle Classes in Japan and Korea," 有田伸編『2005年SSM調査シリーズ13　東アジアの階層ダイナミクス』2005年SSM調査研究会，pp. 1-24.

Sato, Yoshimichi and Jun Imai, eds., 2011, *Japan's New Inequality: Intersection of Employment Reforms and Welfare Arrangements*, Melbourne: Trans Pacific Press.

Shapiro, Carl and Joseph E. Stiglitz, 1984, "Equilibrium Unemployment as a Worker Discipline Device," *American Economic Review*, 74 (3): 433-44.

Smelser, Neil J. and Richard Swedberg, 1994, "The Sociological Perspective on the Economy," Neil J. Smelser and Richard Swedberg, eds., *The Handbook of Economic Sociology*, Princeton: Princeton University Press, pp. 3-26.

Spence, Michael, 1974, *Market Signaling: Informational Transfer in Hiring and Related Screening Processes*, Cambridge: Harvard University Press.

Swedberg, Richard, 1997, "New Economic Sociology: What Has Been Accomplished, What Is Ahead?" *Acta Sociologica*, 40 (2): 161-82.

Tarohmaru, Hiroshi, 2011, "Income Inequality between Standard and Nonstandard Employment in Japan, Korea and Taiwan," Yoshimichi Sato and Jun Imai, eds., *Japan's New Inequality: Intersection of Employment Reforms and Welfare Arrangements*, Melbourne: Trans Pacific Press, pp. 54-70.

The Statistical Advisory Group, Survey & Research Corporation, 1962, *Economic Activity Concepts: A Report to the Government of the Republic of Korea (Report Number 7)*, Seoul: The Statistical Advisory Group, Survey & Research Corporation.

Thurow, Lester C., 1975, *Generating Inequality*, New York: Basic Books (=1984, 小池和男・脇坂明訳『不平等を生み出すもの』同文舘).

Tyler, Tom R., 2006, "Psychological Perspectives on Legitimacy and Legitimation," *Annual Review of Psychology*, 57 (1): 375-400.

United States Bureau of Census, 1943, *Sixteenth Census of the United States: 1940 Population Volume III The Labor Force Occupation, Industry, Employment, and Income*, Washington: United States Government Printing Office.

Weber, Max, 1921, *Wirtschaft und Gesellschaft*, Tübingen: Mohr (=1968, Guenther Roth and Claus Wittich, trans., *Economy and Society*, New York: Bedminster).

Weber, Max, 1961, *From Max Weber: Essays in Sociology* (edited and translated by H. H. Gerth and C. Wright Mills), London: Routledge and Kegan Paul.

Weeden, Kim A., 2002, "Why Do Some Occupations Pay More than Others?: Social Closure and Earnings Inequality in the United States," *American Journal of Sociology*, 108 (1): 55-101.

Weeden, Kim A. and David Grusky B., 2005, "The Case for a New Class Map," *American Journal of Sociology*, 111 (1): 141-212.

Wooldridge, Jeffrey M., 2002, *Economic Analysis of Cross Section and Panel Data*, Cambridge: The MIT Press.

Wright, Erik Olin, 1979, *Class Structure and Income Determination*, New York: Academic Press.

Wright, Erik Olin, 1985, *Classes*, London: Verso.

Zukin, Sharon and Paul DiMaggio, 1990, "Introduction," Sharon Zukin and Paul DiMaggio, eds., *Structures of Capital: The Social Organization of the Economy*, Cambridge: Cambridge University Press, pp. 1-36.

【韓国語】

キムビョンジョ (김병조), 2000, 「한국인 주관적 계층의식의 특성과 결정요인 (韓国人の主観的階層意識の特性と決定要因)」『韓國社會學』34 (2): 241-68.

キムソクヒョン (김석형), 1957, 『조선 봉건 시대 농민의 계급 구성』朝鮮民主主義人民共和国科学院出版社 (=1960, 末松保和・李達憲訳『朝鮮封建時代農民の階級構成』学習院東洋文化研究所).

キムソンファン (김성환), 1992, 『비정규노동에 관한 연구 (非正規労働に関する研究)』韓国労働研究院.

キムスニョン (김순영), 2005, 「비정규노동시장의 젠더구조——한일비교를 중심으로 (非正規労働市場のジェンダー構造——韓日比較を中心に)」『여성과 사회 (女性と社会)』16: 103-36.

キムスニョン (김순영), 2006, 「종합슈퍼 기업의 비정규 노동 노무관리에 관한 한일비교 (総合スーパーマーケット企業の非正規労働労務管理に関する韓日比較)」『산업노동연구 (産業労働研究)』12 (2): 89-125.

キムヨンドゥ (김영두), 2007, 「2007년 금융산업 비정규직 관련 교섭 현황 및 노동조합의 과제 (2007年金融産業非正規職関連交渉現況および労働組合の課題)」『노동사회 (労働社会)』124: 42-63.

キムヨンミ・ハンジュン (김영미・한준), 2007, 「금융위기 이후 한국 소득불평등구조의 변화——소득불평등 분해, 1998-2005 (金融危機以後韓国の所得不平等構造の変化——所得不平等の分解, 1998-2005)」『韓國社會學』41 (5): 35-63.

キムユソン (김유선), 2001, 「비정규직 노동자 규모와 실태 (非正規職の規模と実態)」『노동사회 (労働社会)』55: 98-102.

キムジュイル (김주일), 2003, 「비정규직 근로의 인사노무관리 (非正規職労働の人事労務管理)」『賃金研究』夏号: 4-25.

キムピルドン (김필동), 1991, 「身分理論構成을 위한 예비적 고찰 (身分理論構成のための予備的考察)」ソウル大学校社会学研究会編『社會階層——理論과 實際 (社会階層——理論と実際)』茶山出版社, pp. 447-65.

キムホウォン（김호원），1994，「금융기관의 비정규 노동에 관한 실증적 연구（金融機関の非正規労働に関する実証的研究）」慶熙大学校経営大学院修士論文.

パクキョンスク（박경숙），2004，「노동에서의 연령 차이와 연령불평등（労働における年齢差異と年齢不平等）」パンハナム（방하남）ほか編『현대 한국사회의 불평등（現代韓国社会の不平等）』ハンウル，pp. 172-225.

パクキソン（박기성），2001，「비정형근로자의 측정과 제언（非定型勤労者の測定と提言）」韓国労働経済学会編『비정형근로자의 규모와 실태（非定型勤労者の規模と実態）』韓国労働経済学会，pp. 107-23.

ソンジュンホ（송준호），1987，『조선 사회사 연구――조선 사회의 구조와 성격 및 그 변천에 관한 연구（朝鮮社会史研究――朝鮮社会の構造と性格及びその変遷に関する研究）』一潮閣.

シンガァンヨン（신광영），2013，『한국 사회 불평등 연구（韓国社会不平等研究）』フマニタス.

シンガァンヨン・イビョンフン・ユンジンホ・キムユソン・チョンイファン・ウミョンスク・キムギョンヒ（신광영・이병훈・윤진호・김유선・정이환・우명숙・김경희），2010，『일의 가격은 어떻게 결정되는가 1 한국의 임금결정 기제 연구（仕事の価格はどのように決定されるのか 1 韓国の賃金決定メカニズム研究）』ハンウル.

シンウォンチョル（신원철），2003a，「조선산업 임시공제도의 형성과 소멸――대한조선공사 사례（造船産業臨時工制度の形成と消滅――大韓造船公社の事例）」『韓國學報』29 (1): 183-212.

シンウォンチョル（신원철），2003b，「사내하청공 제도의 형성과 전개――현대중공업 사례（社内下請工制度の形成と展開――現代重工業の事例）」『산업노동연구（産業労働研究）』9 (1): 107-41.

シンウォンチョル（신원철），2003c，「1960, 70년대 임시공 제도의 실태와 노동운동（1960, 70 年代臨時工制度の実態と労働運動）」『비정규노동（非正規労働）』22: 83-94.

シンウォンチョル（신원철），2009，「조선산업 작업장 혁신 활동의 변화――대우조선해양 사례를 중심으로（造船産業作業場の革新活動の変化――大宇造船海洋の事例を中心に）」韓国産業労働学会編『한국산업노동학회 2009 년도 상반기 학술대회 [자료집]（韓国産業労働学会 2009 年度前期学術大会 [資料集]）』韓国産業労働学会.

シムグァンスク（심광숙），1990，「하위사무직 여성의 고용형태 변화에 관한 연구（下位事務職女性の雇用形態変化に関する研究）」延世大学校社会学科修士論文.

アンジュヨプ・チョジュンモ・ナムジェリャン（안주엽・조준모・남재량），2002，『비정규근로의 실태와 정책과제 (II)（非正規勤労の実態と政策課題〈II〉）』韓国労働研究院.

ヤンミョンファン（양명환），1968，「不景氣時의 臨時工 處理問題――不景氣에 대처

하는 經營戰略（不景気時の臨時工処理問題——不景気に対処する経営戦略）」『企業經營』122: 38-41.

オムジェヨン（엄재연），2006,「사내하청 고용 실태와 작업장내 사회적 관계——H중공업 사례를 중심으로（社内下請雇用の実態と作業場内の社会的関係——H重工業の事例を中心に）」釜山大学校大学院社会学科修士論文.

イテヨン（이태영），2007,「사례연구——우리은행 "계약직 정규직 전환" 사례（事例研究——ウリ銀行「契約職から正規職への転換」事例）」『賃金研究』15 (1): 72-80.

チャンサンス（장상수），1996,「한국사회에서의 주관적 계층위치（韓国社会における主観的階層位置）」『사회와역사（社会と歴史）』49: 180-212.

チャンジヨン（장지연），2001,「비정규직 노동의 실태와 쟁점——성별 차이를 중심으로（非正規職労働の実態と争点——性別による差異を中心に）」『경제와사회（経済と社会）』51: 68-96.

チョンギュン（정균），2008,「비정규직보호법 시행에 따른 주요 은행의 대응사례 연구（非正規職保護法施行に伴う主要銀行の対応事例研究）」『노동연구（労働研究）』16: 153-86.

チョンイファン（정이환），1992,「제조업 내부노동시장의 변화와 노사관계（製造業内部労働市場の変化と労使関係）」ソウル大学校大学院社会学科博士論文.

チョンイファン（정이환），2001,「비정규직 규모를 어떻게 볼 것인가——비정규노동의 규모를 둘러싼 논쟁과 관련하여（非正規職規模をどうみるか——正規労働の規模を巡る論争と関連して）」『노동사회（労働社会）』56: 91-103.

チョンイファン（정이환），2007a,「기업규모인가 고용형태인가——노동시장 불평등의 요인 분석（企業規模か雇用形態か——労働市場不平等の要因分析）」『경제와사회（経済と社会）』73: 332-55.

チョンイファン（정이환），2007b,「비정규 노동시장의 특성에 관한 한일 비교연구（非正規労働市場の特性に関する韓日比較研究）」『산업노동연구（産業労働研究）』13 (1): 1-32.

チョンイファン（정이환），2011,『경제위기와 고용체제——한국과 일본의 비교（経済危機と雇用体制——韓国と日本の比較）』ハンウル.

チョンイファン・チョンビョンユ（정이환・전병유），2004,「동아시아 고용체제의 특성과 변화——한국, 일본, 대만의 고용안정성, 임금구조, 노동시장 분절성의 비교（東アジア雇用体制の特性と変化——韓国, 日本, 台湾の雇用安定性, 賃金構造, 労働市場分節性の比較）」『산업노동연구（産業労働研究）』10 (2): 215-52.

チョソンジェ（조성재），2006,「자동차산업 사내하청 실태와 개선방향——H사 사례를 중심으로（自動車産業社内下請の実態と改善方向——H社の事例を中心に）」『민주사회와 정책연구（民主社会と政策研究）』10: 151-85.

チェギョンス（최경수），2001,「비정형근로자 규모의 국제비교（非定型勤労者規模の

国際比較)」韓国労働経済学会編『비정형근로자의 규모와 실태 (非定型勤労者の規模と実態)』韓国労働経済学会, pp. 1-34.
チェホンソプ (최홍섭), 1990, 「인력파견업의 현황과 문제점 (人材派遣業の現況と問題点)」『人事管理』1990年11月号: 56-67.
韓国雇用労働部, 2011, 『사내하급 활용의 주요원인분석을 통한 제도개선 방안연구 (社内請負活用の主要原因分析を通じた制度改善方案研究)』韓国雇用労働部.
韓国内務部統計局, 1960, 『노동력조사 실사요령 (労働力調査実査要領)』韓国内務部統計局.
韓国労働部, 2005, 『'05년 경제활동인구 부가조사 결과 분석 ('05年経済活動人口付加調査結果分析)』韓国労働部.
韓国労使政委員会, 2002, 『비정규 근로자 대책 관련 노사정 합의문 (제1차) (非正規関連対策合意文〈第1次〉)』韓国労使政委員会.
韓国統計庁, 1994, 『지난 30年間 雇傭事情의 變化──經濟活動人口調査 30年 (過去30年間の雇用事情の変化──経済活動人口調査30年)』韓国統計庁.
韓国統計庁, 1998, 『경제활동인구조사 지침서 (経済活動人口調査指針書)』韓国統計庁.
ホンドゥスン (홍두승), 1983, 「한국사회계층연구를 위한 예비적 고찰 (韓国社会階層研究のための予備的考察)」ソウル大学校社会学研究会編『한국사회의 전통과 변화 (韓国社会の伝統と変化)』汎文社, pp. 169-213.
ホンドゥスン・クヘグン (홍두승・구해근), 1993, 『사회계층・사회계급론 (社会階層・社会階級論)』茶山出版社.

【中国語】
黃毅志, 2001, 「臺灣地區多元勞力市場的事業成就之比較分析 (台湾の多重労働市場におけるキャリア達成の比較分析)」『國家科學委員會研究彙刊──人文及社會科學』11(4): 356-70.
陸学芸 (陆学艺) 編, 2002, 『当代中国社会阶层研究报告 (当代中国社会階層研究報告)』北京: 社会科学文献出版社.

あとがき

　あまりに大きなチャレンジを試みてしまったような気がしてならない．
　本書を通じたチャレンジの1つは，これまでも述べてきたように，こんにちの「オーソドキシー」となっている報酬格差の経済学的説明に対する代替的な説明枠組みを築こうとしたことである．日本社会と，もともと筆者が研究対象としていた韓国社会との間に存在する格差のあり方の微妙な違いに気づくにつれ，そして社会学者が経済学者と連携しながら報酬格差の研究を行っている韓国の状況（シングァンヨンほか2010など）に触れるにつれ，「ほとんどの例外なしに，社会学者は，新古典派経済学によって既に主張されているテーマについて本気になって研究することを差し控えてきた」（Granovetter 1985=1998: 270）という状況を乗り越え，新たな視点から報酬格差の説明に取り組むことはできないか，と強く思うようになった．このことが，浅学菲才を省みず今回この大きなチャレンジを試みた主な理由である．結局筆者はここまでしかたどりつけなかったが，今後も同様の試みが重ねられ，新たな研究の地平が切り拓かれていくことを強く願っている．
　本書のもう1つのチャレンジは，もともとは韓国を対象とする地域研究者であった筆者が，日本社会を議論の対象としたことである．
　前著『韓国の教育と社会階層――「学歴社会」への実証的アプローチ』（2006年，東京大学出版会）を世に問うた後，筆者は，この著を韓国研究以外の専門を持つ読者にも多く読んで頂くという望外の喜びを得た．そのなかには，日本社会を理解するための比較の参照点として拙著の意義を見出して下さった方々もいらした．筆者自身も韓国社会を論じる上で，日本との比較の意識を少なからず持ってはいたものの，前著では明示的な形での日本との比較は十分に行っていなかった．
　しかしその後，研究関心が教育と社会の関係の問題から，社会的地位や格差

の問題へと徐々にシフトしていくにつれて，日本社会の説明により積極的に取り組んでいく必要性を強く感じるようになった．教育の問題については，日本と韓国の間で相違がみられた場合，まず説明されるべきはそのあり方が特徴的な韓国の方である，と考えてもそれほど大きな問題はなかった．しかし社会的地位や格差の問題，さらにそれを規定している雇用の問題に踏み入るにつれ，日韓間の相違に際して，そのあり方が特徴的な日本の側こそ「なぜそうなっているのか」が説明されるべきではないか，と感じるようになったのである．

それでも当初は，日本社会の研究はあくまで日本研究者に任せるべきと考えていた．しかし韓国との比較の視点を生かした日本社会の説明の可能性が脳裏をよぎるうちに，この魅惑的な課題に自ら取り組んでみたいという想いを抑えられなくなってしまい，結局，自身の研究を「（地域研究としての）韓国研究」から，「日本と韓国の比較社会研究」へと転換していくことを決めた．さらに，このような方向転換に沿う形で，職場も移ることとなった．

本書はこのような経緯を経て生まれた．そのために本書は，地域研究の特徴でもある，現実の社会のあり方に対する「センシティビティ」をできる限り発揮しつつ試みた1つの社会階層論という性格を持つのかもしれない．もっとも，「たとえ小さな窓からでも日本社会をつぶさに観察し，そこから欧米偏重の社会科学の常識的なフレームを越え出るものをつくりだしたい」（苅谷 1991: 240）として築かれた苅谷剛彦氏の研究もその例であるように，もともと日本の社会科学には，自らの社会に対する繊細な観察をもとに独自の議論を組み立てようとする志向があり，本書の試みもその伝統にならったものと（不遜にも）位置付けることも不可能ではないだろう．

大きな課題にチャレンジしてしまった本書には，不足や限界も少なくない．本文中でも述べたように，国際比較に重点を置いた本書では，歴史的なパースペクティブに基づく考察を十分に行えておらず，またそれぞれの社会の内部の多様性について十分論じることもできなかった．さらに，議論が予想以上に多くの領域にまたがってしまったことにより，箇所によっては本来参照すべき先行研究が十分に参照できていなかったり，思いがけず間違いを犯してしまっているおそれもぬぐいきれない．読者諸氏のご叱正，ご教示を賜れれば幸いである．

本書の刊行に至るまでには，実にたくさんの方々のお力添えを頂いた．

　勤務先である東京大学社会科学研究所の同僚の方々からは，学問領域を越えて，常に大きな刺激を受けており，また所内セミナー等で行った本書のアイディアに基づく報告に対しても多くの貴重なコメントを頂いた．さらに石田浩先生，藤原翔氏，石田賢示氏は本書の草稿を読んでくださり，やはり多くの貴重なご助言を下さった．また石田先生は，日頃から筆者の思いつきにお付き合い下さり，常に的確で生産的なコメントを付して下さった．さらに本書の問題関心は，以前研究所に在籍された先達の方々の研究成果に多くを負うている．日々の研究を手厚くサポートして下さる職員の方々を含め，みなさまにお礼申し上げたい．

　2010年夏から1年間にわたる米国スタンフォード大学での滞在は，筆者の研究を根本から変革する実に得難い機会となった．客員研究員として受け入れて下さったグラスキー先生からは，たくさんのご厚意を頂くと共に，革新的な社会階層研究のアイディアを数多く学ばせて頂いた．さらに経済社会学の大学院演習の聴講を許可して下さったグラノヴェター先生からは，経済現象に対する社会学的なものの考え方を徹底した形で学ばせて頂くと共に，日本の事例をどのように説明すべきかについて多くのご示唆を頂いた．真剣に，そして軽やかに「常識的思考」に挑んでいくシリコンバレーの気風も含め，米国での滞在を通じて学んだことは数知れない．物心両面でご支援下さった安倍フェローシップの関係各位，ならびにこのような貴重な機会を与えてくださったすべての方々に心より感謝したい．

　社会階層論の基礎的問題に筆者が取り組むようになったきっかけは，2005年SSM（社会階層と社会移動）研究会に加えて頂き，活発な研究活動に接したことによってである．その後も研究会の方々の質の高い研究成果に触れ，大きな刺激を受け続けている．日頃よりお世話になっている2005年調査プロジェクトの佐藤嘉倫代表，2015年調査プロジェクトの白波瀬佐和子代表をはじめ，幹事，メンバーのみなさまにお礼申し上げたい．さらに，本書のアイディアに対して多くの貴重なご意見を下さった「日本の社会階層と報酬格差構造の比較社会学的研究」プロジェクトの今井順，竹ノ下弘久，吉田崇，長松奈美江，多

喜弘文，永吉希久子の各氏，韓国側の視点からコメントを下さった申光榮，丁怡煥，金英，韓準，金永美の各氏，ならびに筆者の研究報告に対してコメントを下さった Methods-and-Applications Workshop，移動レジーム研究会，「教育財政および費用負担の比較社会学的研究」プロジェクト（代表：矢野眞和先生）のメンバーのみなさまにもお礼申し上げたい．

　また東京大学，東北大学，慶應義塾大学，北海道大学，京都大学，沖縄大学の学生・院生諸氏は本書のアイディアをもとにした授業に対して，率直なコメントを寄せてくれた．さらに新藤麻里さんは資料収集や文献整理を助けてくれた．東京大学出版会の宗司光治氏は，筆者の研究成果に対して継続的な関心をもって下さり，前著に引き続き，本書の編集でも大変お世話になった．心より感謝したい．

　それから，ひとりひとりお名前を挙げることはできないが，筆者の拙い研究成果を読んで下さるすべての読者の方々に心よりお礼を申し上げたい．読者の方々に少しでも面白く読んで頂きたい，という想いが，本書の執筆の強いモティベーションとなった．

　最後に，数年間にわたってしまった本書の執筆を支えてくれた妻と息子に心より感謝し，本書をささげたい．

　　　　　　　　　　　　　　　　　　　　　　　2015 年 9 月　　有田　伸

［付記］
　本書は，科学研究費補助金基盤研究（B）（24330148），ならびに安倍フェローシップ（国際交流基金日米センターの資金提供による国際交流基金日米センターと米国社会科学研究評議会の共催事業）の助成を受けて行った研究の成果である．また本書の基となった研究の一部は，科学研究費補助金若手研究（B）（17730301），基盤研究（S）（18103003, 22223005），特別推進研究（25000001）の助成を受けた．
　SSM 調査データの使用にあたっては，2015 年 SSM データ管理委員会の許可を得た．
　東京大学社会科学研究所パネル調査の実施にあたっては社会科学研究所研究資金，株式会社アウトソーシングからの奨学寄付金を受けた．パネル調査データの使用にあたっては社会科学研究所パネル調査企画委員会の許可を受けた．

索　引

ア

新しい経済社会学　186-187
石田浩　41
石田光男　191
イス取りゲーム　1, 4, 6-7
一次理論　50, 192-194, 218
（非正規雇用の）一様性　181-182
一階差分モデル　72-73, 77-89, 92-94
今井順　196-197
禹宗杬　218-219
ウィーデン，K. A.　30-35, 195
ウェーバー，M.　15, 26-28
ウォール街占拠運動　45
氏原正治郎　216
埋め込み（embeddedness）　186-187
SSM（社会階層と社会移動）調査　3, 46, 50
エバンス，R.　189-191, 200, 206, 209-210
呉学殊　148
大沢真理　201, 216

カ

格差社会論　5, 45
学歴社会　62
韓国労働研究院　73, 151
韓国労働パネル調査（KLIPS）　73, 153
官僚制（官僚主義）　208
吉川徹　47, 58
義務・責任の違い　205-206, 221, 231, 237
キムユソン　121
金鎔基　114
「きれいなモデル」（clean models）と「泥臭い実証」（dirty hands）　25

勤労基準法　117, 137, 167
グラスキー，D. B.　29, 33-35, 37, 42
グラノヴェター，M.　14-20, 186-187
経済活動人口調査　108-112, 115-116, 118-119, 135
経済活動人口付加調査　119-121, 138, 142
決定係数の増分　57-61
玄田有史　219
限定正社員制度　237-238
効果の対称性の仮定　81-86
公平性規範　189-191, 206, 209, 222
効率賃金仮説　22, 28
国際労働統計家会議　101
（勤め先における）呼称　124-128, 194
個人間の観察されない異質性の統制　70-72, 77-78, 80
個人とポジションのマッチング　18-20
固定効果モデル　71-73, 77-82, 84-87, 92
雇用区分間の均衡処遇　240
雇用の規制のモード　28, 39
ゴールドソープ，J. H.　28-30, 34, 39

サ

採用基準　190, 209-210, 212-214
佐藤俊樹　186
佐藤嘉倫　5
サロー，L. C.　17
仕事競争モデル　17
社会構築主義的アプローチ　128
社会的地位　25
社会的閉鎖　31-33
社会的身分　217
社内下請（工）　114-115, 145-148, 162, 199,

236
従業員カテゴリーの区分（区別）　11, 104, 107, 113, 129, 193, 197, 214-215, 221, 230, 238-242
就業構造基本調査　127, 170
情報の不完全性　207
シンウォンチョル　114, 145-146
人口センサス（米国）　102, 104-105
新構造主義　33-34, 39
新古典派経済学　17
人的資本論　6, 16-18, 212-213, 232
人力資源調査（台湾）　102
ズーキン, S.　187-188
スクリーニング理論　210-213, 232
生活給規範　203, 230
生活（費）保障　48, 201-208, 213
正当化（の）ロジック　196, 201, 204-206, 229-233
　――の都合の良い使い分け　97, 232-233, 242
制度派経済学　17
盛山和夫　36-37, 192-195
総合職業分類　35-37
組織のメンバーシップ　197-198, 201
ソンジュンホ　216

タ
高橋康二　95
（日本の階層構造の）多元的な性格　67
（非正規雇用の）多様性　181
太郎丸博　37-38
ダンカン, O. D.　16
男性稼ぎ主モデル　202, 213, 230
ダンロップ, J. T.　191
チェギョンス　109, 119-120, 123
チャンジヨン　136
チョンイファン　109-111, 122, 140
賃金の公平性仮説（equity hypothesis）　189
賃金変化の非対称性　95
通貨危機　108, 119, 140-141, 144, 234

ディマジオ, P.　187-188
都市インフォーマルセクター　138

ナ
中村高康　215
仁田道夫　128
日本型雇用慣行　48-49, 198, 238-239
日本型雇用システム　198, 214
年金加入　163-166, 178
能力の社会的構築論　210-211
（職務遂行）能力の違い　210, 237, 241

ハ
派遣労働者保護法（韓国）　149
橋本健二　38
働き方とライフスタイルの変化に関する調査（東大社研パネル調査：JLPS）　73, 173
「働き方の多様化」　232
パートタイマー　125-129, 202
濱口桂一郎　197, 214
被雇用者の下位分類　100-112, 116, 120-122, 128
被雇用者の有意味な区分　102, 104, 112
久本憲夫　198
非正規職保護法（韓国）　233-236
ブラウ, P. M.　16
分離職群制度　201, 234, 236
変化の向き　81-85, 87, 94
補償賃金仮説　23, 185, 205-206, 213, 231-232
ポランニー, K.　187

マ
マルクス, K.　26-27
無期契約職　235
名目的非正規雇用　174-180
メリトクラシーの再帰性　215

ヤ
安田三郎　36-37

両班　216-217

　　　ラ

ライト，E.O.　27
ラチェット（つめ車）効果　81
臨時工　105-106, 114-115, 216
労使政委員会（韓国）　122-123, 138, 141-142

労働市場の分断　24, 46, 202
労働者大闘争　144-145, 162
労働政策研究・研修機構　95
労働力調査（日本）　103-107, 110-112, 116, 118, 127
ローゼンバウム，J.E.　210-212

初出一覧

序章　書き下ろし

1章　書き下ろし

2章　有田伸（2009）「比較を通じてみる東アジアの社会階層構造——職業がもたらす報酬格差と社会的不平等」（『社会学評論』59(4): 663-81）．ならびに，有田伸（2011）「東アジアの社会階層構造比較——報酬・地位の違いを生み出す変数は何か？」（石田浩・近藤博之・中尾啓子編『現代の階層社会2　階層と移動の構造』東京大学出版会，pp. 273-87）を加筆修正

3章　有田伸（2013）「変化の向き・経路と非変化時の状態を区別したパネルデータ分析——従業上の地位変化がもたらす所得変化を事例として」（『理論と方法』28(1): 69-85）．ならびに，有田伸（2013）「パネルデータを用いた正規職／非正規職間賃金格差の社会学的分析——『観察されない異質性の統制』の陥穽を超えて」（東京大学社会科学研究所パネル調査プロジェクトディスカッションペーパーシリーズ68）を大幅に加筆修正

4章　有田伸（2011）「非正規雇用概念の適用過程からみる韓国労働市場の『格差』——日本との比較を通じて」（『社會科學研究』62(3・4): 77-97）の一部を修正の上，大幅に加筆

5章　有田伸（2011）「非正規雇用概念の適用過程からみる韓国労働市場の『格差』——日本との比較を通じて」（『社會科學研究』62(3・4): 77-97）の一部を修正の上，大幅に加筆

6章　書き下ろし

終章　書き下ろし

著者略歴
1969年　鳥取生まれ
1992年　東京大学文学部社会学科卒業
2002年　東京大学大学院総合文化研究科地域文化研究専攻博士課程
　　　　単位取得退学
　　　　東京大学大学院総合文化研究科講師・助(准)教授，東京大
　　　　学社会科学研究所准教授を経て
現　在　東京大学社会科学研究所教授
　　　　博士（学術）

主要著作
『学歴・選抜・学校の比較社会学』（共編，2002年，東洋館出版社）
『韓国の教育と社会階層』（2006年，東京大学出版会）
「高学歴化と若者の就業」（樋口明彦ほか編『若者問題と教育・雇用・
　社会保障』2011年，法政大学出版局）
「東アジアの社会階層構造比較」（石田浩ほか編『現代の階層社会 2
　階層と移動の構造』2011年，東京大学出版会）
「変化の向き・経路と非変化時の状態を区別したパネルデータ分析」
　（『理論と方法』28巻1号，2013年）

就業機会と報酬格差の社会学
　　非正規雇用・社会階層の日韓比較

2016年3月16日　初　版

　　　　　　　［検印廃止］
　　　著　者　有田　伸
　　　　　　　ありた　しん

　　　発行所　一般財団法人　東京大学出版会
　　　　　　　代表者　古田元夫
　　　　　　　153-0041 東京都目黒区駒場4-5-29
　　　　　　　http://www.utp.or.jp/
　　　　　　　電話 03-6407-1069　Fax 03-6407-1991
　　　　　　　振替 00160-6-59964

　　　組　版　有限会社プログレス
　　　印刷所　株式会社ヒライ
　　　製本所　牧製本印刷株式会社

©2016 Shin Arita
ISBN 978-4-13-050187-3　Printed in Japan

JCOPY〈(社)出版者著作権管理機構　委託出版物〉
本書の無断複写は著作権法上での例外を除き禁じられています．複写される
場合は，そのつど事前に，(社)出版者著作権管理機構（電話 03-3513-6969,
FAX 03-3513-6979, e-mail: info@jcopy.or.jp）の許諾を得てください．

韓国の教育と社会階層　有田 伸		A5・6200 円
日本の不平等を考える　白波瀬佐和子		46・2800 円
若者と仕事　本田由紀		A5・3800 円
大衆化とメリトクラシー　中村高康		A5・4400 円
相対的剥奪の社会学　石田 淳		A5・4800 円
学校・職業・選抜の社会学　苅谷剛彦		A5・5000 円
社会階層　原純輔・盛山和夫		46・2800 円
変化する社会の不平等　白波瀬佐和子（編）		46・2500 円
学校・職安と労働市場　苅谷剛彦・菅山真次・石田浩（編）		A5・6200 円
現代の階層社会（全3巻）		A5 各 4800 円
［1］　格差と多様性　佐藤嘉倫・尾嶋史章（編）		
［2］　階層と移動の構造　石田浩・近藤博之・中尾啓子（編）		
［3］　流動化のなかの社会意識　斎藤友里子・三隅一人（編）		

ここに表示された価格は本体価格です．ご購入の
際には消費税が加算されますのでご了承ください．